Sonderzahl

Fantasia

Bruno Munari

Übersetzung und Nachwort
Gernot Waldner

Apparat
Jeffrey T. Schnapp

Sonderzahl

Diese Publikation wurde ermöglicht durch die Unterstützung der RD Foundation Vienna, der Vitra Design Stiftung, der Gesellschaft der Freunde der bildenden Künste sowie des Dekanats der Philologisch-Kulturwissenschaftlichen Fakultät der Universität Wien.

RD Foundation Vienna
Research | Development | Human Rights
Gemeinnützige Privatstiftung

Gesellschaft der Freunde
der bildenden Künste

vitra.

www.sonderzahl.at

Originaltitel: *Fantasia*

Gesetzt aus der DTL Documenta und der Genath
Druck: Booksfactory
ISBN 978 3 85449 644 1
Umschlag von Matthias Schmidt

Inhalt

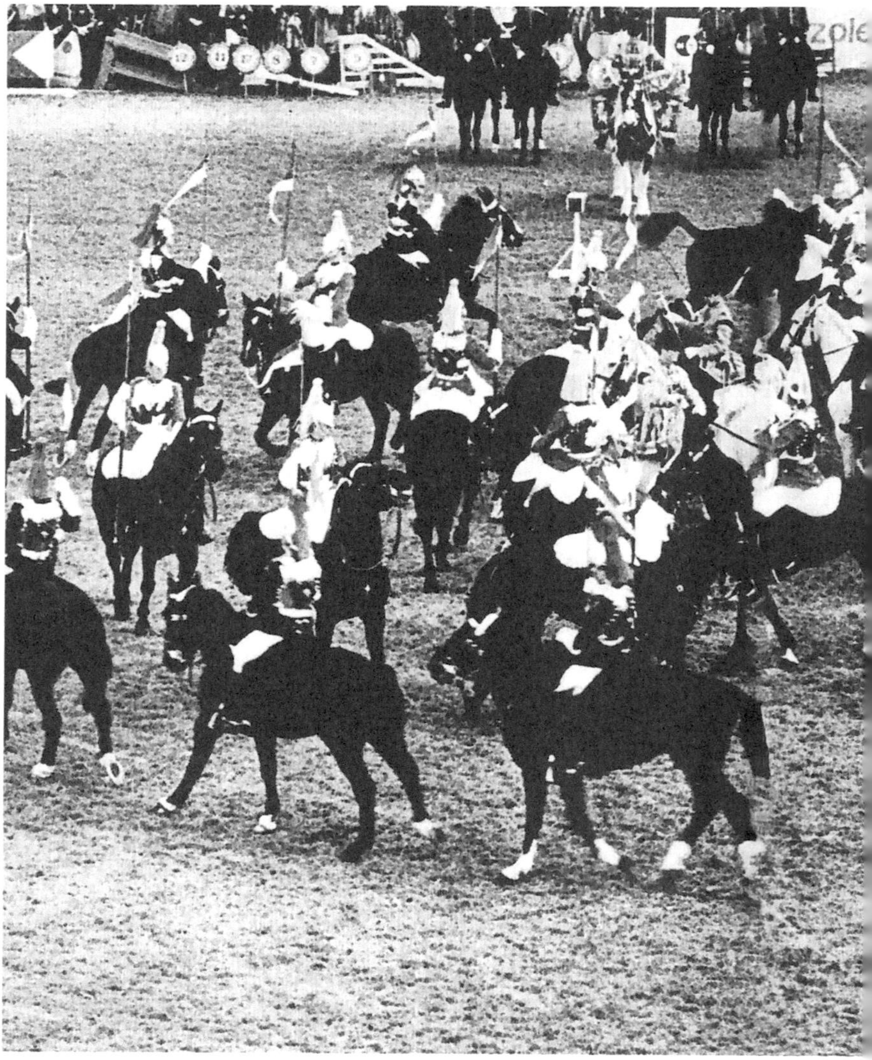

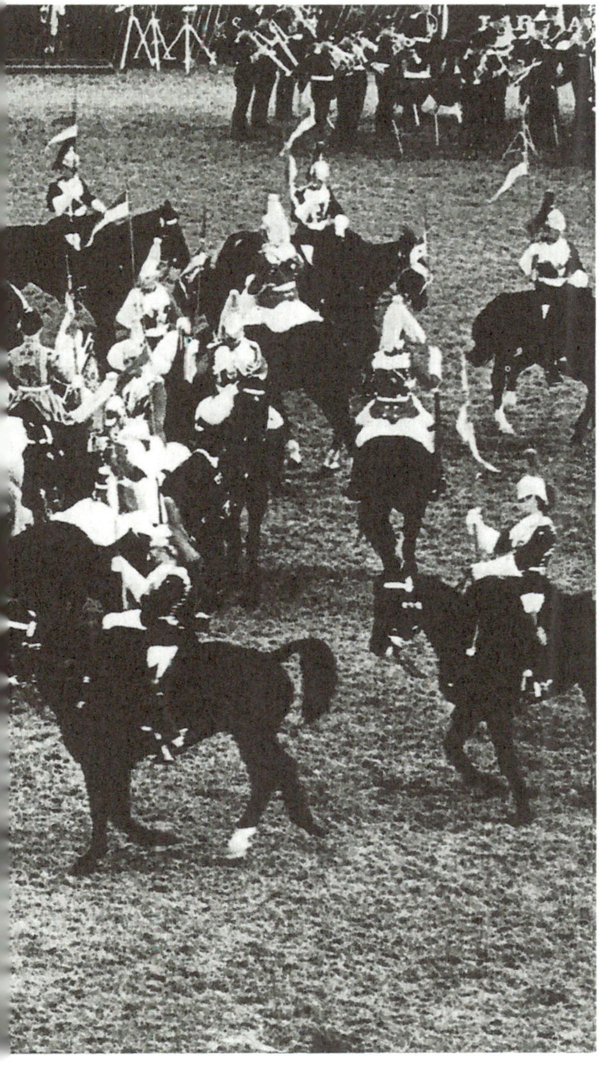

Militärformation (*fantasia militare*) in London. Foto von Mario De Biasi

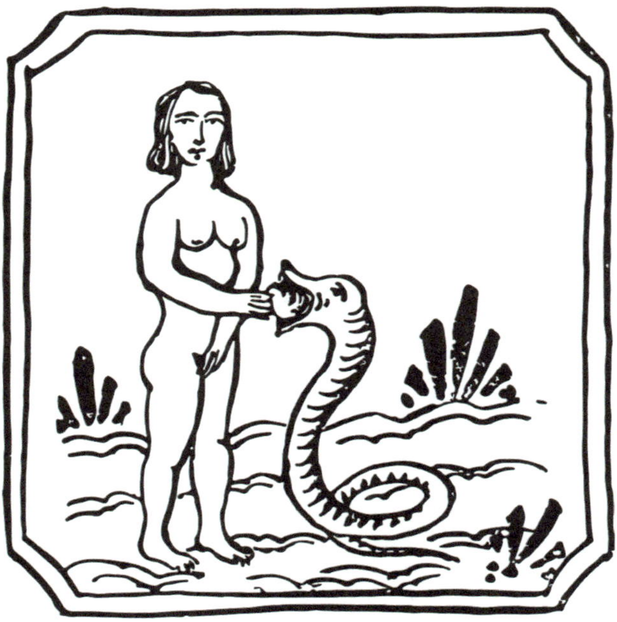

Eva bietet der Schlange einen Apfel an. Entstand dieses Bild in der Fantasie? Oder war es ein Versehen? Wie könnte es entstanden sein?

Was könnte das sein, die Kreativität?

Eine Studie über die Fantasie zu schreiben klingt nach einem absurden Unterfangen. Fantasie ist doch eine Laune, ein Spleen oder eine Sonderbarkeit. Fantasie ist doch nur eine Fiktion, kein Teil der Realität, den man untersuchen könnte, sondern eher eine Art von Unfug. Zwar gibt es Fälle, in denen »Fantasia« eine konkrete Bedeutung hat, italienische Bauern bezeichnen so zum Beispiel einen Volkstanz, aber eigentlich kann Fantasie nichts anderes sein, als eine Schrulle oder eine Marotte, bestenfalls ein Thema der Psychologie. Schließlich spricht man doch auch etwas verworren von »Fantasie«, wenn eigentlich ein Zusammenspiel von mehreren Dingen gemeint ist, etwa beim Wunschdenken oder im Fall einer inspirierten Stimmung, die ungewöhnliche Ergebnisse hervorbringen kann. Auch im Jargon des Militärs bezeichnet »Fantasia« eine Übung, die nur zu besonderen Anlässen durchgeführt wird, die also im Gegensatz steht zur Strenge der alltäglichen Regeln.

Die Fantasie scheint wirklich etwas Regelloses an sich zu haben, schließlich fordert man meist dann Fantasie ein, wenn keine klaren Pläne zur Hand sind. Aber – als würde das alles nicht genügen – ist nicht die Erfindung ebenfalls der Fantasie ähnlich? Und umgekehrt die Fantasie der Erfindung? Und wie verhält sich die Fantasie zur Imagination? Worum handelt es sich bei einer Lüge? Ist das eine fantasievolle Aussage, eine erfundene oder eine imaginierte? Und ist die Imagination nicht ein Teil der Fantasie? Und könnten die Bilder der Fantasie auch einen Ton haben? Musiker sprechen schließlich von Tonbildern oder Tonobjekten. Mit welchem Vermögen erfindet man ein Lügenmärchen, einen Kaltluft-Motor oder einen neuen Kunststoff?

Ich glaube, dass alle diese menschlichen Fähigkeiten – die Fantasie, die Erfindung, die Imagination, die Kreativität – simultan arbeiten und es deshalb schwierig ist, die verschiedenen Aktivitäten und ihre jeweiligen Operationen klar zu erfassen. Zum Zweck dieser Untersuchung werde ich aber provisorische Definitionen für jede dieser Fähigkeiten aufstellen, denn nur so können wir herausfinden, ob es in der Logik ihrer Arbeit etwas wie erkennbare Konstanten gibt. Der Beitrag, den dieses Buch gerne leisten würde, ist, diese menschlichen Fähigkeiten klarer zu erfassen und so den Zugang zu ihnen zu erleichtern.

In meiner Arbeit als Architekt, Designer, Künstler, Autor und in anderen Tätigkeiten, war ich ständig auf diese Fähigkeiten angewiesen. Die Erfahrung, die ich dabei gemacht habe, ist die Grundlage dieser Studie.

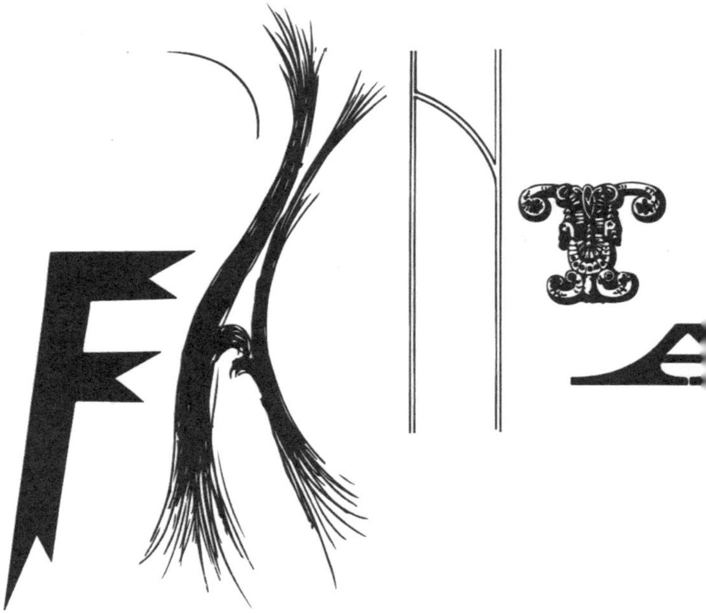

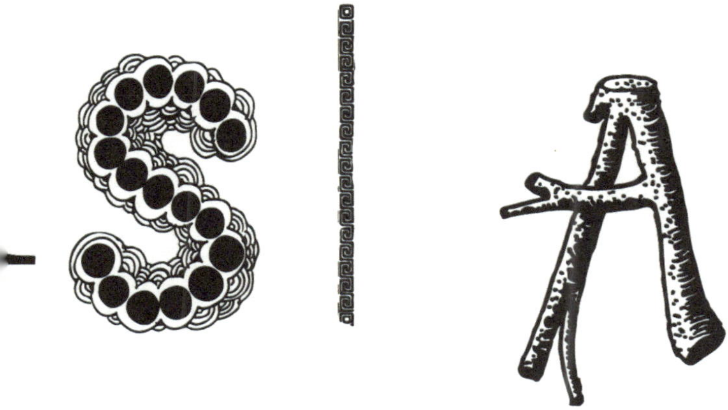

Alles, was es noch nicht gab, auch wenn es nicht realisiert werden kann

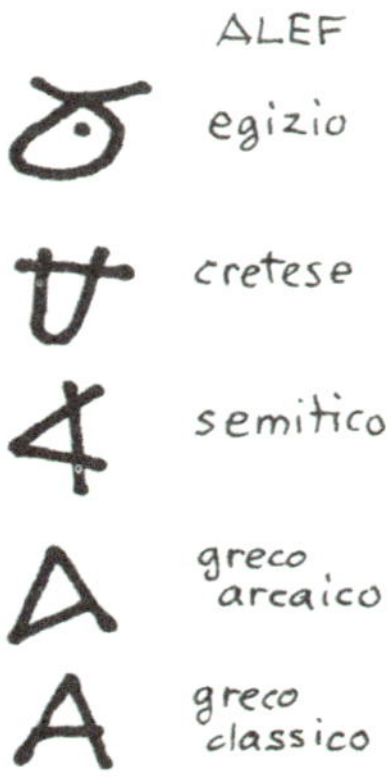

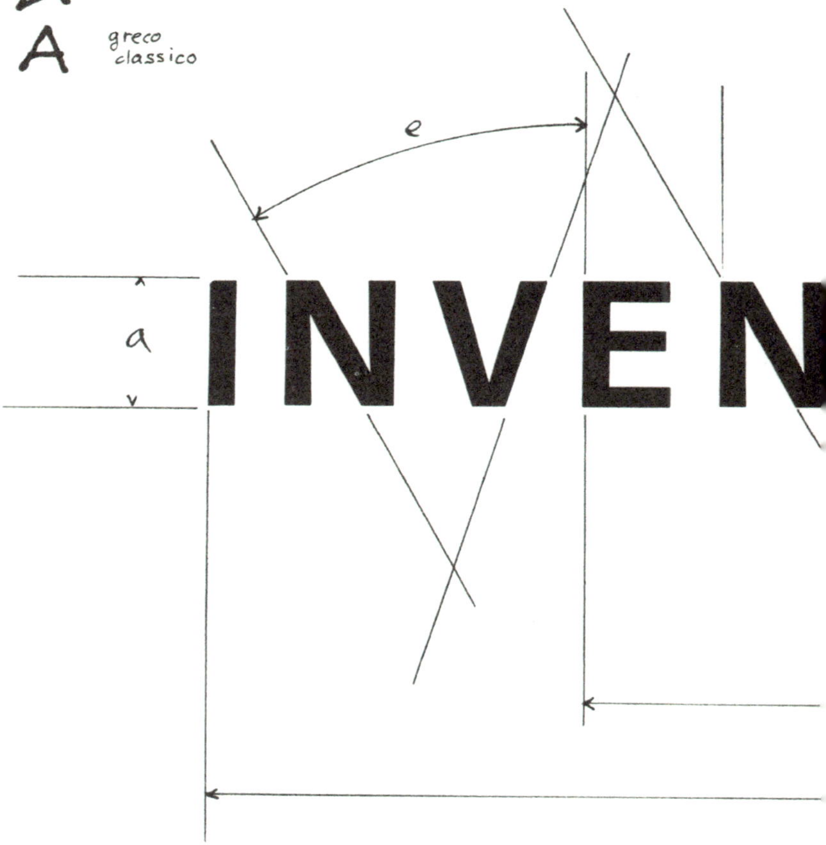

ägyptisch
kretisch
semitisch
altgriechisch
griechisch

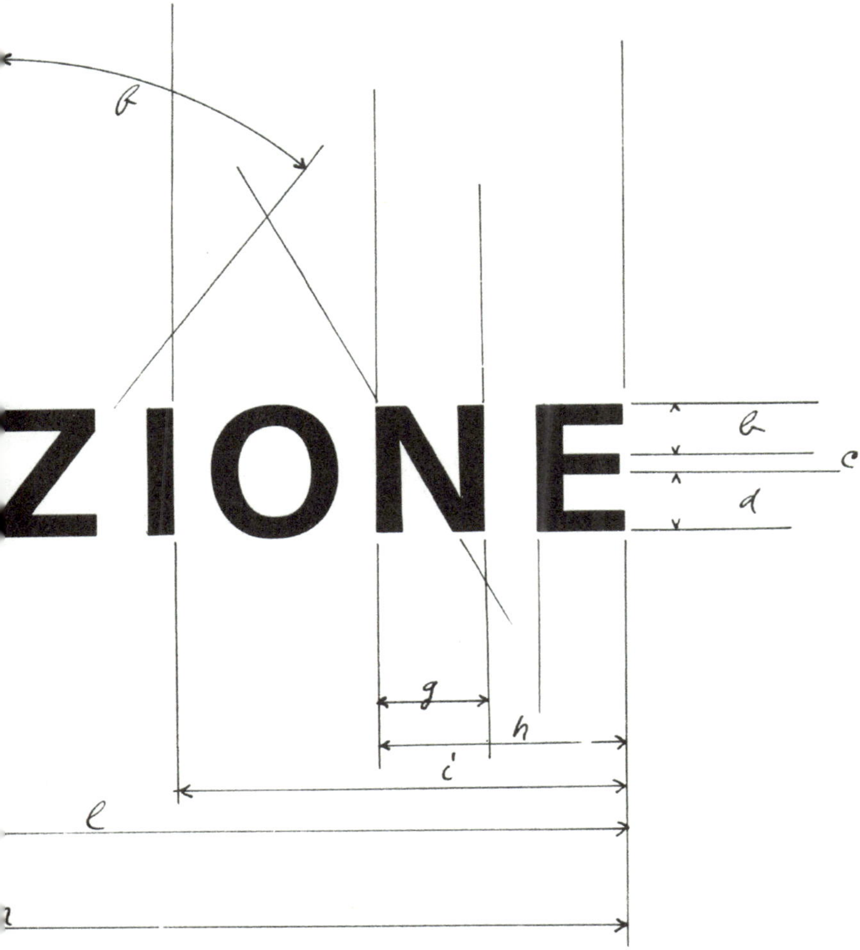

Alles, was es noch nicht gab, aber mit einem praktischen Zweck und ohne ästhetische Bedenken

CREA

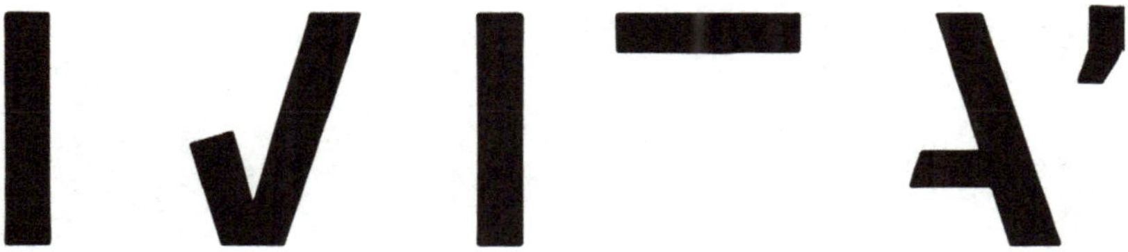

Alles, was es noch nicht gab,
und was umfassend, sowohl
ästhetisch als auch praktisch,
verwirklicht wird

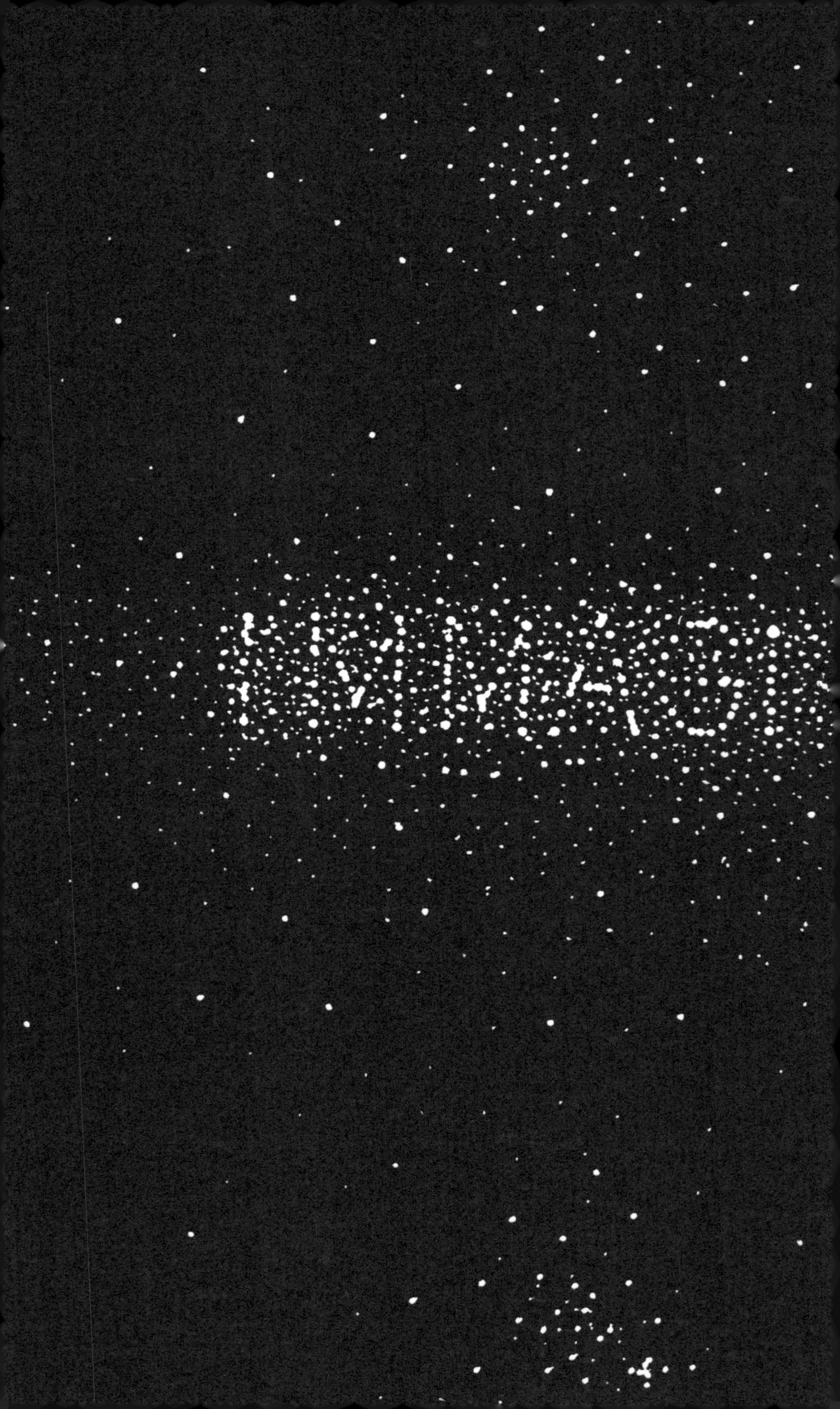

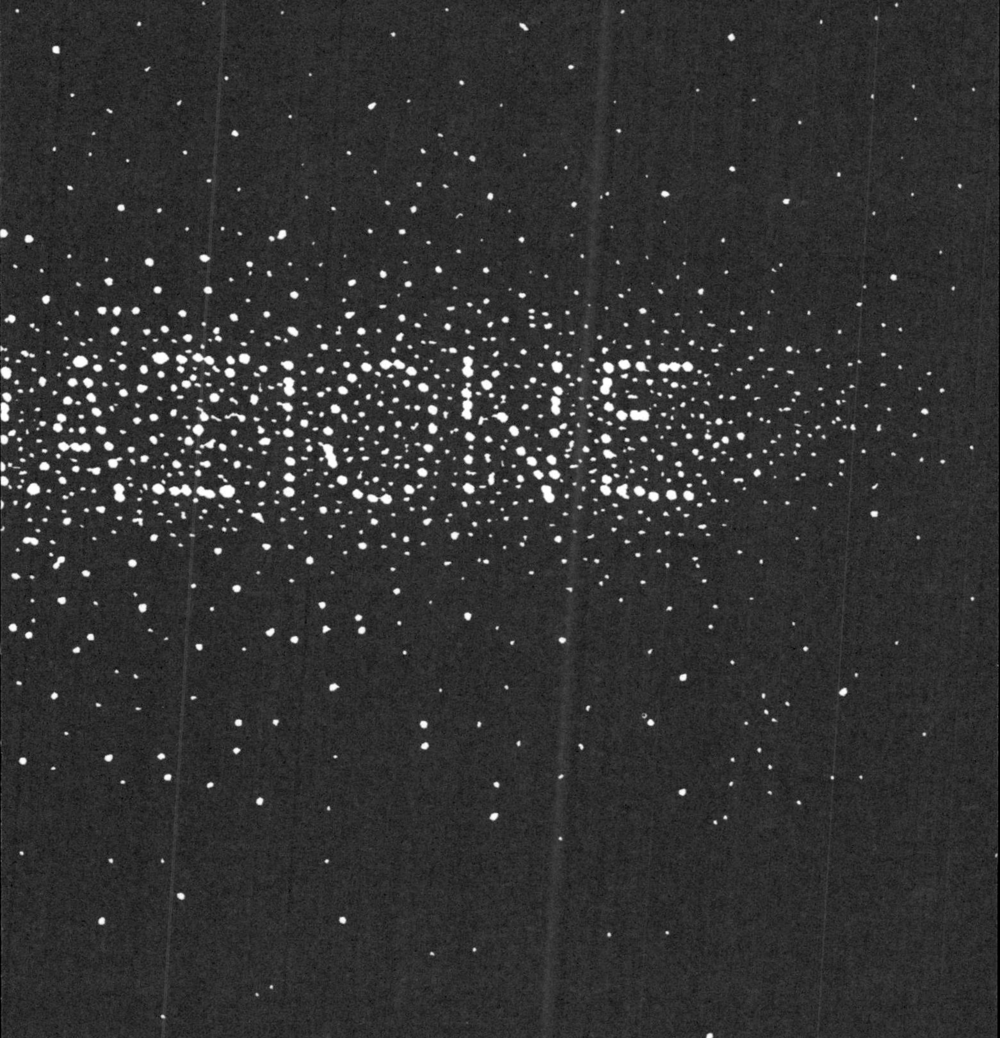

Die Fantasie, die Erfindung und die Kreativität denken, die Imagination sieht.

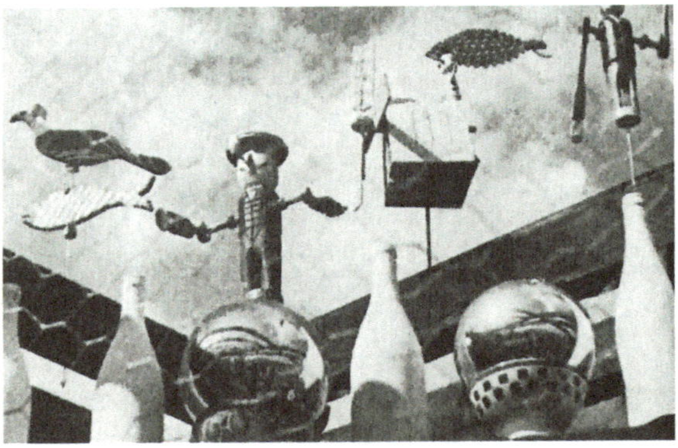

Ein weiteres Beispiel für das, was im Italienischen »Fantasia« genannt wird: Fische und Vögel drehen sich im Wind.

Die Konstanten

Jeder hat schon einmal ein Schild gesehen, auf dem in unterschiedlichen Farben »Farbgeschäft« geschrieben stand. Manchmal gehen die Farben fließend ineinander über, wie jene des Regenbogens, manchmal hat jeder Buchstabe eine eigene Farbe. Wahrscheinlich würde für ein Farbgeschäft auch ein Schild genügen, das einfach aus Farben besteht, aus einem Regenbogen, einer Malpalette oder einem Farbmuster. So ein Schild hätte sich von der ortsüblichen Sprache emanzipiert, es würde in Indien, Mexiko, China und in jedem anderen Ort der Welt verstanden werden, denn es ist genau dieses Bild, das jemand im Sinn hat, wenn man nach einem Farbgeschäft sucht. Farben sagen, in diesem Fall, mehr als Worte.

Ich habe dieses Beispiel herangezogen, um eine Frage zu provozieren: Wie kann es sein, dass so viele Leute in so verschiedenen Ländern beim Gedanken an ein Schild für ein Farbgeschäft auf die gleiche Idee kommen? Natürlich ist es nicht immer ein- und dieselbe Idee; einer wird »Farbgeschäft« farbig schreiben, eine andere lieber ihren Nachnamen, eine Dritte wird den Hintergrund farbig malen, aber die Buchstaben schwarz und weiß belassen. Trotzdem gibt es eine Art von Konstante, auf die man anscheinend immer wieder stößt, wenn man ein Schild für ein Farbgeschäft entwirft. Wie lässt sich das erklären?

Man könnte sich nun selbst damit schmeicheln, dass man eben eine Idee von universaler Geltung gehabt habe – und niemand könnte etwas Gegenteiliges behaupten. Denn vielleicht ist die Idee, ein Wort in unterschiedlichen Farben zu schreiben, schlicht und einfach genial; und es scheint tatsächlich eine schlüssige Idee zu sein. Damit hätte man aber nichts erklärt und das Rätsel bliebe bestehen, warum Eigentümer von Farbgeschäften sich ausgerechnet solche Schilder angefertigt haben. Der Grund für diese Art von Schildern ist, dass die Idee auf einer einfachen Relation zwischen dem Produkt und der Nachricht besteht, die die Kunden erreichen soll. Die Idee hinter diesen Schildern ist kohärent: Ein Fahrradladen würde sich ein Rad als Schild auswählen, ein Reifenhändler einen Autoreifen, ein Optiker ein großes Brillengestell usw. Der Mechanismus hinter der richtigen Wahl des Schildes ist derselbe. Das verstehe ich unter einer Konstante. Ist es also möglich, solche Konstanten auch für die Fantasie, die Erfindung und die Kreativität zu finden? Kann man verstehen, wie eine Idee »geboren« wird?

Dieses Buch versammelt relativ einfache Fälle von Fantasie, Erfindung und Kreativität und versucht so, die elementaren Konstanten dieser Prozesse zu analysieren. Ich bin mir natürlich bewusst, dass die Aufgabe, die Fantasie, die Erfindung und die Kreativität zu verstehen, nicht erschöpfend abgehandelt werden kann. Aber vielleicht kann meine Studie nachfolgende Untersuchungen anstoßen, um diesen Fähigkeiten weiter auf die Spur zu kommen. Denn nur wenn man diese Fähigkeiten versteht, wird man anderen erklären können, was es heißt, kreativ zu sein.

Bisher wurde die Welt der Kunst, die Welt der Kreativität und Fantasie eher im Dunkeln gehalten. Mir ist es wichtig zu zeigen, wie eine Idee entsteht oder ein Kunstwerk entworfen wird. Einem Publikum werden meist nur fertige Objekte präsentiert, um es in sprachloses Staunen oder stirnrunzelnde Tiefsinnigkeit zu versetzen. Einige zeitgenössische Künstler der Avantgarde sind sogar der Überzeugung, dass sich das Kulturvolk nicht mit diesen Problemen beschäftigen müsse. Kunst sei etwas Unerklärbares, ja wenn man zu viel erklären würde, würde man sogar die Kunst in gewisser Weise zerstören.

Ich bin der Meinung, dass die meisten Leute etwas verstehen wollen und deshalb versuche ich, die Fantasie und ihre Verwandten zu analysieren. Mögen kompetentere Menschen als ich es bin diesen bescheidenen Anfang fortsetzen. Es sollte nämlich in unser aller Interesse sein, Phänomene ans Licht zu bringen, die uns erlauben, unsere Kreativität und mit ihr auch unsere Persönlichkeit gezielter zu entwickeln.

Eine Untersuchung dieses Umfangs muss den gesamten kognitiven Prozess eines Menschen bedenken, welche Rolle unser Bewusstsein dabei spielt und wie wir uns Dinge merken. Deshalb werde ich zunächst kurz andeuten, wie die Intelligenz einer Person mit der Außenwelt und der Innenwelt interagiert. Anschließend soll die Analyse besagter Konstanten fortgesetzt werden.

Der Gedanke denkt und die Imagination sieht

Ein Individuum benutzt seine Intelligenz, um mit der externen Welt zu interagieren und logische Operationen durchzuführen. Das Ziel dabei ist, den Dingen auf den Grund zu gehen und so die Phänomene, die uns umgeben, zu verstehen.

Sehen, Hören, Tasten und andere sinnliche Wahrnehmungen geschehen simultan, wobei die Intelligenz versucht, die Wahrnehmungen so zu koordinieren, dass aus ihnen größere Klarheit über die Umwelt folgt. Alles, was verstanden wird, wird danach in den drei Hauptsektoren des Gedächtnisses abgelegt: im Kurzzeitgedächtnis, im Langzeitgedächtnis und in einem Teil, der für genetische Funktionen zuständig ist. Im Kurzzeitgedächtnis legen wir alles ab, was uns momentan interessiert, aber bald nutzlos sein wird. Zum Beispiel, dass ich morgen um 8:14 Uhr beim Wiener Hauptbahnhof sein muss. Diesen Gedanken merkt man sich bis man in den Zug steigt, dann vergisst man ihn (besser). Im zweiten Teil des Gedächtnisses memorieren wir alle jene Kenntnisse, die dazu dienen, besser zu leben, zu handeln, zu kommunizieren, zu planen, kurz all das, was jetzt nützlich ist und wahrscheinlich weiterhin nützlich sein wird. Im genetischen Sektor befindet sich schließlich alles das, was von Individuum zu Individuum, von der Stiefmutter an die Adoptivkinder weitergegeben wird. Das Gedächtnis kann auf viele Weisen ersetzt oder unterstützt werden: durch Enzyklopädien, Listen, Archive und viele weitere Medien. Andere Gedächtnishilfen sind Grafiken, Diagramme, Schemen usw.

Das Gedächtnis eines Kindes verfügt über wenige Erinnerungen, das eines Erwachsenen über viele.

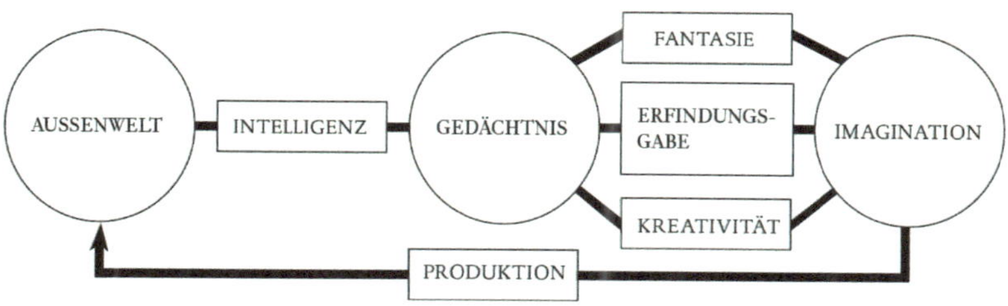

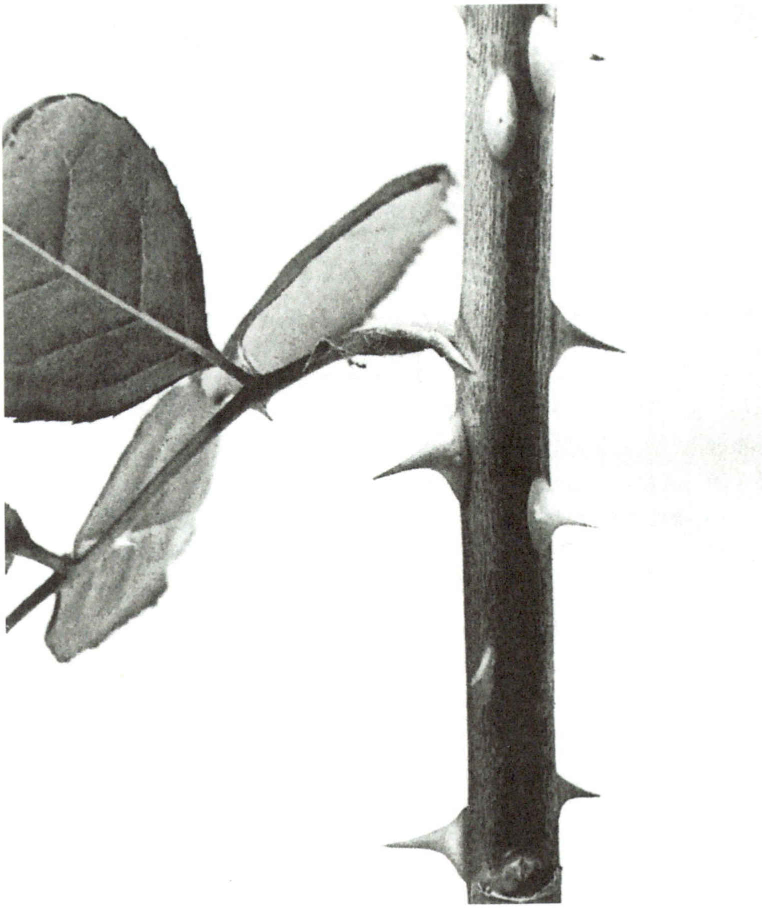

Operationen der Intelligenz
Ein Dorn in Natura (visuelle Erfahrung)
Der Dorn sticht mit seiner Spitze (haptische Erfahrung)
Alle zugespitzten Dinge stechen (Deduktion, Verifikation)
Die zugespitzten Dinge können verletzen (Erklärung)
Eine zugespitzte Waffe (Erfindung): die zum Verletzen verwendete Spitze

Fantasie
Erfindung
Kreativität
Imagination

Die Fantasie ist unter den genannten Fähigkeiten die freieste. Sie muss über das, was sie sich ausdenkt, keine Rechenschaft ablegen, es spielt keine Rolle, ob es realisierbar ist oder einen Effekt erzielt. Die Fantasie ist frei, sich jede Sache zu denken, auch die absurdeste, unglaublichste, unmöglichste.

Die Erfindung verwendet die gleichen Techniken wie die Fantasie, das heißt, sie verbindet auch das, was sie kennt, aber mit dem Zweck der praktischen Anwendung. Man erfindet also einen neuen Motor, eine chemische Formel, einen Werkstoff, ein Instrument und ähnlich Praktisches. Die Erfinder machen sich jedoch meist keine Gedanken über die ästhetischen Aspekte ihrer Erfindung. Wichtig ist für sie, dass die erfundene Sache funktioniert und einem Zweck dienlich ist. Manchmal macht sich der Erfinder auch Gedanken über ästhetische Aspekte, wie etwa bei der im Mailänder Museum für Wissenschaft und Technik ausgestellten berühmten Dampfmaschine im neoklassischen Stil.

Aber im Prinzip ist das eine unnötige Beschäftigung und verbindet zudem Kunst und Technik in einer Weise, die man heute eher als verfehlt ansieht. In anderen Fällen wird das Produkt der Erfindung von einem Künstler »verziert«, wie etwa im Fall der ersten Nähmaschinen, auf denen noch goldene Elemente und Perlmuttapplikationen zu sehen sind.

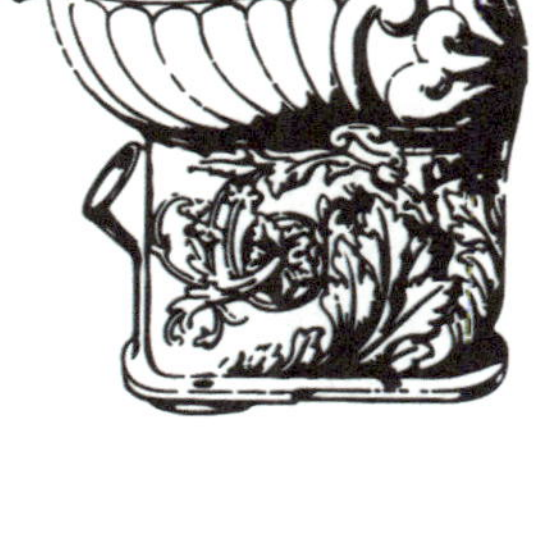

Etwas muss in diesem Zusammenhang auch zur Erfindung und zur Entdeckung gesagt werden. Erfinden heißt an etwas denken, was es noch nicht gibt. Entdecken heißt, etwas finden, was man noch nicht kennt, was es aber gab. Man kann zum Beispiel sagen, dass Galileo das Teleskop erfand, mit dem er entdeckte, dass der Jupiter Trabanten hat.

Die Kreativität dient sowohl den Zwecken der Fantasie als auch den Zwecken der Erfindung. Die Kreativität ist also die umfassendste unter den drei Fähigkeiten, da sie sowohl ästhetische als auch praktische Aspekte berücksichtigt. Deshalb wird sie vor allem im Design eingesetzt, wobei Design hier als ein Modus des Entwerfens verstanden werden soll. Ein Modus, der frei ist, wie die Fantasie, und exakt, wie die Erfindung, also alle Aspekte eines zu lösenden Problems beinhaltet. Die Kreativität interessiert sich nicht nur für Vorstellungen, wie die Fantasie, und nicht nur für Funktionen, wie die Erfindung, sondern auch für psychologische, soziale, ökonomische und andere Aspekte des menschlichen Lebens. Unter Design wird daher ebenso das Entwerfen eines Objektes verstanden, wie das Entwerfen eines Symbols, einer Umgebung, einer neuen Didaktik oder einer Projektmethode. Die Aufgabe ist immer, Lösungen für kollektive Bedürfnisse zu finden.

Mit der Imagination wird alles visualisiert, wird alles sichtbar gemacht, was sich die Fantasie, die Erfindung und die Kreativität ausdenken. Bei manchen ist die Imagination sehr schwach ausgeprägt, bei anderen ist sie schnell und quicklebendig, bei manchen geht sie über das Gedachte hinaus.

Manche Menschen besitzen fast keine Imagination. Daher gibt es Berufe, die das visualisieren, woran die Fantasie, die Kreativität oder der Erfindergeist anderer denken. So gibt es etwa in allen Werbeunternehmen mehrere Grafiker und Zeichner, deren Aufgabe darin besteht, einen Entwurf oder ein Modell anzufertigen, das sich der Kunde ansehen kann. Daneben gibt es noch Modellbauer. Nach Vorgabe der Konstrukteure realisieren sie in verschiedenen Maßstäben Modelle, Objekte und komplexere Konstruktionen wie Häuser oder Brücken. So können auch Personen, denen es an Imagination fehlt, die Ideen eines Konstrukteurs, den Ertrag der Fantasie, der Erfindung oder der Kreativität betrachten. Die Hilfsmittel der Imagination sind demnach die Zeichnung, das Bild, die Skulptur, das Modell, der Film, die kinetischen Künste und viele mehr.

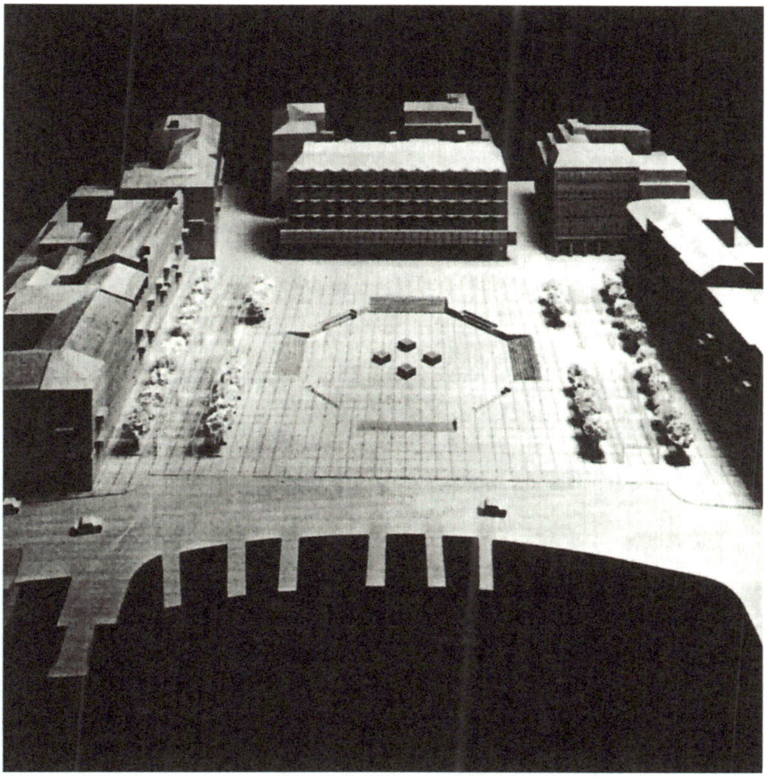

Visualisierung eines Projekts mittels eines skalierten Modells. Das Projekt von Bruno Munari und einer Gruppe assoziierter Künstlerinnen behandelt 1975 die Neugestaltung der Piazza Cavour in Como. Das Modell wurde in Naturholz von Mauro Mauri im Maßstab 1:200 gebaut.

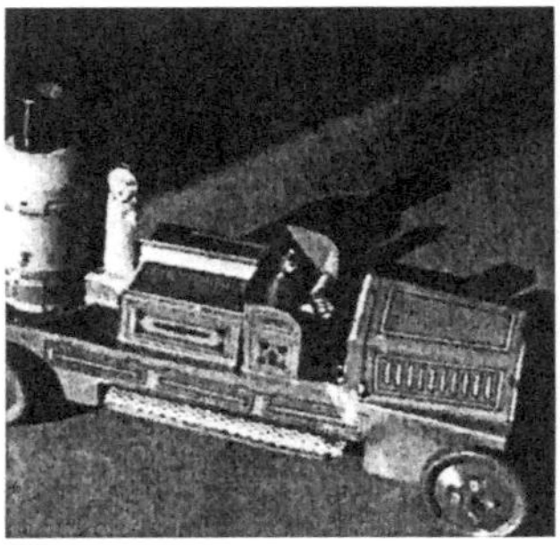

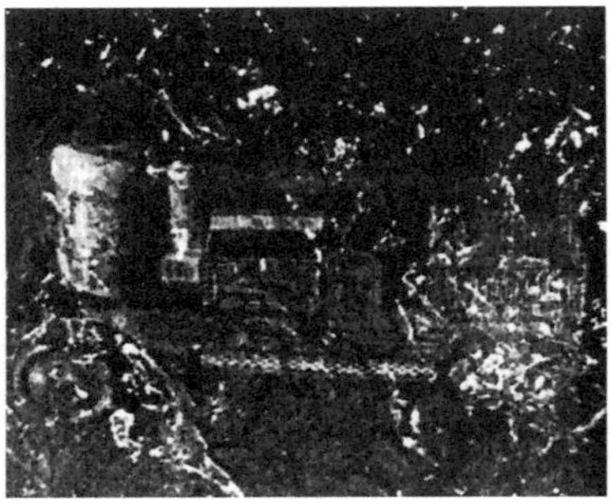

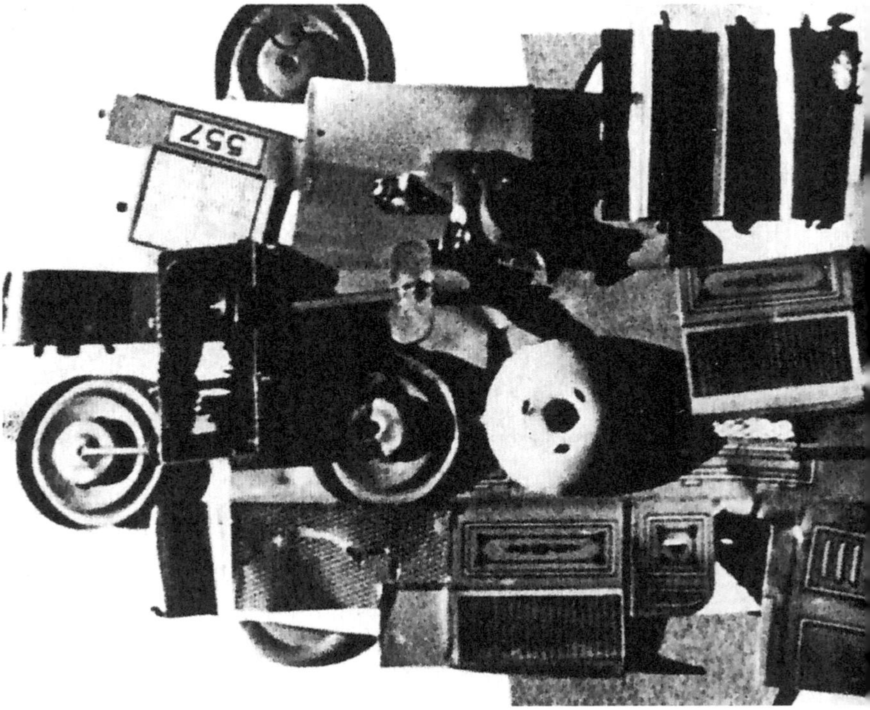
557

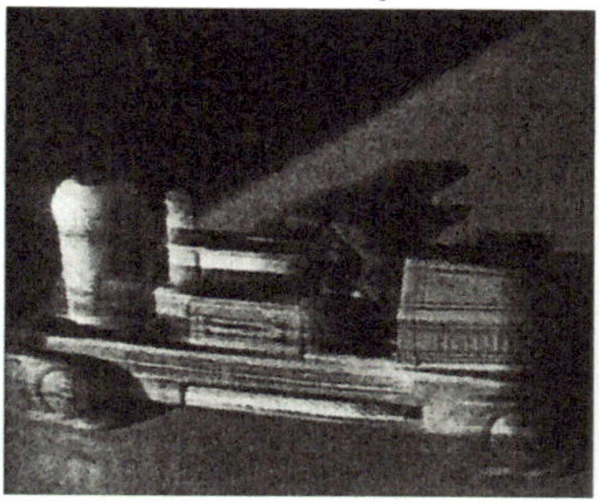

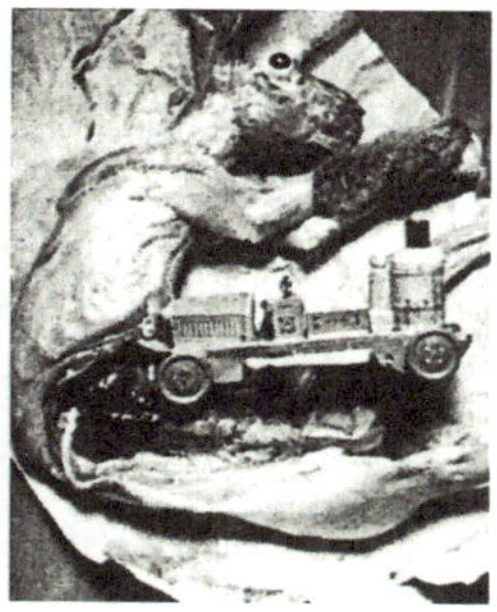

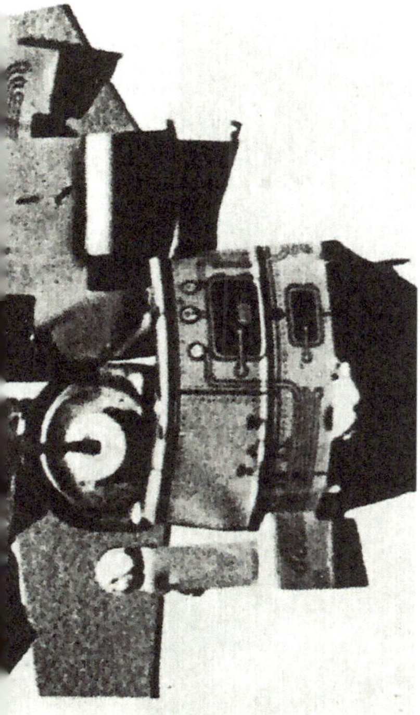

Realismus, Impressionismus, Futurismus, Surrealismus und Kubismus bildlich erklärt. Das gleiche Objekt, ein Blechspielzeug in Form eines Feuerwehrautos, wurde auf verschiedene Weise fotografiert, um die Formprinzipien der unterschiedlichen Stile visuell zu erklären.
Der Realismus sieht das Objekt so, wie es ist.
Der Impressionismus sieht es als unfertiges und überlässt der Betrachterin die Aufgabe, es zu ergänzen. Der Futurismus sieht es in Bewegung.
Der Surrealismus sieht es in abseitigen Kombinationen. Der Kubismus zerteilt es und verteilt alle Teile vereinzelt auf einer Fläche.

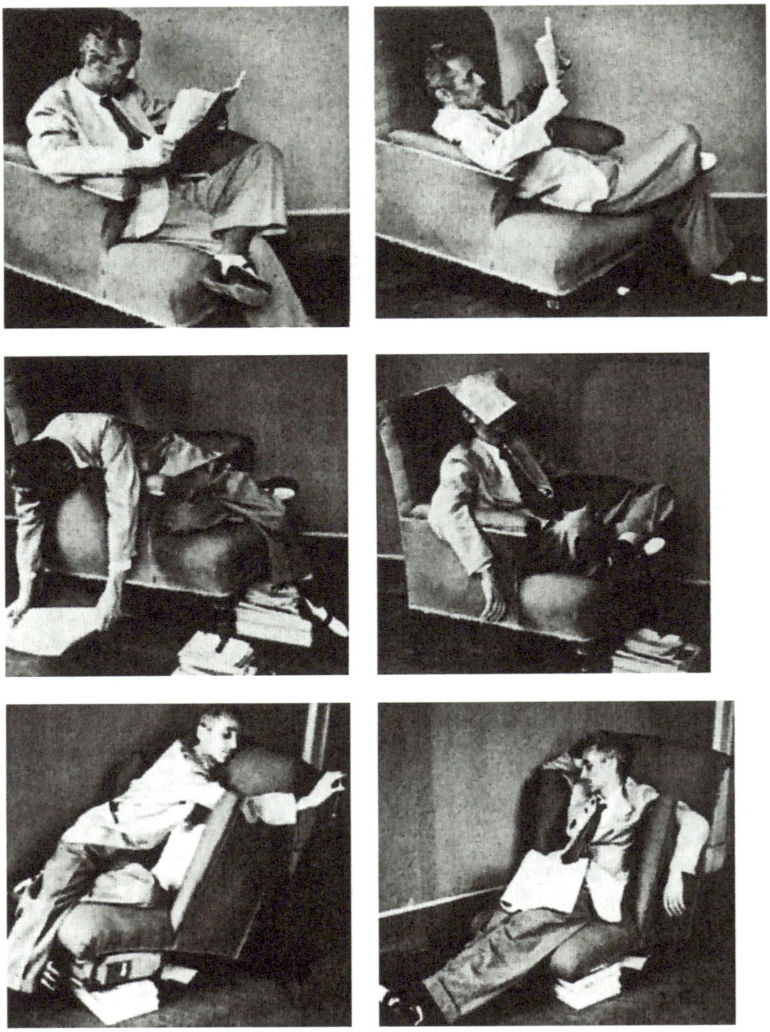

Eine Bildsequenz:
Die Erforschung der
Gemütlichkeit in einem
ungemütlichen Sessel

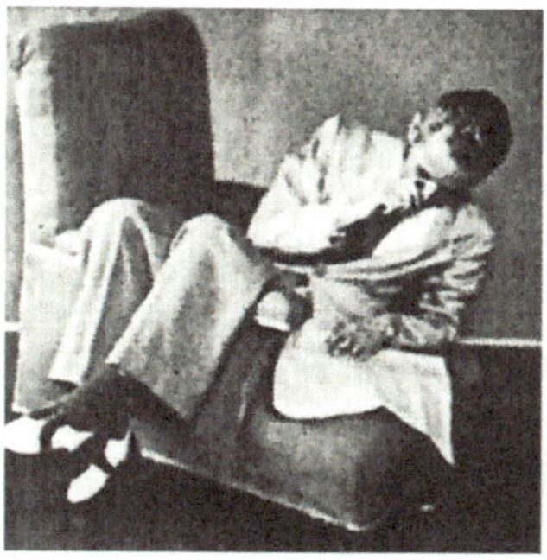

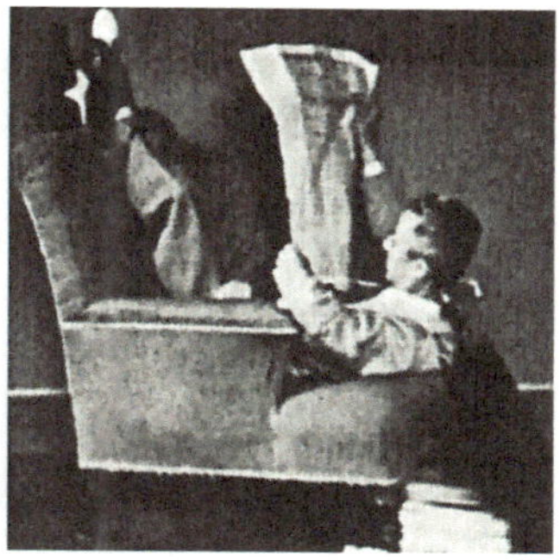

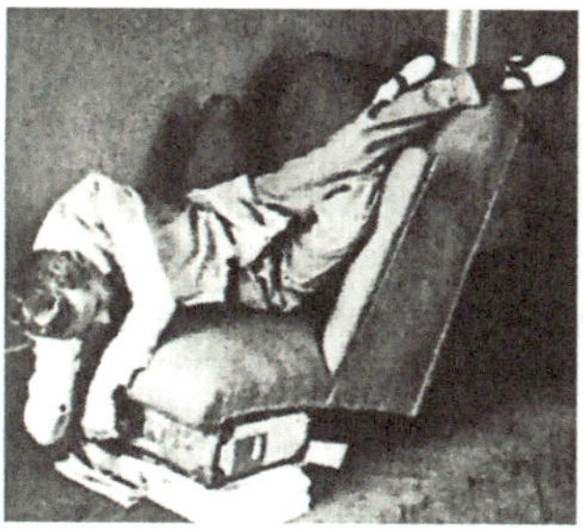

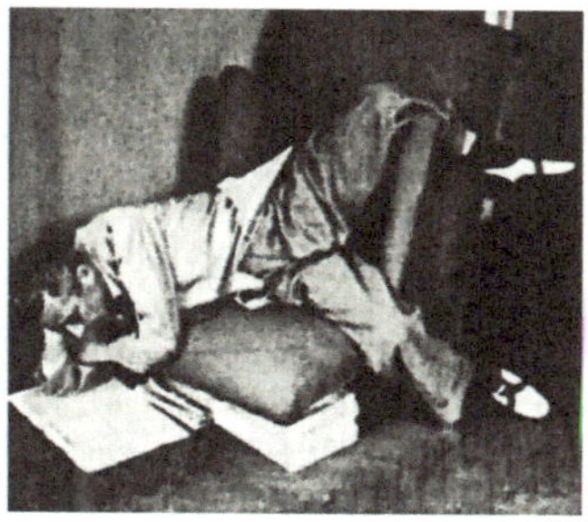

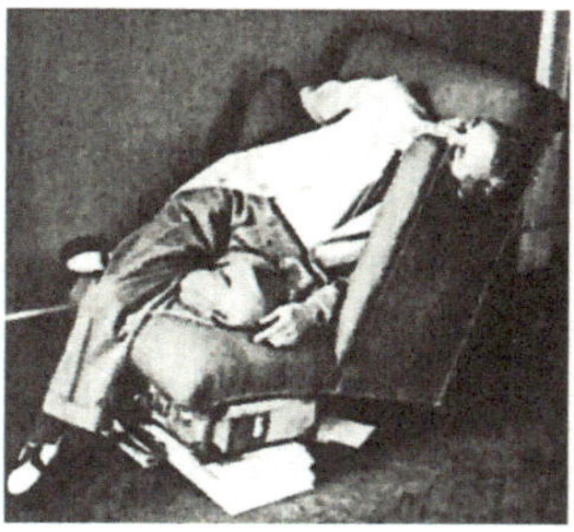

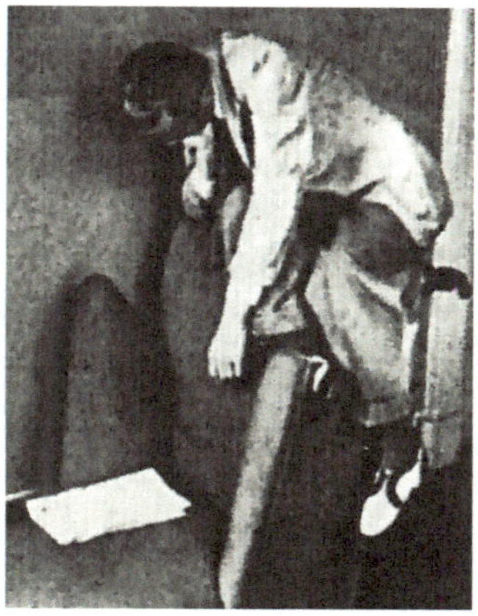

Während die Fantasie, die Erfindung und die Kreativität idealerweise etwas produzieren, was es noch nicht gibt, kann die Imagination sich auch etwas denken, das es bereits gibt, das aber im Moment nicht präsent ist. Die Imagination ist also nicht notwendigerweise kreativ. Es gibt einige Fälle, in denen es die Imagination nicht schafft, einen fantastischen Gedanken sichtbar werden zu lassen. Stellen wir uns zum Beispiel ein Motorrad aus Holz vor. Das scheint für die Fantasie kein Problem zu sein. Auch ein Motorrad aus Glas kann man sich durchaus vorstellen. Vor einem erscheint dann ein durchwegs transparentes Motorrad, einem transparenten Modell des menschlichen Körpers ähnlich, in dem alle Organe zu sehen sind. Aber wenn man von der festen Materie zur flüssigen übergeht und versucht, sich ein flüssiges Motorrad vorzustellen … dann erscheint das Bild nicht so einfach, egal wie sehr sich die Imagination anstrengt, es hervorzubringen. Wie jeder weiß, gibt es viele Leute, die im Mond ein Gesicht zu erkennen glauben. Warum aber nur ein Gesicht? Warum keinen Pfau? Keinen Hirschkäfer? Weil sie den Hirschkäfer so gut wie nie gesehen haben, sich kaum an ihn erinnern und ihn deshalb nicht wiedererkennen. Ein menschliches Gesicht ist dagegen ein Eindruck, dem sich niemand entziehen kann. Und es ist der erste Eindruck, den man sich merkt, ja den sich alle merken, und so ist die Behauptung, ein Gesicht zu sehen, eine der einfachsten Assoziationen, die sich für uns ergeben. Was sehen wir im abgefallenen Putz von Mauern? Was in den gesprenkelten Fragmenten des Marmors, aus denen manche Fußböden sind? Was in vielen Felsen und was in manchen Wolken? Sehr häufig ein Gesicht. Seltener sieht jemand einen Wal, der sich in ein Kamel verwandelt.

> Hamlet: Seht Ihr die Wolke dort, beinah in Gestalt eines Kamels?
> Polonius: Beim Himmel, sie sieht auch wirklich aus wie ein Kamel.
> Hamlet: Mich dünkt, sie sieht aus wie ein Wiesel.
> Polonius: Sie hat einen Rücken wie ein Wiesel.
> Hamlet: Oder wie ein Walfisch.
> Polonius: Ganz wie ein Walfisch.

Verbindungen zwischen bekannten Dingen

Fantasie, Kreativität und Erfindung produzieren etwas Neues, indem sie bekannte Dinge gedanklich verbinden. (Wir besprechen später, welche Arten von Verbindungen es gibt.) Es ist banal, dass man keine Verbindung zwischen Dingen knüpfen kann, die man nicht kennt. Zwischen einer Glasplatte und dem Wfzxs lässt sich nichts etablieren. Zwischen einer Glasplatte und einer Kautschukfläche wäre aber eine Verbindung möglich. Vorausgesetzt werden muss dabei nur, dass der oder die Verbindende sowohl Glas als auch Kautschuk kennt. Was könnte durch den Gedanken einer solchen Verbindung entstehen? Man könnte sich ein flexibles Glas oder einen durchsichtigen Kautschuk vorstellen. Vielleicht wäre das heute noch ein fantastischer Gedanke, da ich keine Art von Glas kenne, die so flexibel ist wie Kautschuk. Die Imagination setzt sich nichtsdestoweniger in Bewegung und mir erscheint ein flexibles Glas ... Was würde passieren, wenn ich daran ziehen würde? Nicht viel? Würde es sich anfühlen wie eine dünne Schicht klaren Wassers? Die Imagination beginnt es sich auszumalen, es zu sehen. Für dasselbe Material könnte sich die Kreativität einen angemessenen Zweck ausdenken. Und die Erfindung müsste auf die chemische Formel kommen, um das flexible Glas zu produzieren.

Die Fantasie wird also umso lebendiger sein, je mehr Möglichkeiten jemand hat, Verbindungen herzustellen. Eine Person mit einem relativ begrenzten Wissen kann keine große Fantasie haben, da sie immer die Mittel verwenden muss, die sie besitzt und nur auf das zurückgreifen kann, was sie weiß. Und wenn jemand insgesamt wenig weiß, wird er sich vielleicht ein Schaf vorstellen können, dessen Fell aus Laub besteht, statt aus Wolle. Das ist zwar mehr als nichts, ja auf manche wird die Idee des belaubten Schafes bereits einen Eindruck machen, aber es würde irgendwann der Zeitpunkt kommen, an dem diese Person keine weiteren Verbindungen mehr machen kann und sie sozusagen mit ihrer Fantasie am Ende ist.

Viele Erwachsene glauben, dass Kinder eine große Fantasie besäßen, weil sie in ihren Bildern oder Aussagen etwas zu erkennen meinen, was außerhalb der Realität liegt. Andere Erwachsene glauben an die lebendige Fantasie der Kinder, weil sie selbst ein allzu festes Bild der Realität haben und sich deshalb nie ähnliche Dinge ausdenken könnten. Beide Annahmen sind unrichtig. Das Kind macht in beiden Fällen etwas relativ Simples: Es projiziert das, was es kennt, auf alles das, was es nicht kennt. Ein Kind isst, weint, schläft, spricht mit der Mutter, geht auf die Toilette, läuft herum und schläft ein. Dem Kind ist die Welt noch so gut wie unbekannt. Daher hat jedes Ding für das Kind die gleichen Qualitäten: Der große Ball ist die Mutter des kleinen Balls. Wenn der Ball dreckig wird, heißt das, dass er Aa gemacht hat. Dem Ball kann auch kalt oder warm werden, wie dem Kind selbst, und so weiter. Das alles hat aber nichts mit Fantasie zu tun, sondern ist die Projektion der bekannten, kleinen Welt auf alle Dinge der großen.

Wenn sich ein Kind zu einer kreativen Person entwickeln und sich seine Fantasie entfalten soll, anstatt unterdrückt zu werden, wie es bei vielen Erwachsenen der Fall ist, dann sollte sich das Kind viele Dinge merken und Verbindungen zwischen ihnen knüpfen, um für die Probleme, die sich ihm in den Weg stellen, selbst Lösungen zu finden.

Fantasie ist nichts spezifisch Menschliches, auch andere Affen können ihre Fantasie betätigen. Wenn ein Affe etwa eine Banane haben will, die etwas zu hoch für ihn hängt, so kann er sich an eine Holzkiste erinnern, mit der er gespielt hat, und eine Verbindung herstellen zwischen der Höhe der Kiste und seiner eigenen Größe (von letzterer musste er erfahren, dass sie nicht ausreicht, um die Banane zu bekommen). Dann wird er versuchen, auf die Kiste zu steigen und sich die Banane zu schnappen. Ein Tier ohne Fantasie wäre in diesem Fall zum Verhungern verurteilt.

> Um herauszufinden, welche Form von konkretem Problembewusstsein Kinder haben können, wurde mit mehr als sechshundert Kindern aus einer Grundschule in Ticino (Italien) ein Experiment durchgeführt. Die Kinder waren zwischen fünf und dreizehn Jahre alt. Sie wurden gebeten, das Innere des menschlichen Körpers zu beschreiben und ein erklärendes Bild zu zeichnen. Die am häufigsten vorkommenden Organe sind das Herz und das Gehirn, der bekannteste Kreislauf ist der Blutkreislauf. Das Skelett ist hingegen eher selten anzutreffen und wurde erst von höheren Klassen gezeichnet. Das Verdauungssystem wird durch verbundene Schläuche dargestellt, deren Eingang der Mund und deren Aus-

gang unten ist: Das Kind weiß also, dass alles, was es isst, nach einer gewissen Zeit seinen Körper als organischer Müll wieder verlässt. Die Lungen werden meist auf gut Glück eingezeichnet und Knochen sind nur ab und zu in diesen Körpern zu finden. Manche Kinder, die eine religiöse Schule besuchen, haben auch einen kleinen Engel und einen kleinen Teufel in ihren Körper gezeichnet.
Das Experiment wurde von einer Gruppe von Psychologinnen der Universität Genf durchgeführt, unterstützt von italienischen und schweizerischen Lehrerinnen: Alberto Munari, Giusi Filippini, Mauro Regazzoni, Anne-Sylvie Visseur (aus den *Archives de Psychologie*, Genf)

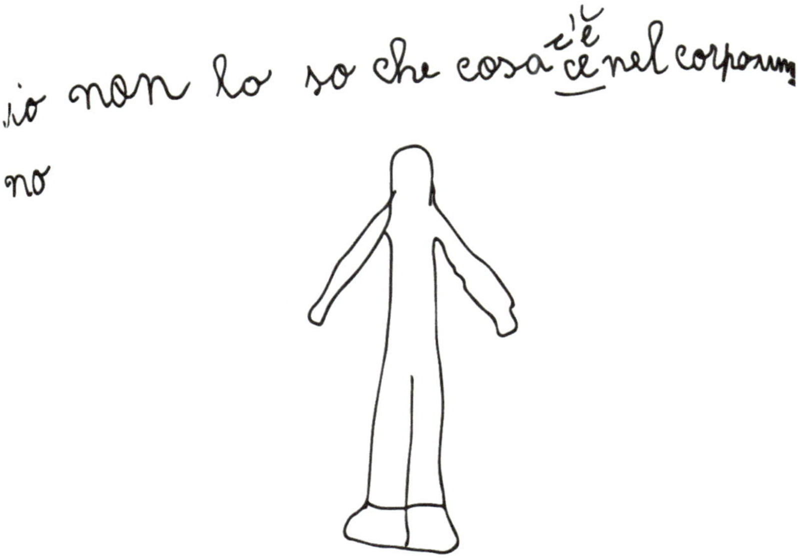

Ich weiß nicht, welche Dinge im Körper sind.

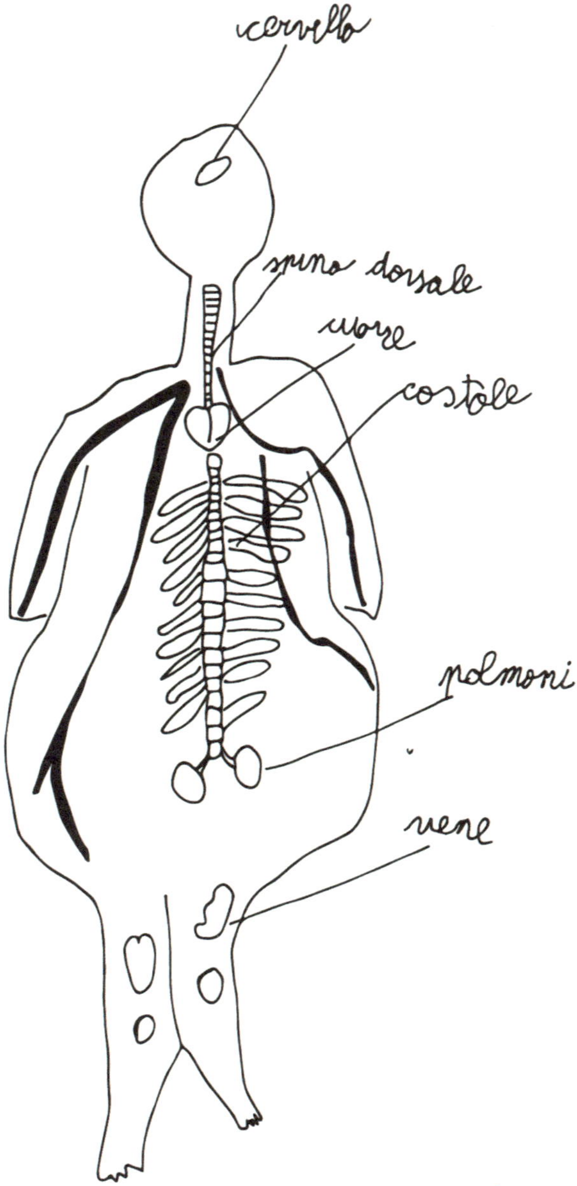

Gehirn
Rückgrat
Herz
Rippen
Lungen
Adern

Die Fantasie ist also eine Fähigkeit, die es uns erlaubt, an Dinge zu denken, die es noch nicht gibt. Die Fantasie ist völlig frei in ihrem Tun, das heißt, sie kann auch an vollständig fiktive Dinge denken, also an neue Dinge, die es nie wirklich geben wird. Ob ein Ding, das sie sich ausdenkt, aber wirklich »neu« ist, also noch nie von jemandem gedacht wurde, das interessiert sie nicht. Darin besteht nicht ihre Aufgabe.

Soll überprüft werden, ob etwas wirklich neu ist, dann ist der Verstand am Zug. Er muss Daten sammeln, um diese Daten mit dem zu vergleichen, was die Fantasie erschaffen hat. So kann festgestellt werden, ob etwas bereits existierte oder wirklich neu ist. Ein mit Fantasie begabtes Individuum kann also für sich etwas Neues schaffen, ohne dass es an sich etwas Neues ist. Ja, vielleicht will das Individuum auch einfach nicht wissen, ob das, was es sich ausgedacht hat, wirklich neu ist. Es ist nämlich schon an sich erfreulich, an neue Dinge zu denken, so erfreulich, dass es einer Person genügen mag, dass das erdachte Ding nur für sie selbst neu ist.

Nehmen wir an, eine Gruppe von Malern begründet im Jahr 1976 die abstrakte Kunst. Diese Innovation wäre für die Maler selbst, die viele Jahre in ihrer eigenen figurativen Malerei versunken waren, vielleicht eine erschütternde Novität. Enthusiastisch könnten sie beginnen, auf eine neue Weise zu malen und damit etwas tun, was sie noch nicht gekannt haben, auch wenn sie nur das wiederholen, was Malerinnen vor ihnen bereits getan haben. Irgendwann käme der große Moment, in dem sie ihre Werke der Öffentlichkeit in dem sie mit ihren Werken an die Öffentlichkeit gingen. Träfen sie auf ein ehrliches Publikum, so würden sie bemerken, dass abstrakte Kunst nicht mehr der neueste Schrei ist. Diese Art von Künstlern – von ihnen gibt es einige – haben nicht ausreichend recherchiert, ob ihre ästhetische Innovation subjektiv oder objektiv neu war.

Wir können also daraus folgern, dass es zwei Arten von Neuheiten gibt: eine Neuheit für ein Individuum oder mehrere und eine absolute Neuheit. Wenn jemand alle künstlerischen Bewegungen der letzten fünfzig Jahre ignoriert, dann ist für diese Person die abstrakte Kunst eine Neuheit. Kennt jemand aber die Geschichte der modernen Kunst, so wird er oder sie von der abstrakten Kunst nicht überrascht werden. Darum können wir sagen, dass die Fantasie zwar frei darin ist, sich jedwede Form von Neuheit auszudenken, es aber die Öffentlichkeit ist, die diese neue Kunst auch zu einer allgemein anerkannten Neuheit erklärt.

Deshalb existieren für Erfindungen registrierte Patente, die zuerst durchgesehen werden müssen, bevor ein neues Patent verliehen werden kann.

Um zu verstehen, wie die Fantasie, die Kreativität und die Erfindung funktionieren, müssen wir sehen, ob es möglich ist, die Operationen zu identifizieren, die im Gedächtnis gemacht werden, um unsere wahrgenommenen und abgelegten Daten miteinander zu verbinden. Hier eine kurze Auflistung aller Operationen.

- In der elementarsten Operation der Fantasie wird eine Situation auf den Kopf gestellt. Man denkt an das Gegenteil von etwas und kreiert damit eine verkehrte Welt.

- Als zweite Operation werden wir die Wiederholung von etwas behandeln. Aus einem werden viele, unverändert oder variiert.

- Drittens gibt es Verbindungen, die über eine visuelle oder funktionale Affinität hergestellt werden. Aus dem Bein eines Tieres wird, zum Beispiel, ein Tischbein.

- Dann diskutieren wir eine Gruppe von Verbindungen, die alle den Umstand gemeinsam haben, dass in ihnen etwas ausgetauscht oder ersetzt wird. Substituiert werden kann: die Farbe, das Gewicht, das Material, der Ort, die Funktion, die Dimension, die Art der Bewegung und noch einiges mehr.

- Fünftens können mehrere unterschiedliche Dinge zu einem neuen Ding verbunden werden. Diese Verbindung findet sich vor allem in den visuellen Künsten, in Zeichnungen, Skulpturen, Filmen und anderen. Das bekannteste Beispiel für diese Verbindung ist das Monster.

- Schließlich gibt es noch Verbindungen zwischen den zuvor genannten Verbindungen. Etwa eine Sache, die das Gegenteil einer anderen darstellt, sich an einem fremden Ort befindet, aus anderem Material besteht und eine neue Farbe hat.

Das war ein erster Überblick über mögliche Verbindungen, der noch zu vervollständigen sein wird. Vielleicht kommt man so in vielen Fällen auch zu Regeln und Konstanten. Die Fantasie zu entwickeln bedeutet, das eigene Bewusstsein so zu vergrößern, dass mehrere Verbindungen zwischen verschiedenen Daten hergestellt werden können. Natürlich bedeutet das nicht, dass eine gebildete Person auch eine Person mit großer Fantasie ist. Gewiss nicht. Wir alle kennen Personen, die über immenses Wissen verfügen und als intelligente Personen gelten, wobei sich ihre Intelligenz aber in einem guten Gedächtnis erschöpft. Wenn diese Personen ihr Wissen nicht für neue Verbindungen nutzen, wenn sie also ihre Fantasie nicht gebrauchen, dann bleiben sie ein beeindruckender Speicher von inaktiven Daten.
Sie sind wie ein Wörterbuch, in dem alle Worte stehen, die man für ein tolles Gedicht benötigt, aber für einen neuen Vers sind sie nicht zu haben. Sie sind wie Instrumente, auf denen niemand spielt.

In der frühesten Kindheit beginnt man, sich Daten einzuprägen und sein Bewusstsein zu vergrößern, etwa beim Spielen. Seit Kurzem befassen sich zahlreiche Designer überall auf der Welt mit kreativen Spielen und anderen Mitteln, um die Kreativität und die Fantasie zu stimulieren. Diese neuen Spiele erlauben den Kindern, ihre Kreativität zu entwickeln, indem sie etwas gestalten. Es werden in diesen Spielen einfache Probleme behandelt, neue Tätigkeiten erfunden oder räumliche Aufgaben mit Bauelementen gelöst. Die Idee dahinter ist simpel: Ein Kind, das räumliche Probleme aus Spielen wie Lego kennt, wird es als Erwachsener leichter haben, architektonische Probleme zu verstehen, als ein Kind, das nur mit einem Ball gespielt hat.

Die ersten Jahre eines Lebens sind die wichtigsten, denn in ihnen gewinnt ein Individuum seine Form und behält große Teile dieser Form für den Rest seines Lebens. Ob jemand eine kreative Person wird oder nur jemand, der schlicht den Regeln folgt, hängt natürlich auch von den Pädagogen ab. Welche Erfahrungen jemand macht, mit welchen Eindrücken er konfrontiert wird, hat einen Einfluss darauf, ob wir als Erwachsene relativ frei handeln können oder uns an feste Regeln halten müssen. Die Erwachsenen müssen sich ihrer Verantwortung bewusst werden, denn davon wird die Zukunft der menschlichen Gemeinschaft abhängen.

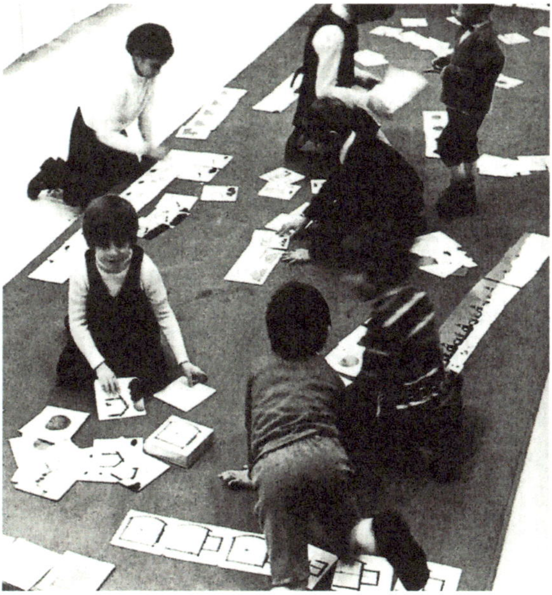

Die Sequenz der Bilder zu erkennen, heißt, die Variationen zu verstehen. Die Birne ist nicht einfach eine Birne, sondern auch ein Moment der Verwandlung zwischen zwei Einheiten. Aus der Birne wird ein Baum, aus ihm eine Blume und schließlich eine Frucht. Die Kinder sollten sich daran gewöhnen, dass sich Dinge verändern. Diese Einsicht hilft ihnen, eine flexible Einstellung, aber auch einen großzügigeren Charakter zu entwickeln. Die didaktischen Spiele, die hier zu sehen sind, wurden von Designern zu diesem Zweck entwickelt. Sie sind geeignet für Kinder zwischen drei und acht Jahren. Foto von Jacqueline Vodoz

Die populäre Kultur ist ein aus Fantasie, Kreativität und Erfindung gebildetes Kontinuum. Diese Aktivitäten unserer Fähigkeiten führen zu objektiven Werten, die man Tradition, Technik, Kunst oder auch anders nennen mag. Es ist wichtig zu erkennen, dass diese scheinbar objektiven Werte durch Akte der Kreativität ständig auf die Probe gestellt werden. Erweisen sich neue Akte als in irgendeiner Form besser als die bestehenden, so werden die bestehenden Werte durch neue ersetzt. In diesem Sinn ist Tradition eine kontinuierliche Mutation der objektiven Werte, wie sie von ihren Trägern verwendet werden. Einen bestehenden Wert konventionell zu wiederholen, ohne seine Fantasie zu gebrauchen, bedeutet nicht, die Tradition fortzusetzen, sondern sie zu ihrem Ende zu bringen. Die Tradition ist, anders gesagt, die Summe der objektiven Werte eines Kollektivs und das Kollektiv muss sich kontinuierlich neu erfinden, wenn es nicht verkümmern will.

Im täglichen Leben können einem viele seltsame Dinge begegnen: eine Kartoffel, die Tante Karoline ähnlich sieht; ein fliegender Fisch; ein Stein mit der Form eines Herzens; eine Wurzel, die einem Menschen gleicht; eine Blume mit einer mundartigen Öffnung; ein Kalb mit zwei Köpfen; … Man spricht dann von den Launen der Natur, ähnlich wie man von Fantasie spricht. Es sollte aber klar sein, dass es sich um zufällige Erscheinungen handelt, die zwar die Fantasie anregen können, die aber nicht selbst schon fantastischer Art sind, da es sie schon gibt. Kehren wir nach diesen Klärungen zurück zu den einzelnen Operationen der Fantasie und versuchen, alle zuvor genannten Operationen anhand von Beispielen zu analysieren.

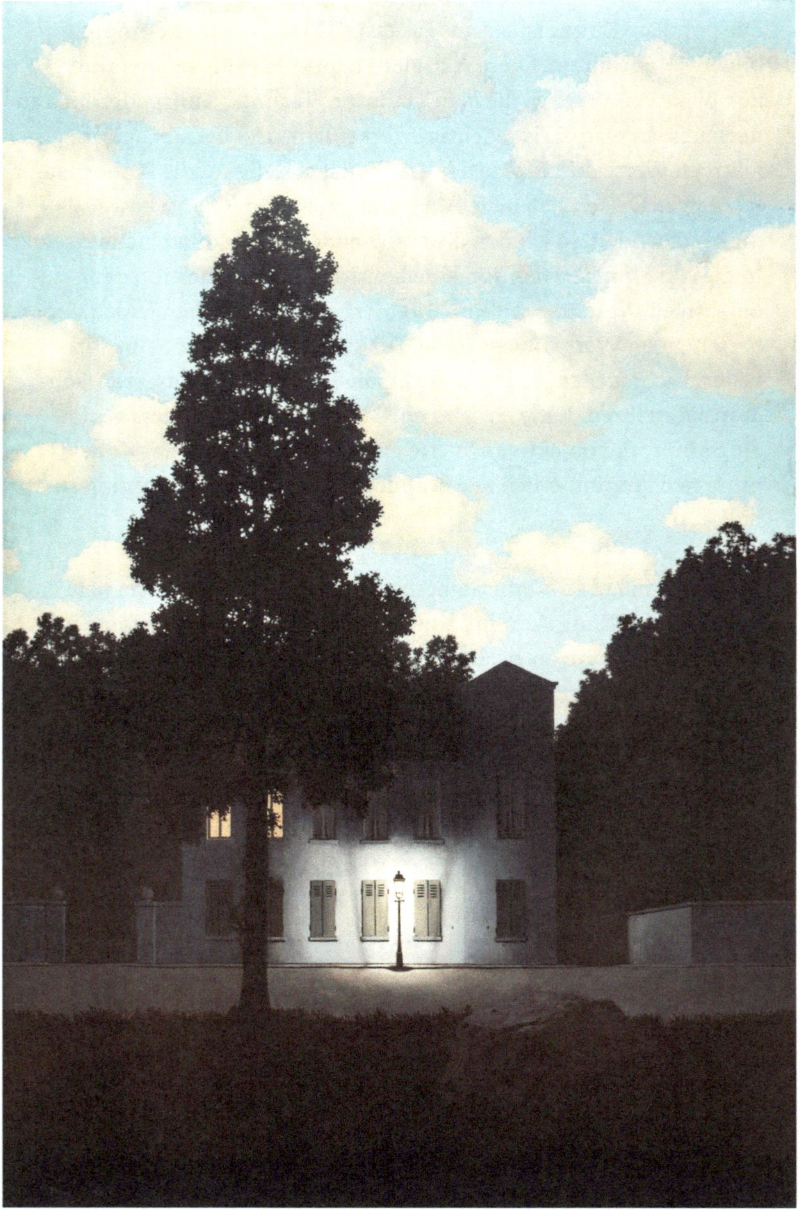

L'Empire des lumières, von
René Magritte (1950)
Der Tag und die Nacht
vereint in einem Bild

Kaltes Feuer
Kochendes Eis

Vielleicht entstand die elementarste Operation der Fantasie aus dem plötzlichen Umschlagen einer Situation in ihr Gegenteil. Vielleicht auch aus dem Gebrauch von Kontrasten, der Wahrnehmung von Gegensätzen oder der Verwendung von komplementären Begriffen. Er sagt Grün? Ich sage Rot! Auf einem älteren, sehr bekannten und weit verbreitetem Druck mit dem Titel *Die verkehrte Welt* sieht man ein Pferd, das auf einem Menschen reitet, eine grüne Landschaft über den Wolken, einige Menschen hütende Schafe und anderen liebenswerten Unsinn. Kinder lachen, wenn wir ihnen erklären, dass der Zucker bitter sei und sie kugeln sich vor lachen, wenn wir ihnen eine Geschichte erzählen, in der eine Schildkröte so schnell sei wie ein Blitz.

Seit mehr als dreitausend Jahren beschäftigen sich Menschen mit binären Gegensätzen: das Gute und das Böse, das Licht und die Dunkelheit, die Wärme und die Kälte, und viele andere. Nur die Chinesen fallen etwas aus dieser Tradition, denn seit ewigen Zeiten wird von ihnen das berühmte Symbol *Yin und Yang* überliefert, das eine Einheit in Form einer Scheibe ist. Es besteht aus zwei gleichartigen und konträren Elementen, von denen eines weiß, das andere schwarz ist und das eine invers im anderen liegt. Diese beiden Elemente symbolisieren das instabile Gleichgewicht, das das Leben durchzieht. Jedem, so sagen sie, sollte an diesem Gleichgewicht gelegen sein. Im Lauf der Zeit stellen sich zwangsläufig Schieflagen ein, die es entsprechend auszugleichen gelte, um das Gleichgewicht zu bewahren. Ein in einer grünen Landschaft lebender Bauer wird instinktiv (zumindest mit einer ähnlichen Selbstverständlichkeit) eine rötliche Farbe für sein Haus wählen. Viele entfliehen dem Lärm der Städte und versuchen an einem ruhigen Ort inmitten der Natur ihr Gleichgewicht wiederzufinden. Ist man den ganzen Tag mit Zahlen beschäftigt, so wird man seinen Ausgleich vielleicht in der Ölmalerei suchen. Welches Beispiel man auch wählt, die ausgleichenden Elemente stellen das Gegenteil von dem dar, was das Ungleichgewicht verursacht hat. Es scheint daher natürlich und spontan, dass man zu jeder Sache auch ihr Gegenteil im Sinn hat. Ich versuche hier nicht mehr, als auf Offensichtliches hinzuweisen. Jeder weiß, dass uns eine dicke Figur zum Lachen bringt, wenn sie neben einem dünnen Kollegen steht. Wenn der eine überdurchschnittlich dick und der andere ausgesprochen dünn ist, unterhält uns das umso mehr. Wenn der Dicke auch noch der Kleinere und der Dünne der Größere der beiden ist, müssen die beiden nicht einmal etwas tun, um uns zu amüsieren. Ein zunächst simpler Kontrast kann auf diese Weise kontinuierlich gesteigert werden: Wenn der kleine Dicke auch noch rot ist und der große Dünne grün, wird der auf Gegensätzen basierende Kontrast ein weiteres Mal verstärkt. Wir könnten jetzt übertreiben und dem grünen, dünnen Langen eine dunkle, tiefe Stimme geben und dem anderen eine hohe dünne. Vergegenwärtigt man sich dieses Phänomen des Gleichgewichts der Gegensätze, so erscheinen einem immer mehr Dinge einsichtig. Etwa warum jemand, der in der Wüste lebt, in einem endlosen, sehr gleichförmigen Raum, in dem sein Blick keinen Ruhepunkt finden kann, die Notwendigkeit verspürt, sich auf verziert verschnörkelte Weise einzurichten, in einem Dickicht von Bildern, an denen der Blick langsam umherstreifen kann. Blumen, Schnörkel, elaborierte, geometrische Strukturen in verschiedenen Farben erfüllen in der Wüste den ganzen Innenraum, den Boden, die Decke und die Wände.

Als ein weiteres Beispiel für das Prinzip des Gleichgewichts zwischen zwei Gegensätzen können die ägyptischen Pyramiden gelten. Ein begrenzter, rationaler Körper kontrastiert mit dem unendlichen, unbekannten Raum, der ihn umgibt. Die geometrische Form erinnert an rationale Gedanken, an etwas Menschliches inmitten des Unbestimmten und Undefinierten.

Ein aktuelleres Beispiel stellt das berühmten Haus über dem Wasserfall von Frank Lloyd Wright dar. Hier stehen statische, geometrische Formen neben der organischen Dynamik des Wassers.

Und hier sieht man eine Arbeit von Marcel Duchamp, ein Pissoir als Springbrunnen. Das Objekt, das immer flüssige Strahlen auffing, gibt sie nun, dem Titel nach, von sich.

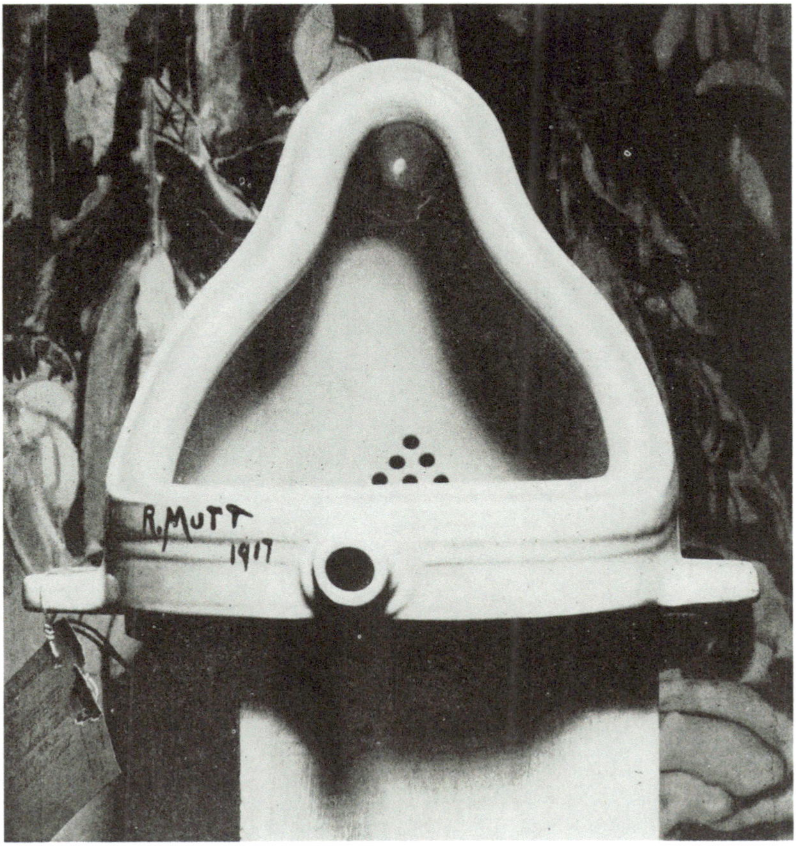

Fountain. Readymade von Marcel Duchamp (1917) Ein Pissoir ausgestellt als Brunnen

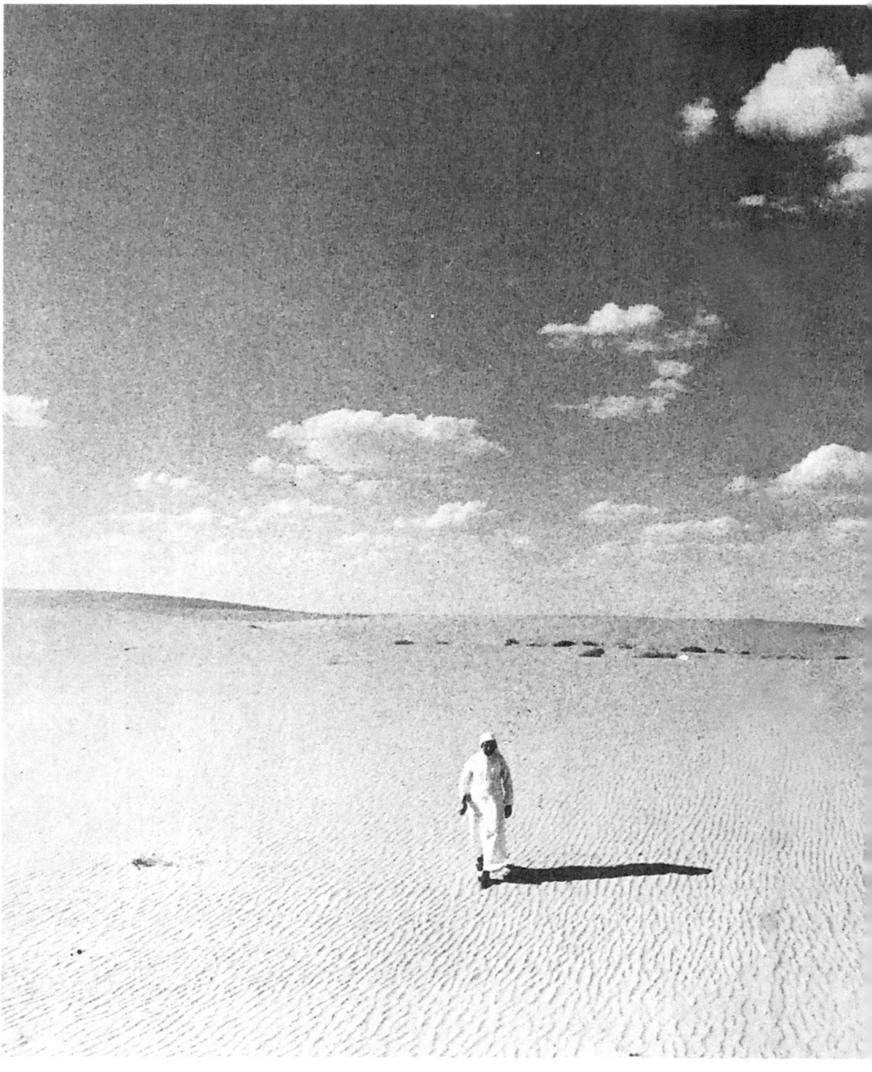

Die unermessliche und
einförmige Wüste
Foto von Mario De Biasi

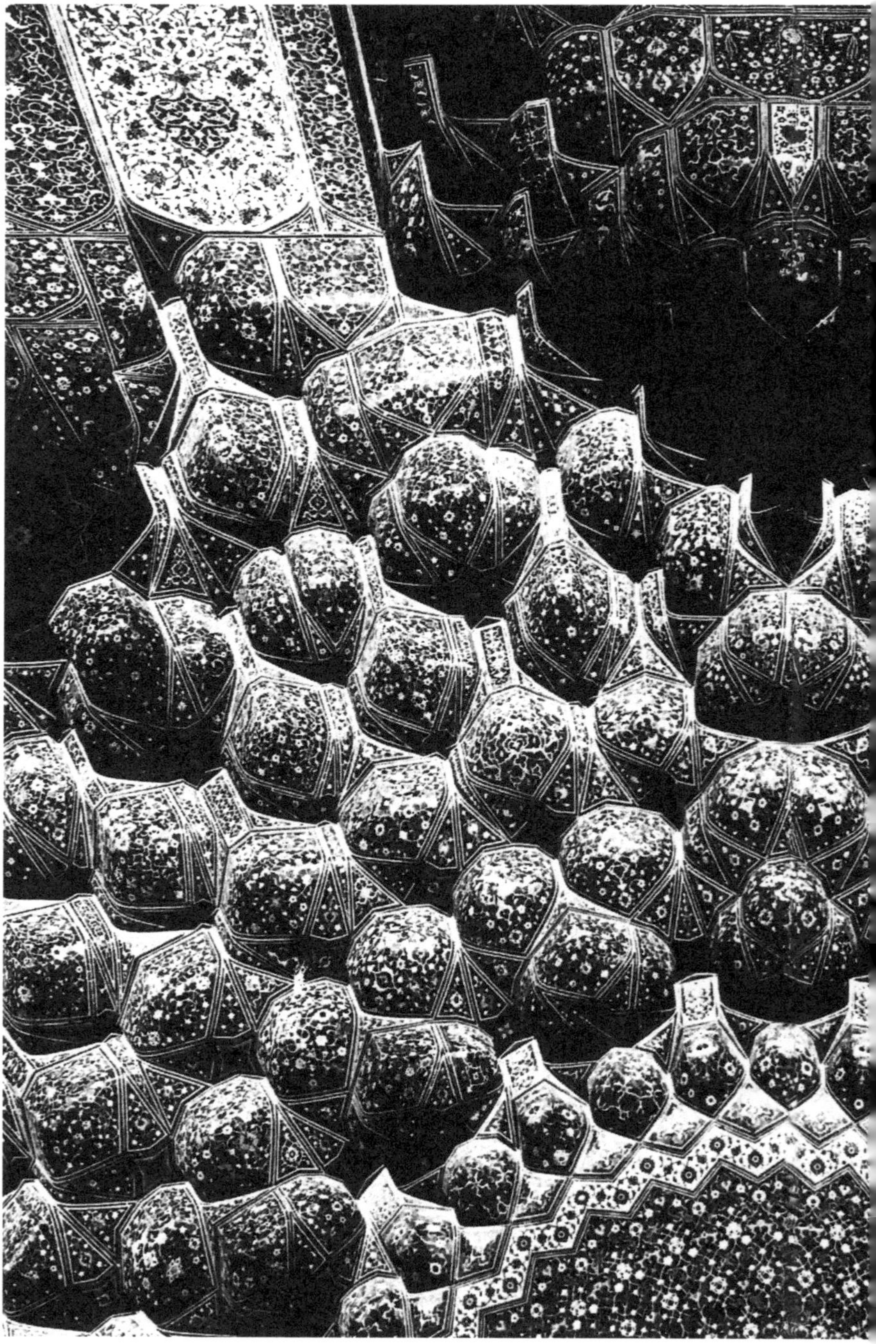

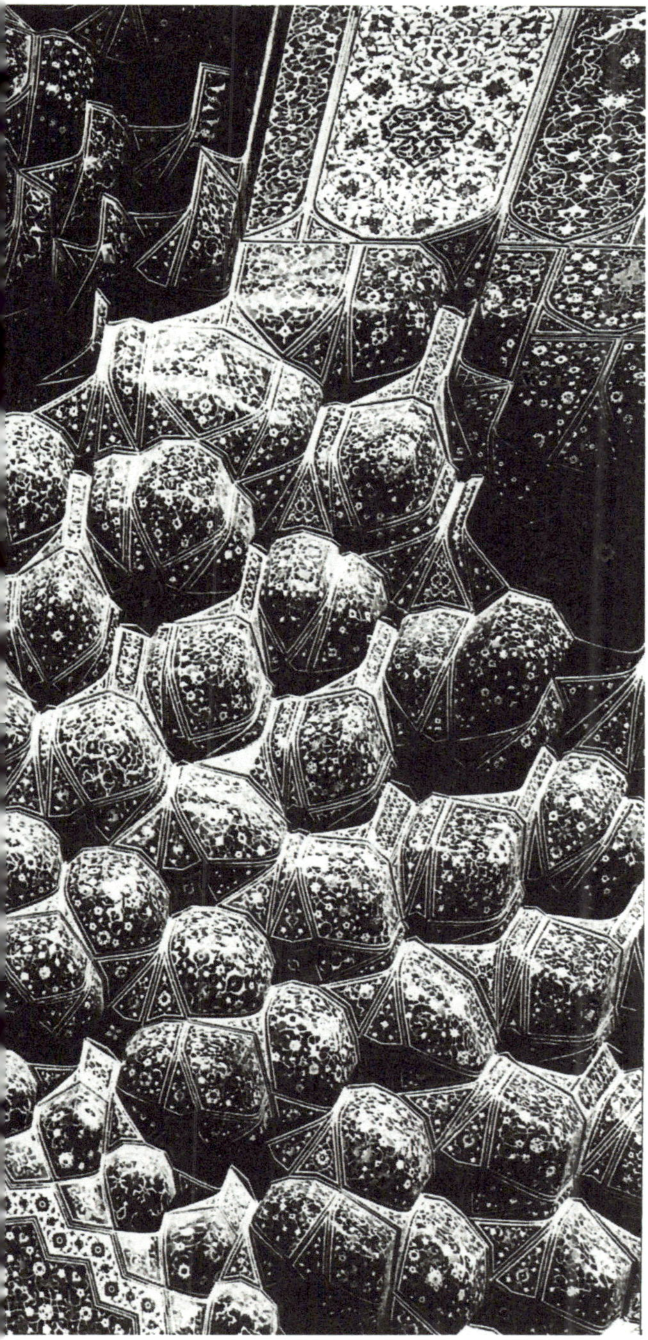

Auch meine eigene Arbeit ist an vielen Stellen dem Prinzip des Nebeneinanders der Gegensätze gefolgt. Etwa als ich 1933 einigen kinetischen Objekten den Namen *Macchine Inutili* (»Unnütze Maschinen«) gab. Einige Zeit später dachte ich mir eine Reihe von *Libri Illeggibili* (»Unleserliche[n] Büchern«) aus, mit denen ich die Möglichkeiten der visuellen Kommunikation und der editorischen Techniken erforschte. Ich habe diese Bücher »Unleserliche Bücher« genannt, weil sie ohne Worte auskommen, sich ansonsten aber nicht von Büchern unterscheiden. Ohne vom Inhalt abgelenkt zu werden, konnte die Leserin sich so auf visuelle Aspekte konzentrieren und Farbsequenzen, Seitenformate oder das Material betrachten. Jede Seite dieser Bücher hatte ein anderes Format, eine andere Farbe und Papierstärke. Die verschiedenen Formate der einzelnen Seiten erzeugten im Buch bei jedem Umblättern eine neue visuelle Situation. Weitere Bücher wurden aus Seiten gefertigt, die vorne und hinten eine andere Farbe aufwiesen. Da keine Seite die volle Größe des Buches hatte, sondern ihnen jeweils Ecken oder Teile fehlten, traten im aufgeschlagenen Buch jeweils drei Farben in eine geometrische Konstellation.
Eines dieser Bücher, das 1949 entworfen wurde, hatte halbtransparente Seiten aus Pauspapier und einen roten Baumwollfaden eingenäht, wie man ihn als Lesezeichen verwendet. Der Faden schlängelte sich von einem Punkt einer Seite zu einem anderen. Jedes Umblättern führte zu einer neuen Führung des Fadens. Eines dieser Bücher wurde vom *Museum of Modern Art* neu aufgelegt, ein anderes in den Niederlanden bei *Steendrukkerij de Jong & Co.*

> Seit der Antike hat man im Orient erkannt, dass unser Körper ein Teil der Natur ist und dass der Mensch unter dem ständigen Einfluss der Natur lebt …
> In ihr gibt es eine Ordnung, ein Prinzip des konstanten Flusses, das mit dem fundamentalen Prinzip übereinstimmt, wonach unsere Welt sich im ewigen Wandel befindet.
>
> Naboru Muramoto

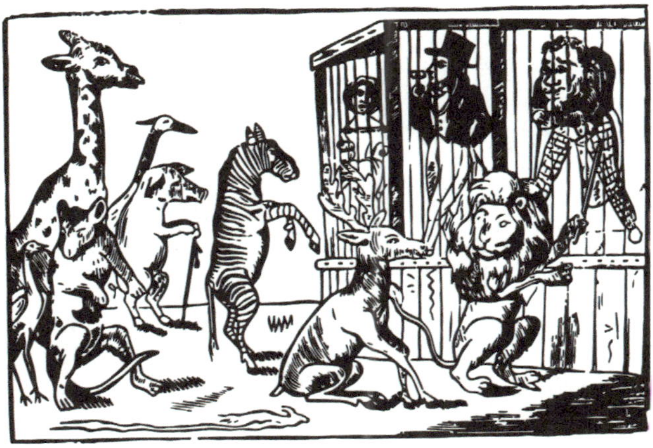

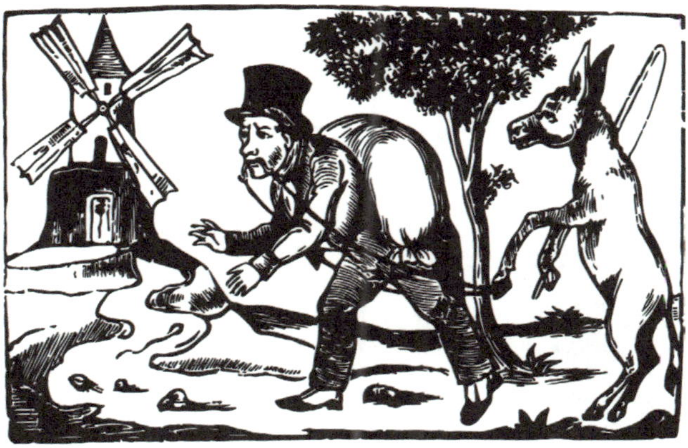

Zwei Abbildungen:
Die verkehrte Welt
Populäre Drucke aus Spanien

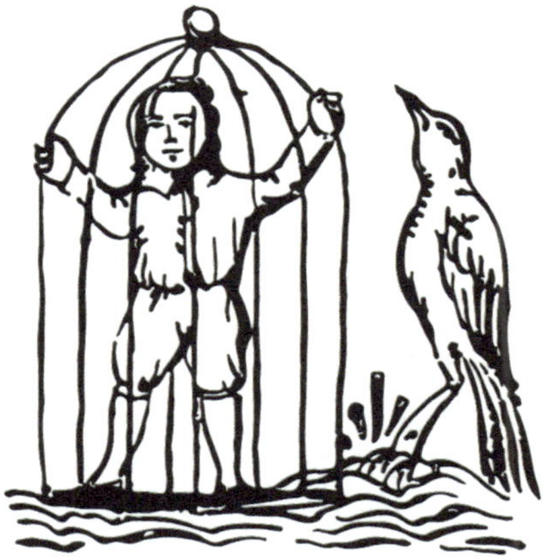

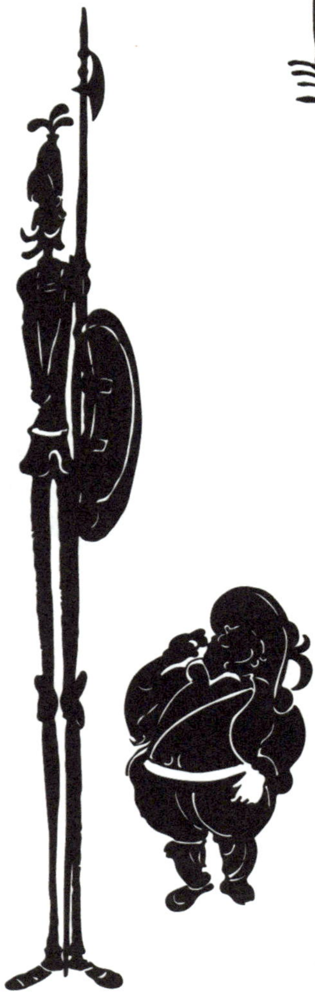

Zwei Zeichnungen
von Fulvio Bianconi

Der Drache mit sieben Köpfen

Der nächste Aspekt der Fantasie ist die Vervielfältigung eines Elements. Der Drache mit den sieben Köpfen ist vermutlich das am weitesten verbreitete Beispiel dafür. Indische Gottheiten haben mehrere Arme, andere etliche Augen oder viele Köpfe. Edward de Bono führte vor Kurzem Experimente durch, die sich mit der Fantasie von Kindern beschäftigten. Aus den Untersuchungen resultierte ein Buch: *I bambini di fronte ai problemi* (»Children Solve Problems«). De Bono gab Kindern einige Problemstellungen und bat sie, diese Probleme teils zeichnerisch und teils schriftlich zu lösen. Von den zahlreichen Problemen lautete eines: Der menschliche Körper ist nicht gut genug – wie kann man ihn verbessern? Die Kinder hatten völlig freie Hand, wie sie ihr Projekt auslegen wollten. Es war nur klar, dass den menschlichen Körper zu verbessern bedeutete, ihn in einer Weise zu modifizieren, dass man danach zu Dingen fähig wäre, die mit unserem normalen Körper nicht möglich sind. Die Vervielfältigung von bestimmten Körperteilen gehörte dabei zu den häufigsten Antworten. Ein neunjähriges Mädchen fertigte ein Selbstporträt von sich mit sechs Armen an. Sie meinte dazu: »Ich hätte gerne noch zwei Paar Arme. Dann könnte ich die Dinge mit größerer Geschwindigkeit erledigen und alles besser angreifen. Zwei hätte ich gerne vorne und zwei an der Seite. Und fünf zusätzliche Finger hätte ich auch gerne an jeder Hand.«
Die Vervielfältigung von Elementen ändert meist nichts an der Funktion der Elemente. Man hätte zwar viele Augen, aber alle würden sehen, viele Hände, aber alle zum Greifen oder Tasten. Auch in diesem elementaren Fall der fantastischen Operation ändert sich die Dimension der Elemente nicht. Jede Wiederholung ist dem Original gleichwertig. Auf der nächsten Ebene der Fantasie haben die vervielfachten Elemente unterschiedliche Dimensionen. Das bekannteste Beispiel dafür sind die gedrechselten, folkloristisch bemalten russischen Puppen, bei denen sich immer noch eine etwas kleinere in einer größeren befindet. Ähnlich funktionieren chinesische Schachteln, auch hier befindet sich eine innerhalb der anderen. Genau genommen arbeitet die Fantasie hier auch mit einem Element von Überraschung. Man sieht ein Objekt, weiß aber nicht, wie viele Objekte seiner Art es enthält.

Eine Allee von Bäumen ist ein ähnlich elementares Beispiel der Fantasie. Da die Bäume meist in gleichem Abstand zueinander stehen, handelt es sich wieder um die einfache Multiplikation eines Elements, dessen Summe man eine Allee nennt. Oft sieht man eine Allee von gleichen Bäumen in einer Straße, in der sich die Häuser ebenso ähneln. Ich finde, das Prinzip wird hier etwas zu ernst genommen. Diese gleichförmige Allee würde sich in einer offenen Landschaft besser ausnehmen, wo ihr Verlauf zwei Ebenen zur Geltung bringt, nämlich einerseits die klare Allee und andererseits die variable Landschaft mit Sträuchern, Häusern, Gärten und Tieren. Vielleicht wäre es deshalb in einer Stadt angebrachter, Alleen aus unterschiedlichen Bäumen anzulegen. Das wäre zwar noch immer eine lineare Komposition, aber keine monotone, sondern ein variantenreiches Ganzes, eine Art linearer Garten, in dem zu einer bestimmten Zeit nur manche Bäume blühen und laubabwerfende neben immergrünen Pflanzen stehen. Die Bewohnerin einer solchen Straße könnte sagen: Komm mich besuchen, ich wohne neben der Magnolie, auf der meistens ein Rabe sitzt.

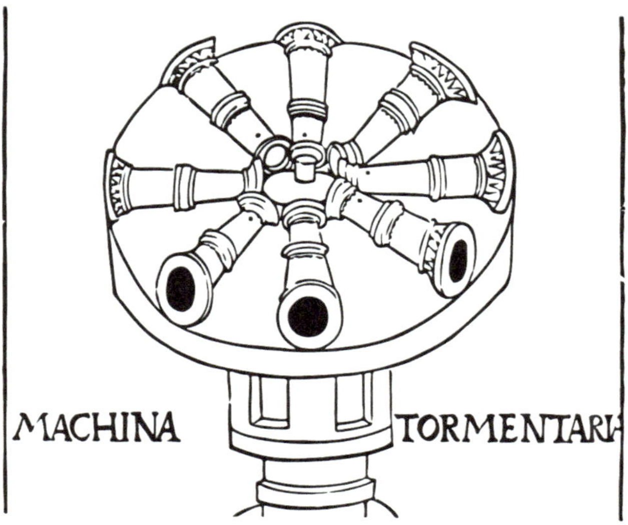

Eine Foltermaschine, entworfen um 1350. Die Scheibe, auf der sich die acht Rohre befinden, kann rotieren. Im Krieg besteht die Gefahr, die von dieser Maschine ausgeht, dass ein Funke alle acht Kanonen gleichzeitig auslöst.

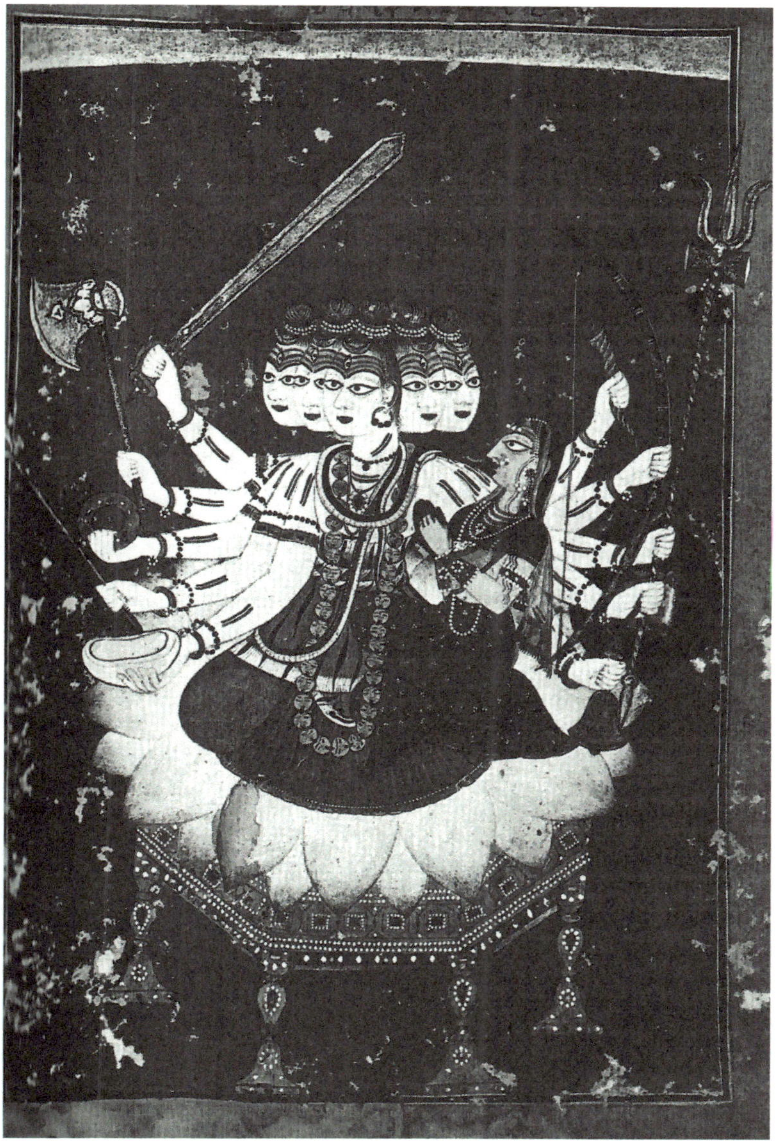

Indische Gottheit

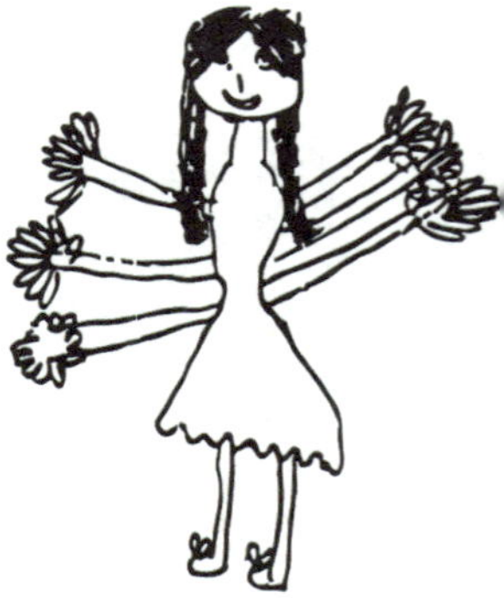

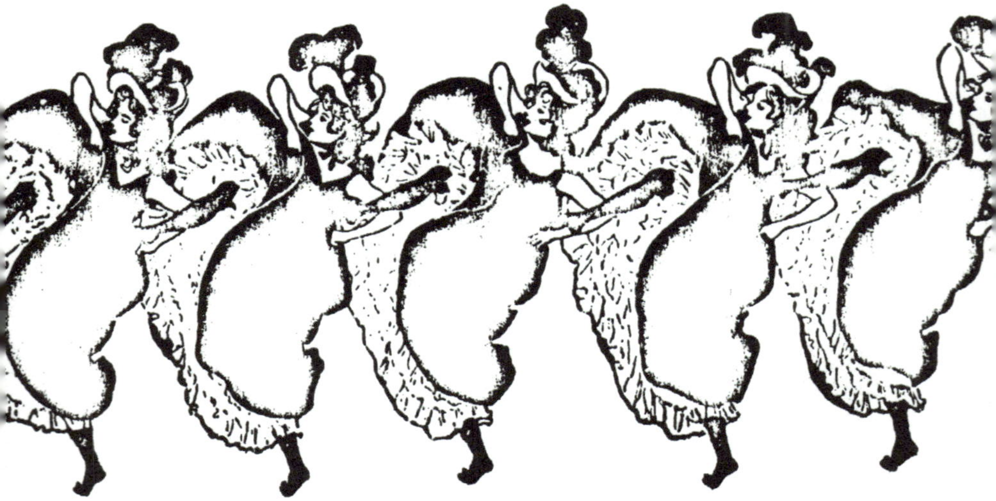

Eine Tänzerin kann einen interessieren. Bei zwei Tänzerinnen ist die Wahrscheinlichkeit doppelt so groß. Drei, vier oder fünf Tänzerinnen und alle so schön – es wird immer besser. Zwanzig Tänzerinnen wird man nie wieder vergessen. Dreihundert Tänzerinnen sind eine Industrie, ein tanzendes Fließband, eine Serienproduktion der Marke Broadway. Alle machen die gleichen Gesten, alle essen die gleichen Hamburger und alle trinken das gleiche Getränk. Nur eine wollte ein Bier. Sie wurde sofort entlassen.

Io vorrei dui altri paia di braca così posso usare le
cose più in freta e toccare melio. Ne vorrei dui di
dietro e dui davanti e dui di fianco. E vorrei an=
que dita in più su ogni mano E le mie braccia,
così si possono piegare indietro, questo succede
schiacciando un bottone e le braccia vanno davanti
e di dietro

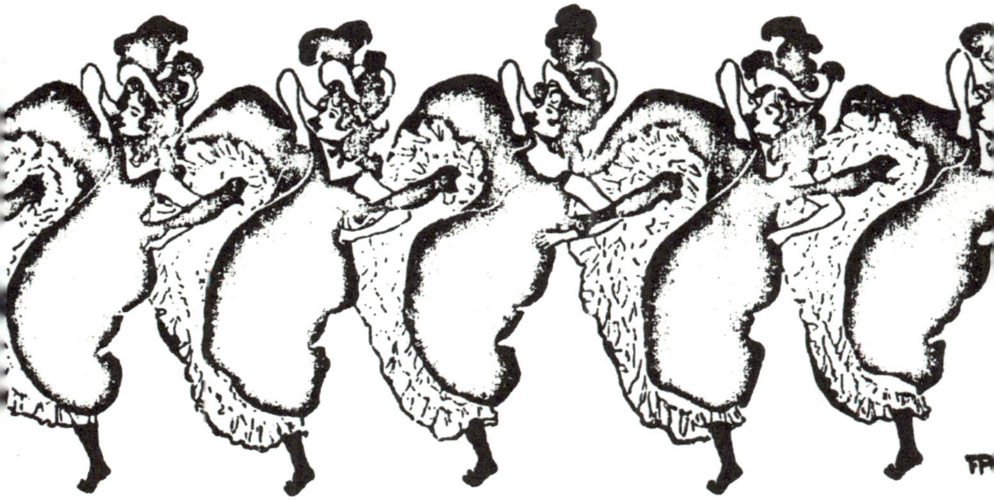

Ich hätte gerne zwei weitere Paar Hände. So könnte ich die Dinge schneller erledigen und besser angreifen. Auch hätte ich gerne ein Paar vorne, eines hinten und eines an den Seiten. Mehr Finger an den Händen wären auch gut an jeder Hand. Und meine Arme könnten sich so hinten verschränken, dass ich einen Knopf viel besser zu bekomme, weil die Arme von vorne und von hinten helfen.

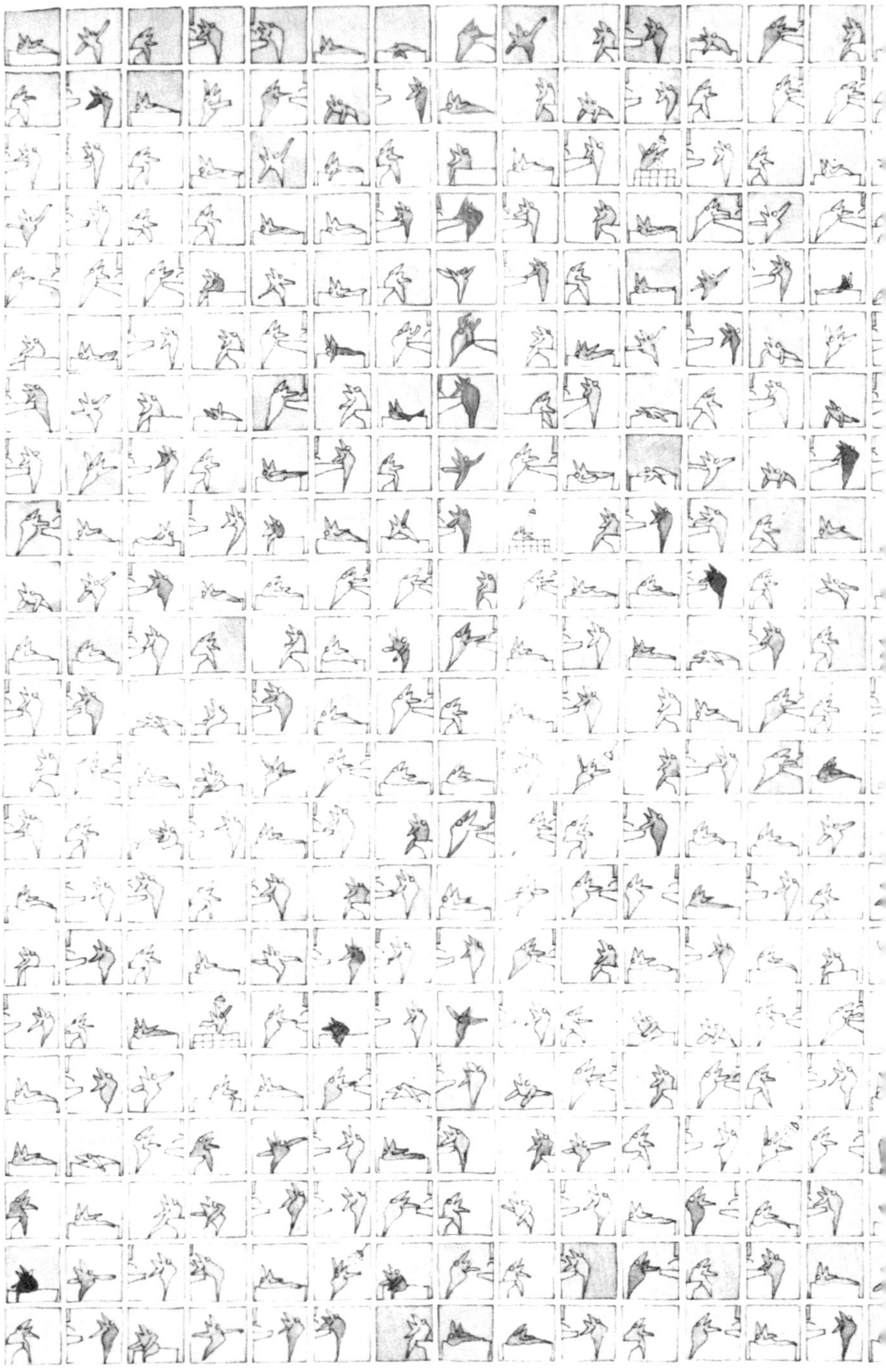

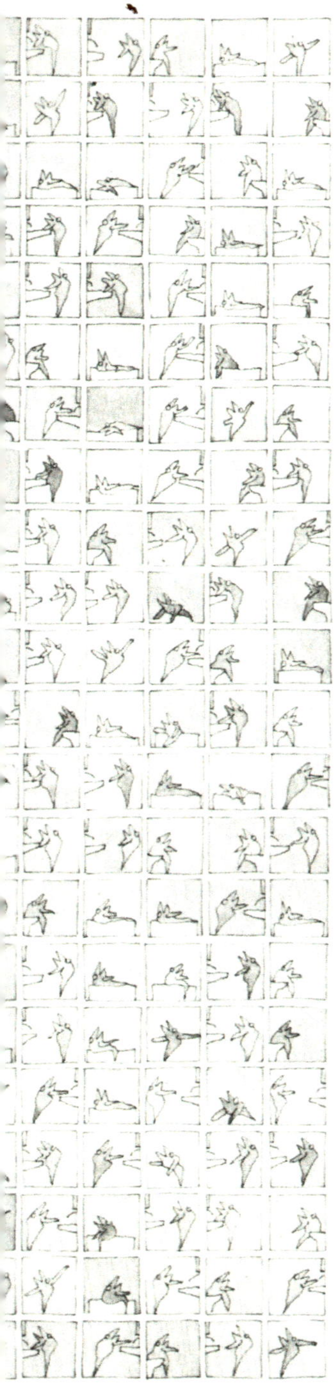

Risveglio in città
(»Eine Stadt erwacht«)
von Roberto Lanterio:
In diesem Bild ist jeder Figur ein Kästchen zugeordnet, in denen alle Personen ähnlichen, morgendlichen Tätigkeiten nachgehen. Die Vervielfältigung vermittelt das gleichartige Leben der in einer Großstadt arbeitenden Menschen. Alle wachen in etwa um die gleiche Zeit auf, um zu einer ähnlichen Arbeit zu gehen, minimale Variationen deuten die einzelnen Persönlichkeiten an.

Einmal war ich im Wald, da kam aus einem Busch eine Hydra auf mich zu. Sie hatte hunderte Köpfe und alle waren so schrecklich, dass ich es nie geschafft hätte, mich zu entscheiden, welcher Kopf der schrecklichste von allen war.

Aus *Der Drache mit den vielen Köpfen und der Drache mit den vielen Schwänzen* von Jean de La Fontaine

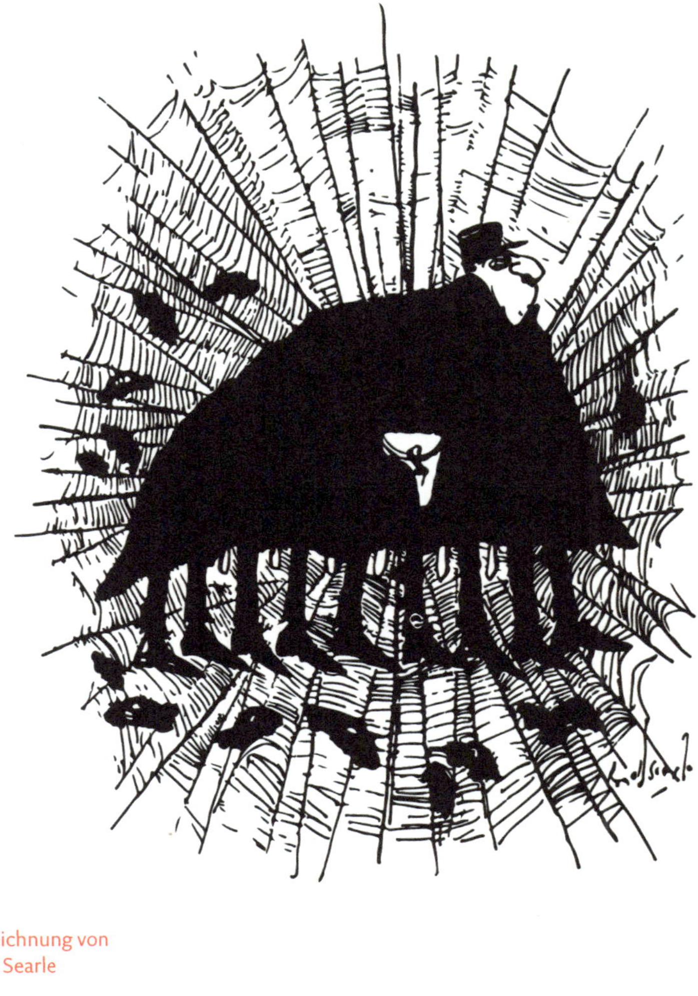

Eine Zeichnung von
Ronald Searle

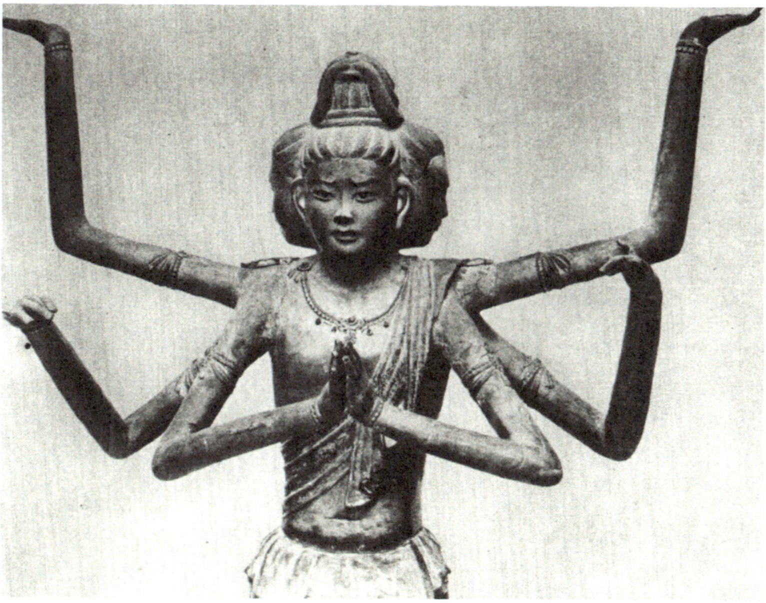

Statue von Asura, dem Geist der Geister, mit drei Gesichtern und sechs Armen. Seine übernatürlichen Kräfte erlauben Asura, die Feinde mit der Kraft seiner Arme und dem Gesang seiner Kehlen zu besiegen.
Ein Werk des indischen Bildhauers Mondoshi, der in Japan arbeitete. Aus der Nara-Periode, 784 n. u. Z.

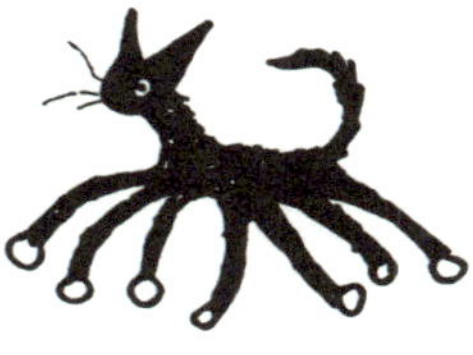

Eine englische Karikatur aus dem Jahr 1912, die sich über den Futurismus lustig macht.

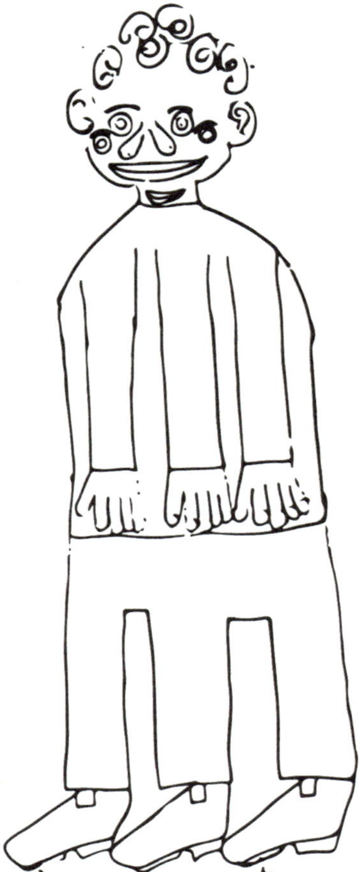

Questo è un ragazzo queste sono le cose
che vorrei avere 4 oreccie 4 occhi 2 nasi
2 bocche 3 mani e braccia e 3 gambe
per poter andare a scuola più in freta

Das ist ein Junge.
Das sind die die Dinge, die
er gerne hätte:
Vier Ohren, vier Augen,
zwei Nasen, zwei Münder,
drei Arme und Hände,
drei Beine, um sich besser
beeilen zu können.

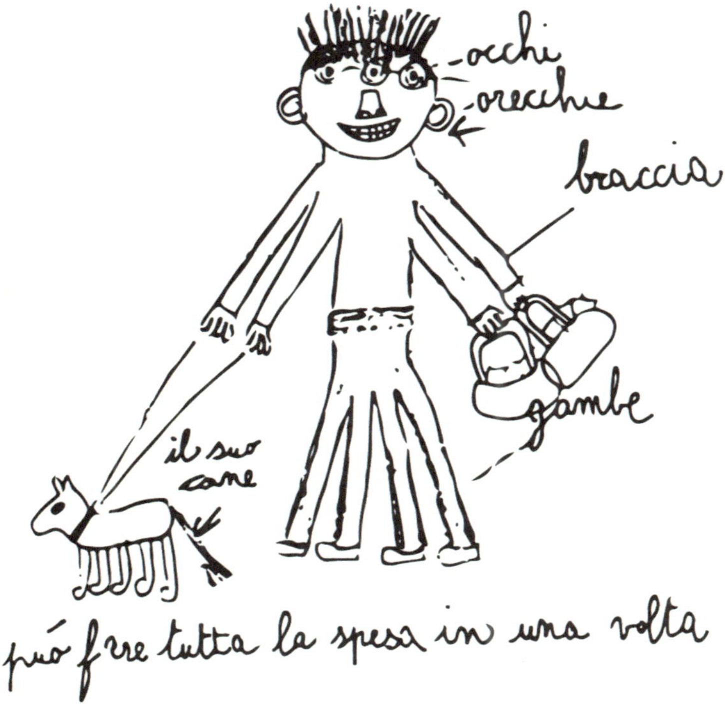

Augen
Ohren
Arm
Beine
Sein Hund

Er könnte den ganzen Einkauf auf einmal erledigen.

Zwei Zeichnungen von Kindern, die auf die Frage antworten: Wie kann der menschliche Körper verbessert werden?
Die Kinder sind zwischen sieben und neun Jahre alt.
Die Beispiele wurden abgedruckt in dem Band *I bambini di fronte ai problemi* von Edward de Bono, Verlag Garzanti.

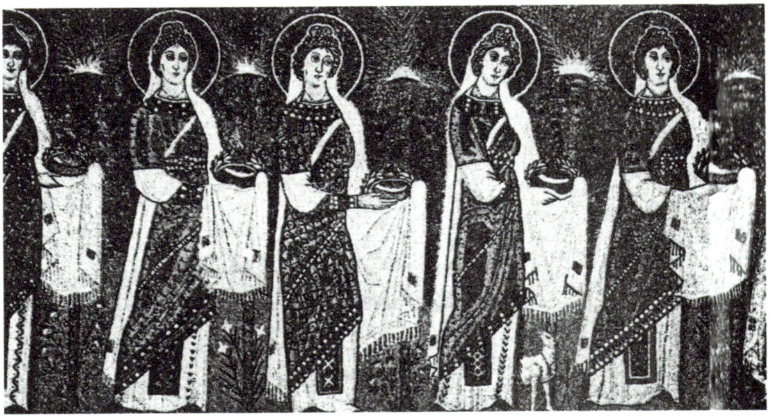

Die Prozession der Jungfrauen, Mosaik in Sant' Apollinare Nuovo, Ravenna

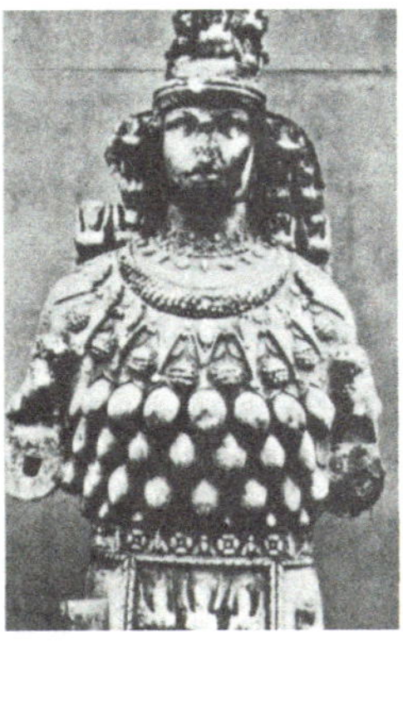

Die Artemis von Ephesos
Symbol für die Mutter,
die alle ernährt

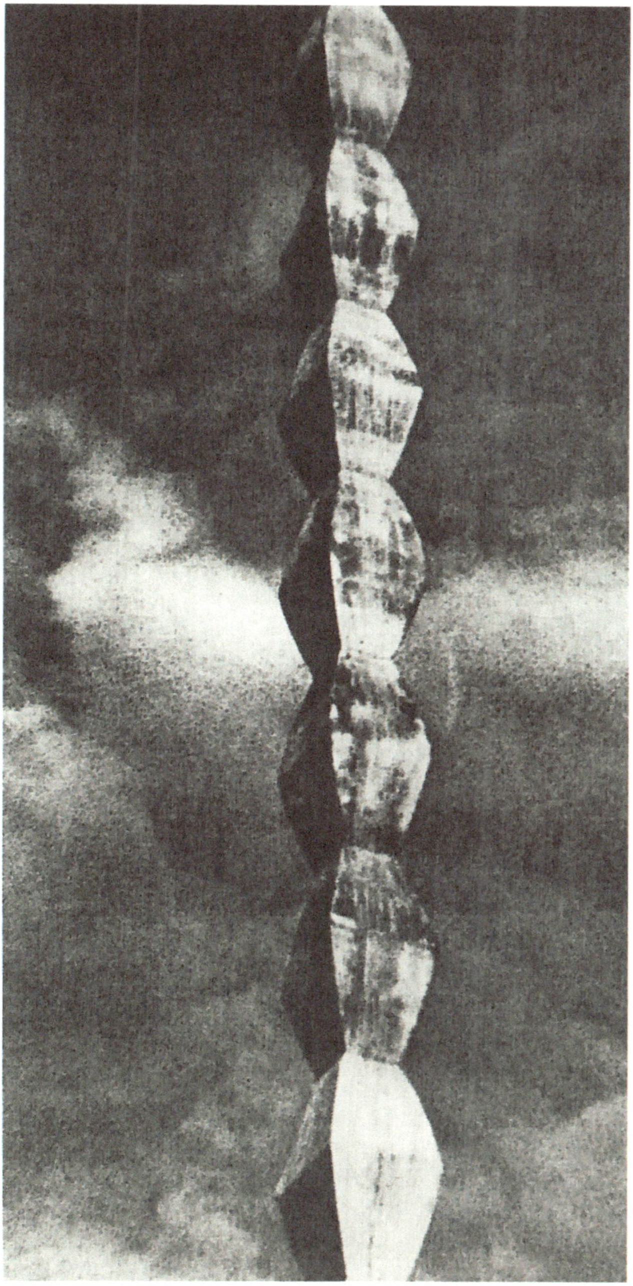

Eine endlose Säule, Constantin Brâncuși, 1937

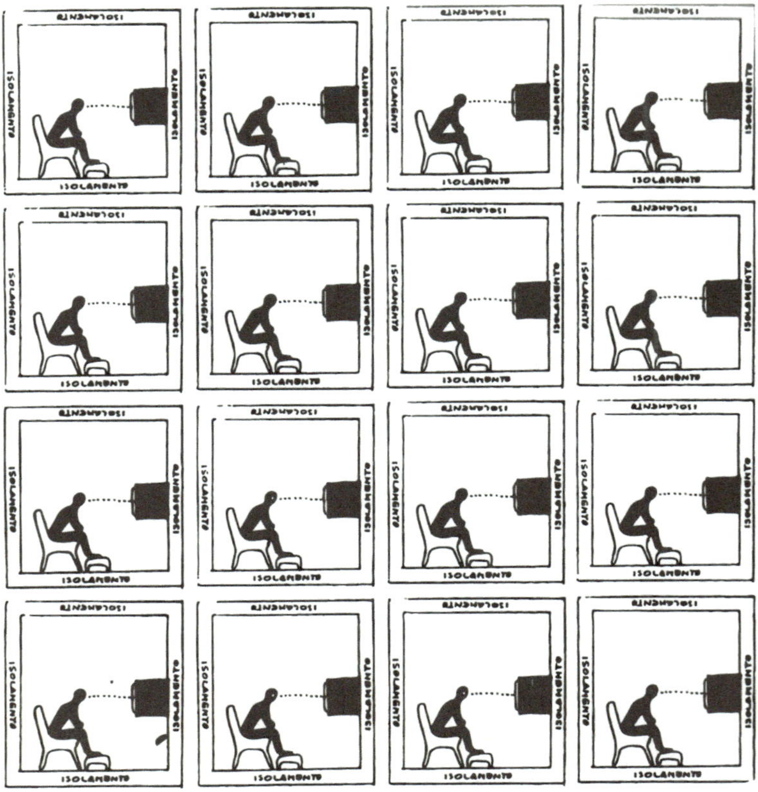

Vereinzelung. Abgeschieden von Wärme und von Kälte, geschützt vor Unwettern, abgeschnitten von schweren Problemen, isoliert von der Natur, abgekapselt von Gerüchen, getrennt von Freunden, vereinzelt von allen anderen … Es besteht nur noch visueller Kontakt mit der Welt, ohne dass der Welt etwas zurückgegeben wird. Es wird nur rezipiert, nichts produziert. Unter dem Vorwand des Schutzes und des Komforts werden alle Personen zu braven Konsumenten disponiert.

Der Affe im Detail

Der nächste Aspekt der Fantasie beschäftigt sich mit Ähnlichkeiten. Aus visuellen oder anderen Ähnlichkeiten können neue Zusammenhänge entstehen. Von Pablo Picasso wird erzählt, er entdeckte eines Tages, dass die Karosserie eines Spielzeugautos von vorne dem Maul eines Affen ähnlich sehe. Also entschloss er sich, eine Affenskulptur anzufertigen und das Spielzeugauto als Maul zu verwenden. Wenn man die Skulptur sieht, erkennt fast niemand mehr das Spielzeugauto, nur mit ein wenig intellektueller Anstrengung kann man noch die Karosserie unter der Nase entdecken.

1943 hat der Autor dieses Buches aus ähnlichen Gründen einen Stierschädel konstruiert, wobei der Schädel aus einem Fahrradsattel und die Hörner aus einer Lenkstange bestehen. Hängt man die beiden auf diese Art kombinierten Dinge an die Wand, sieht jeder eine Trophäe vor sich. Dem Fahrradfahrer geht es ausgezeichnet.

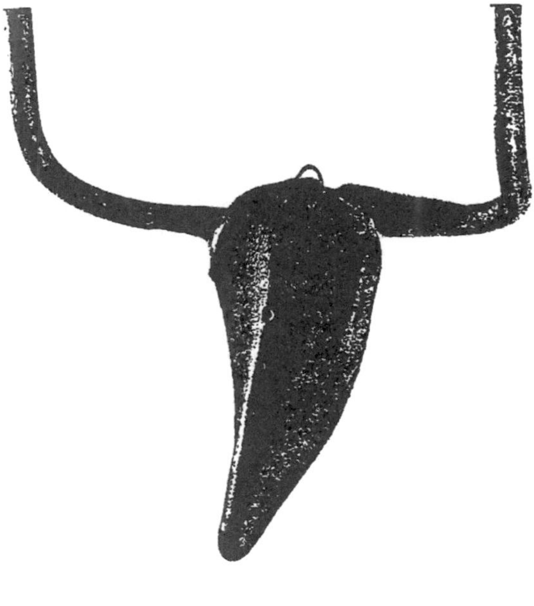

Berühmt für ihre Ähnlichkeit sind die aus den seltsamsten Dingen arrangierten Köpfe von Giuseppe Arcimboldo (1530–1593). Er schaffte es, aus Früchten, Fischen, Zweigen, Wurzeln, Blättern und mechanischen Teilen überraschend eindrückliche Gesichter zu kreieren. Ein Winkelmaß dient als ausgefallene Nase, aus einer Zange wird ein schnappender Mund, aus einer Sprungfeder ein schön geschwungenes Ohr, aus Zahnrädern borstenartige Haare, und so weiter. Jedes Objekt erhält durch seine Positionierung eine andere Bedeutung.

Dieser Aspekt der Fantasie bringt einen auf die Frage, warum jedes Ding auch auf andere Weise gesehen werden kann. Wenn man etwa eine gewöhnliche Gabel sieht, könnte man doch auch denken, dass es sich um eine kleine Hand handelt, mit einigen Fingern, einer Handfläche und einem Unterarm. Ist dieser neue Blick einmal geschafft, kann man sich weiche Gabeln besorgen (sie kosten weniger als harte) und mit einer Zange sämtliche Gesten einer Hand nachbiegen. Das war meine Idee im Jahr 1958. Wenn man die »Finger« am richtigen Punkt biegt, kann man die Knochen zum Sprechen bringen. Biegt man aus der Gabel eine geschlossene Faust, so darf an eine kämpferische Diät gedacht werden.

Kennt ihr die Flachpinsel mit langen Borsten wie Maler sie verwenden? Wenn ihr euch den Pinsel anseht, könnt ihr euch vorstellen, dass die langen Borsten ordentlich gebürstete Haare wären, zwei Zöpfe flechten und bunte Maschen an sie binden. Dann werdet ihr bemerken, dass die feminine Note des Flachpinsels mit den beiden geschwungenen Linien des Stiels zu tun hat, die an den weiblichen Torso erinnern. Das Blechteil in der Mitte des Pinsels wäre dann eine Art von Gürtel. Nur ein Unmensch kann diesen Flachpinsel noch zum Malen verwenden, wir legen ihn daher auf ein zart-lila (unbedingt!) bemaltes Regal an der Wand.

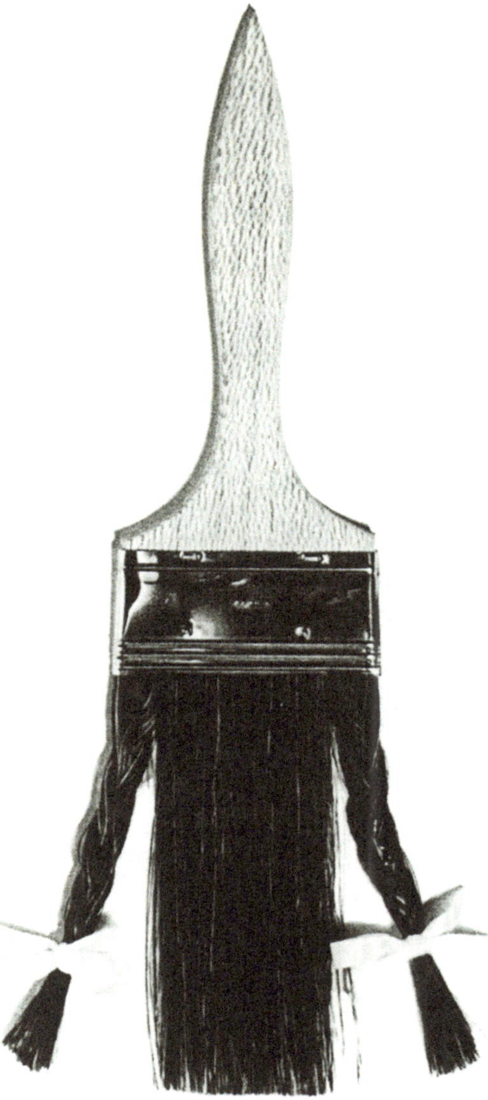

Die Pinselin
(»La pennellessa«)

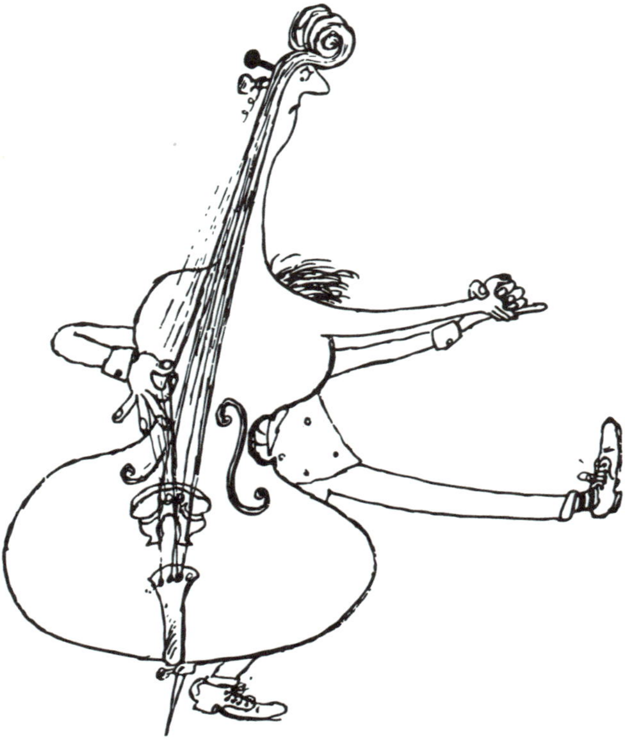

Zeichnung von
Gerard Hoffnung

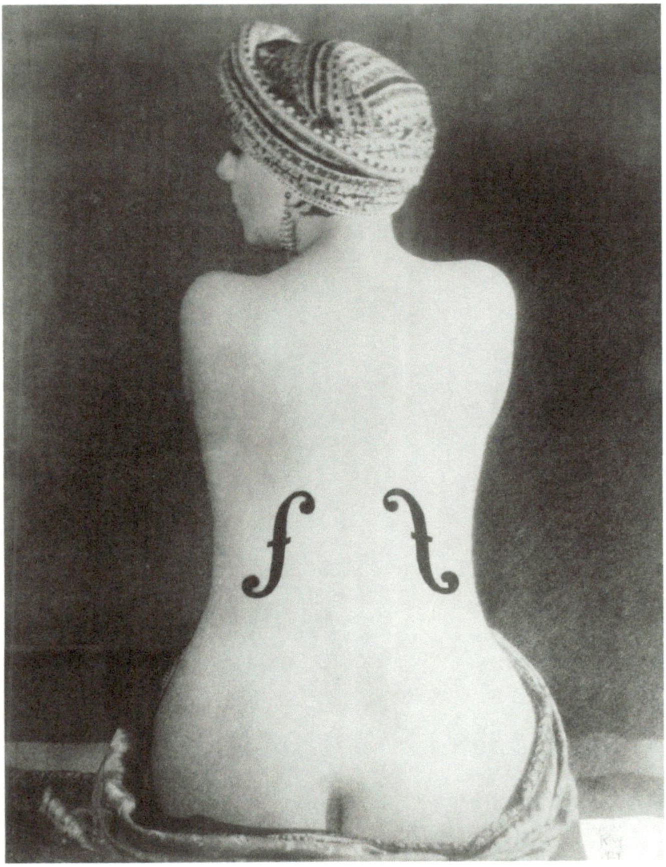

Le Violon d'Ingres
von Man Ray, 1924

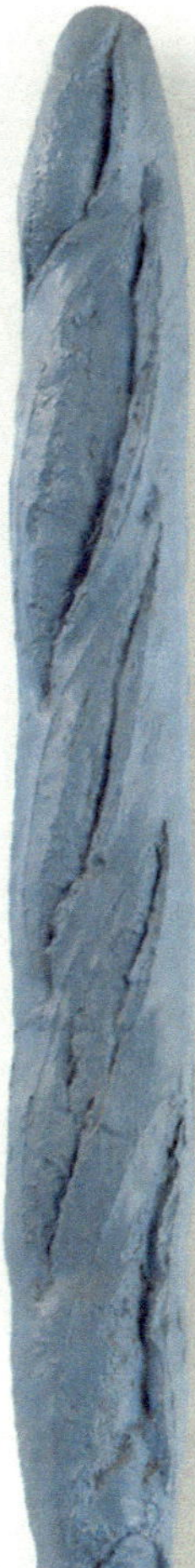

Ein blau bemaltes Brot,
Man Ray, 1960

Ein blaues Brot

Eine andere Operation der Fantasie ist der Wechsel der Farbe. 1960 wurde der Welt ein blaues Brot präsentiert. Es war eines dieser einen Meter langen und in Paris gerne gesehenen Brote, Man Ray hatte es kobaltblau angemalt. Obwohl das Brot wirklich ein Brot war, ließ die Farbe es ungenießbar erscheinen. Anscheinend gibt es nichts Kobaltblaues, das man essen will. Verschiedene Experimente zum Verhältnis von Farbe und Genießbarkeit bestätigen das: Niemand schaffte es, ein blaues Risotto zu essen, auch wenn es köstlich schmeckte.

Weckt man jemanden mitten in der Nacht auf und fragt: »Was glaubst du, welche Farbe Außerirdische haben?«, so ist es nicht unwahrscheinlich, dass die Antwort »grün« sein wird. Der Grund dafür liegt vielleicht darin, dass man beim Wort »Außerirdische« an das Gegenteil des Menschen zu denken versucht (auch Filme und Comics sind dieser Idee gefolgt). Und deshalb muss die Farbe ein starker Kontrast sein, so wie besagtes Grün mit dem Rosa unseres Fleisches kontrastiert.

Auch die Clowns im Zirkus tragen eine grüne Perücke, wahrscheinlich um eine besonders seltsame Haarfarbe zu haben und um die Kinder zum Lachen zu bringen.

Schließlich ist Weiß eine Farbe, die die Dinge irgendwie falsch erscheinen lässt. Versucht euch nur ein weißes Fahrrad vorzustellen, eine weiße Kokosnuss, eine weiße Schreibmaschine, einen weißen Schinken, alles in ganz mattem Weiß. Ganz falsch. Auch wenn es echt wäre.

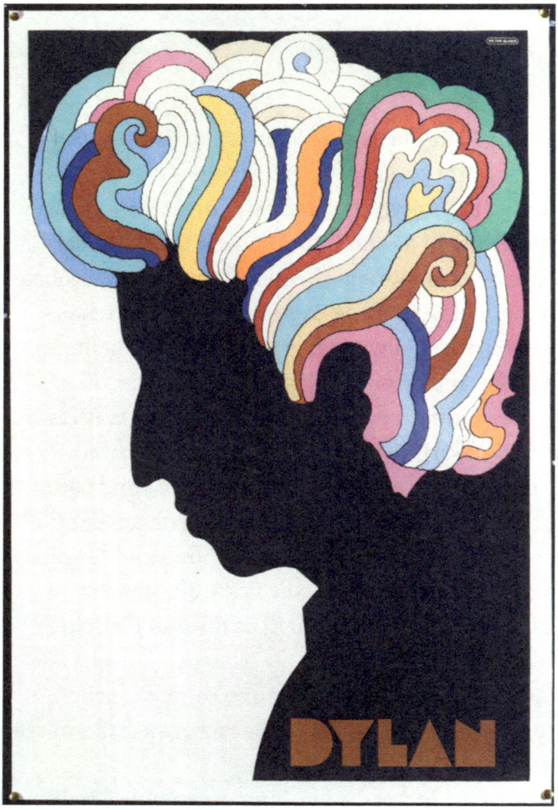

Ein Porträt von Bob Dylan, gemalt von Milton Glaser. Die Haare von Dylan sind in diesem Porträt in vielen verschiedenen Farben gehalten. Milton Glaser sagt, die islamische Malerei und ein Profil von Duchamp hätten ihn dazu inspiriert. Einen gewöhnlichen Farbwechsel dieser Art sieht man, wenn ein brünetter Mann sich seine Haare blond färbt.

Ein Hammer aus Kork

Auch das Material eines Objekts durch ein anderes zu ersetzen, ist eine Operation der Fantasie. In einem Buch von Carleman (*Catalogue d'objets introuvables*) kommt ein Hammer vor, der ganz aus Kork besteht und eigens für Arbeiter entwickelt wurde, die meistens unter Wasser tätig sind. In den 1950er Jahren wurde ein ähnlicher Hammer als Scherzartikel zum Verkauf angeboten. Er war sehr leicht, hatte einen Stiel aus Balsaholz und der Kopf, der normalerweise aus Eisen ist, bestand aus weichem Schaumgummi. Auf den ersten Blick schien es sich um einen echten Hammer zu handeln, schwer und hart, aber sobald man ihn in die Hand nahm, bemerkte man, dass er weich und leicht war und man sich Hammerschläge auf den Kopf verpassen konnte, ohne sich dabei zu verletzen. Eines Tages kam ein Junge, dem dieser scheinbar echte Hammer geschenkt worden war, und besuchte einen Freund, um ihn hereinzulegen und mit dem Hammer, zum Vergnügen aller, auf den Kopf zu schlagen. Der Freund aber holte seinen Hammer (einen echten Hammer), um den Scherz zurückzugeben und schlug dem Scherzbold mit einem echten Hammer auf den Kopf. Dieser begann zu weinen, das Fest war zu Ende.

Die berühmtesten Objekte des Surrealismus basieren auf dem Prinzip des Materialwechsels. Eines dieser Objekte wurde 1936 von Meret Oppenheim angefertigt und besteht aus einem Kaffeeservice aus Pelz. Auch die fließenden Uhren von Salvador Dalí aus dem Jahr 1931 fallen in diese Kategorie. Und Man Rays biegsamer Spiegel aus dem Jahr 1944 darf nicht unerwähnt bleiben. Das Publikum konnte sich darin sehen und das eigene Spiegelbild verändern, indem es den Spiegel mit seinen Fingern verbog. Claes Oldenburg entwarf eine schlaffe, weiche Schreibmaschine aus matten Plastikfolien. Diese Operation der Fantasie findet sich aber auch außerhalb der Kunst. Denken wir an die Gipsmodelle von Torten und Eis, die sich in Schaufenstern von Konditoreien befinden. Auch hier wird das Material ausgetauscht, während das Objekt sich selbst in gewisser Weise treu bleibt.

Auch der Schirm von Clowns sieht einem gewöhnlichen schwarzen Schirm ähnlich. Aus dem clownesken Schirm wurden aber sämtliche

Stangen entfernt, was man nicht bemerkt, wenn er noch locker am Unterarm baumelt. Versucht man den Schirm aber zu öffnen, sorgt der schlaffe Stoff für Gelächter auf den Rängen. In diesem Sinn wären des Kaisers neue Kleider ein weiteres Beispiel für den Materialwechsel. Natürlich kann die Fantasie auch weniger glänzende Taten vollbringen. So finden sich bei Neureichen zahlreiche negative Beispiele für dieses Prinzip. Kommt jemand leicht zu Geld und will die Bekannten beeindrucken, die er nun finanziell überflügelt hat, besteht eine der gewöhnlichsten Ideen darin, die eisernen Wasserhähne durch goldene zu ersetzen. Hoffentlich bemerken die Gäste, dass dem Gastgeber die Unterscheidung zwischen Ausgeben und Verprassen abhanden kam. Viele werden auch nachzudenken beginnen, auf welche sinnvolleren Arten man das Geld hätte investieren können, etwa in solarbetriebene Maschinen. Aber so viel Kultur ist denen, die nur ans Geld denken, selten zuzutrauen.

Die Henne, die goldene Eier legt
von Jean de La Fontaine

Die folgende Fabel basiert auf einem Wechsel der Farbe:
Wer zu viel will, verliert alles.

Einer hatte einmal eine Henne, die jeden Tag ein goldenes Ei legte. Deshalb glaubte er, dass dieses wunderbare Tier auf seinem Schoß einen großen Schatz berge. Also tötete er die Henne und schnitt sie auf. In ihr fand er aber nichts anderes, als das, was sich auch in Hennen befindet, die gewöhnliche Eier legen. So kam er auf der Suche nach einem besonderen Fund nur zu einem gewöhnlichen Verlust. Das ist eine wichtige Lektion für alle Leute, denen es an Diskretion mangelt. Denn es sind keine seltenen Fälle, in denen durch Geldgier sowohl etwas Großes als auch etwas Kleines verloren geht.

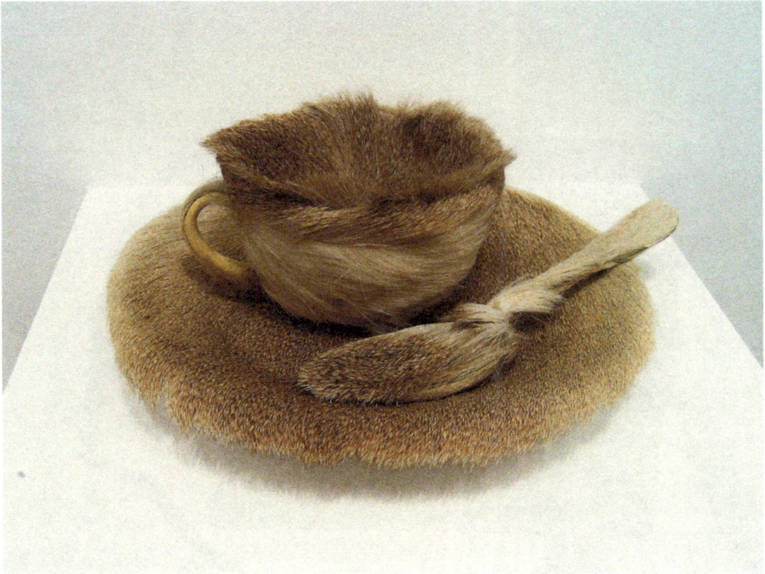

Objekt ohne Titel.
Meret Oppenheim, 1936
Museum of Modern Art in
New York

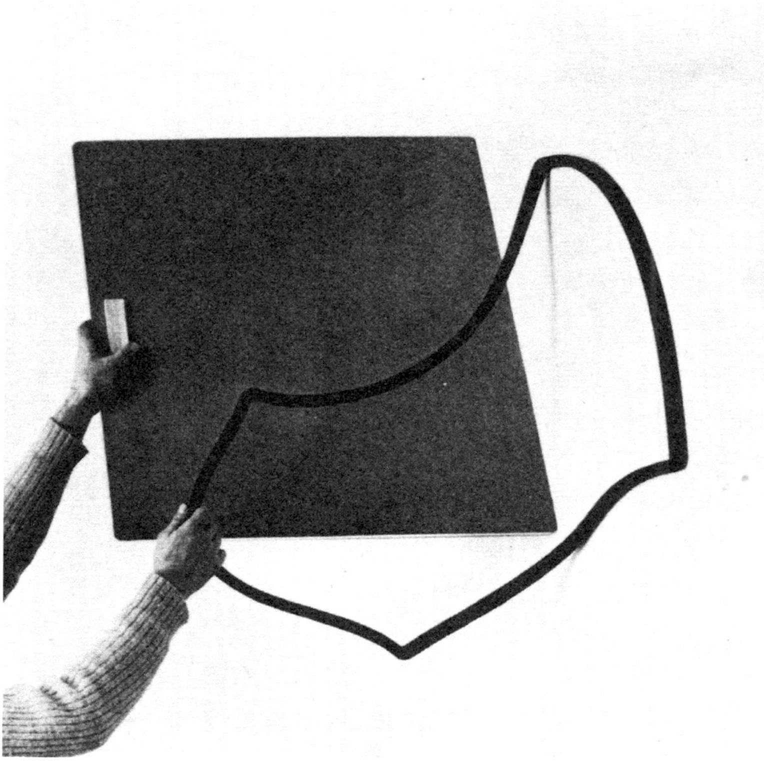

Der Wechsel des Materials erschafft meist in einer umfassenden Weise etwas Neues, da er nicht nur ästhetische Aspekte betrifft. Ein Beispiel dafür sind die von mir in Dänemark produzierten Rahmen aus Gummi, die für Zeichnungen, Drucke oder Gemälde angefertigt wurden. Durch das neue Material sind die Rahmen elastisch anstatt fest und lösen allein durch diese Eigenschaft andere Probleme. Um sie zu montieren, braucht man keine Nägel, da sie wegen ihrer Elastizität einfach über das Kunstwerk gespannt werden können. Der Gummi isoliert besser als ein fester Rahmen, daher kann kein Staub mehr zwischen Glas und Bild dringen. Während des Transports schützen die Gummirahmen effektiver vor Stößen und Schlägen. Und ein quadratischer Gummirahmen mit einer Länge von 70 cm kann auch für größere Formate, etwa bis zu einem Meter, verwendet werden. Schließlich sind diese Rahmen leicht zu montieren, ähnlich wie ein Fahrradschlauch.

In einem Film aus dem Jahr 1933, *The Invisible Man*, verschwindet das Material. Wegen eines wissenschaftlichen Experiments wird ein Mann unsichtbar. Um überhaupt noch gesehen zu werden, trägt er ständig Mantel, Hut, Schuhe und eine schwarze Sonnenbrille. Sein Gesicht ist zur Gänze bandagiert, so als hätte er schwere Verbrennungen erlitten. Ein cleverer Trick der Kinematografie führt schließlich den Effekt der verschwundenen Materie vor Augen. Vor einem Spiegel stehend, löst der Unsichtbare langsam seinen Verband und unter dem Verband kommt nichts zum Vorschein.

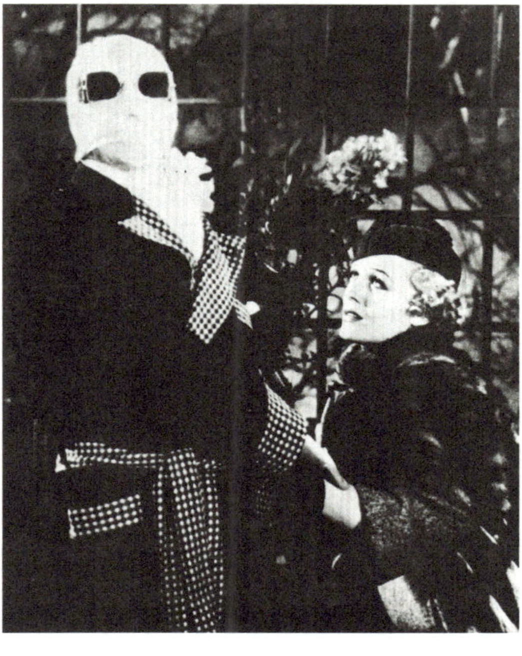

Eine Szene aus dem Film *The Invisible Man*, 1933

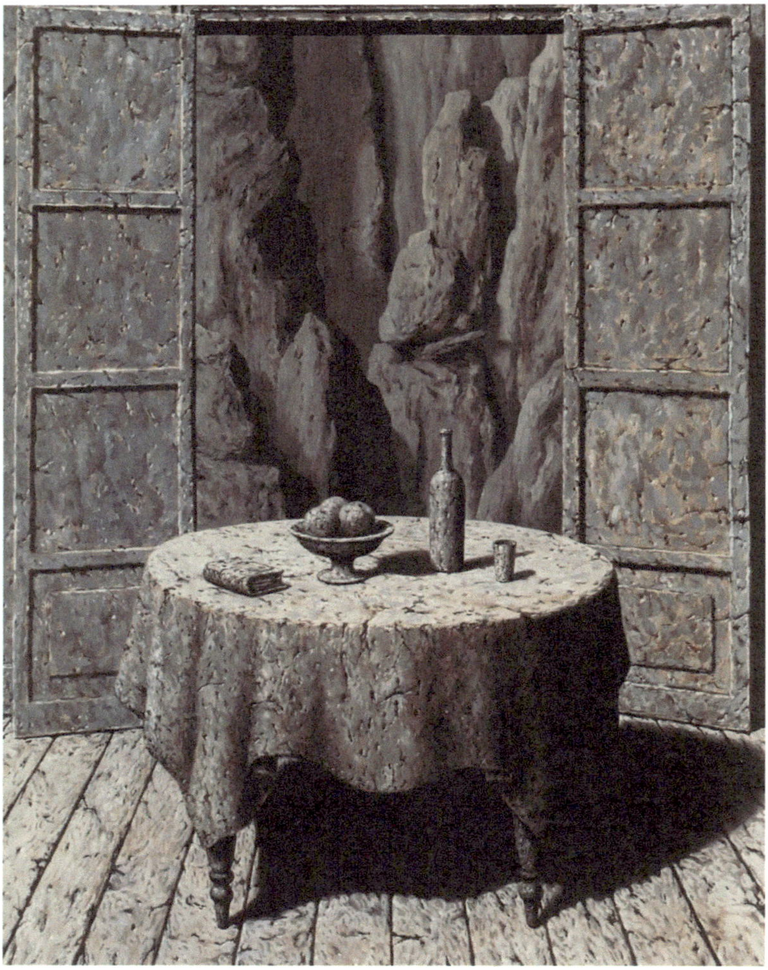

Souvenir de voyage, von René Magritte, 1951. Ein beeindruckendes Beispiel eines Materialwechsels: In diesem Raum ist alles, der Tisch, die Tischdecke, die Schale, die Früchte, die Flasche, das Glas, das Buch, der Boden, das Fenster und die dahinter liegende Landschaft aus Stein. Der Maler erzählte, dass er während seiner Kindheit in einer Stadt in der belgischen Provinz mit einer Freundin auf einen alten, verlassenen Friedhof ging. Dort war alles mit Laub bedeckt und zwischen steinernen Säulen fanden sie unter den Blättern schwere, eiserne Falltüren, die sie öffneten, um die Krypten spielerisch zu erkunden.

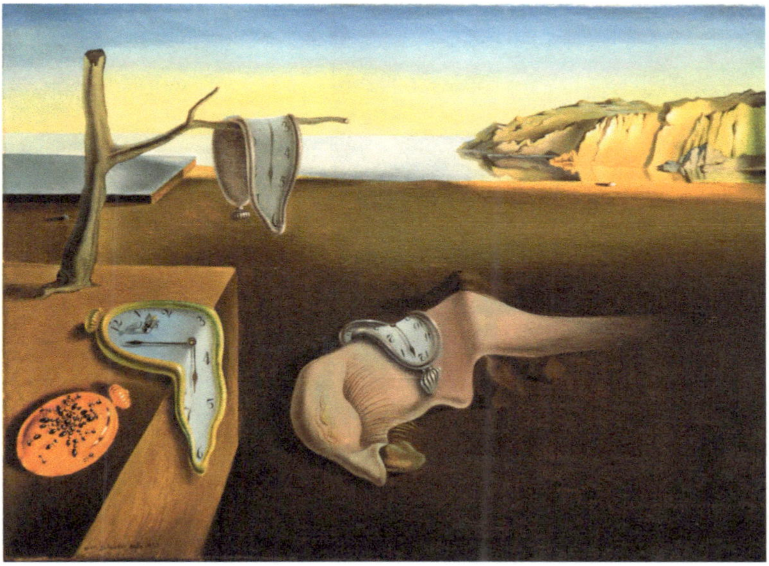

La persistència de la memòria
Bekanntes Gemälde von Salvador Dalí, 1931. *Museum of Modern Art,* New York

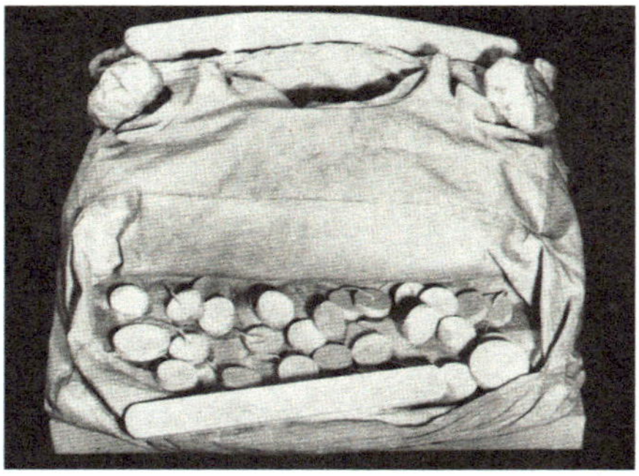

Soft typewriter 1
Weiche Schreibmaschine
von Claes Oldenburg, 1963

Alphonse Allais, ein bekannter Humorist des frühen 19. Jahrhunderts, erzählt in einem seiner inzwischen unauffindbaren Bücher, *Der Kapitän Cap*, wie ein sagenhafter Kapitän ein Violoncello aus einer Weidenrute flicht. Dieser fahrende Sänger sperrte dressierte Vögel in sein korbartiges Violoncello und spielte es auf offener Straße zwischen zwei Telefonmasten, sodass seine Darbietung nur von Sonnenstrahlen und Telefonleitungen gerahmt wurde. Bevor er zu spielen begann, öffnete er ein Türchen an der Seite des Violoncellos. Während er musizierte, flog bei jedem Ton ein Vogel aus seinem Instrument und setzte sich auf einen der Telefondrähte, immer auf jenen Draht, der grafisch dem Ton entsprach, den der Kapitän gespielt hatte. Natürlich wurde behauptet, dass der merkwürdige Musiker Telefonmasten suchte, die fünf Leitungen hatten, um mit seinen Vögeln ein Pentagramm zu zeichnen.

Das Bett am Domplatz

Auch den Ort zu wechseln, ist ein Akt der Fantasie. Eine Person, die in ihrem Bett schläft, wird niemandes Interesse erwecken, wenn sich das Bett im Schlafzimmer befindet. Wenn das Bett aber am Domplatz steht, mit Nachttischchen und Wecker, mit Bettvorleger und Hausschuhen inmitten der Passanten, so als wäre nichts dabei, dann könnte das jemand bemerken.

Gewöhnlich findet man ein Schiff im Meer oder auf hoher See. Stellen wir das Schiff aber auf einen Hügel, so verändert sich mit dem Ort des Schiffs auch seine Bedeutung.

Giorgio de Chirico hat uns Schränke und Sofas gezeigt, die in einem grünen Tal stehen und ein Zimmer, das vom Meer geflutet wird. Natürlich, wird man einwenden, sei das nur die Darstellung eines Malers. Aber das Rudergerät, das inzwischen in so vielen Wohnzimmern steht und auch auf dem Prinzip des Ortswechsels beruht, wird als völlig normal empfunden.

In einem alten Film von Buster Keaton gibt es einige Fälle, in denen Orte ausgetauscht werden. Buster spielt beispielsweise einen Filmvorführer und erhält den Auftrag einen Film zu projizieren. Doch der Vorführer wird immer wieder selbst in den Film verwickelt, findet sich regelmäßig unter den projizierten Schauspielern und mischt bei deren Aktionen mit. Die fortlaufende Komik dieses Films entsteht aus dem Umstand, dass sich Buster bei jedem Schnitt in einer unvorhergesehenen Situationen wiederfindet und von dieser überfordert wird.

Bestimmt erinnern sich auch manche an den Film *Hellzapoppin'*. Dort gibt es in einer Szene einen eleganten Empfang in einer luxuriösen Villa, als plötzlich Indianer durch die Menge festlich gekleideter Gäste reiten. Auch hier wurde mit dem Wechsel der Filmrolle der Ort gewechselt.

The Time Machine von H. G. Wells ist in gewisser Weise ein Buch, das von Ortswechseln handelt. Ein Wissenschaftler erfindet eine Maschine, mit der man nicht durch den Raum, sondern durch die Zeit reisen kann. Die Zeitreisenden finden sich zuerst in der Prähistorie und später in der Zukunft wieder.

Vor einigen Jahren konnte man noch Postkarten erwerben, auf denen zu sehen war, wie Mailand aussehen würde, wenn es am Meer liegen und der Strand bis an den Domplatz reichen würde. Wollte man das gleiche Prinzip auf eine Landschaft übertragen, wo das an die Plätze reichende Meer wirklich die Realität ist, so könnte man sich ein Venedig denken, in dem die Straßen voll von Autos sind.

Das Bemerkenswerte an diesem Aspekt der Fantasie ist, dass eine Sache an einem Ort gefunden wird, an dem sie eigentlich nichts verloren hat, ähnlich wie die Taube im Zylinder.

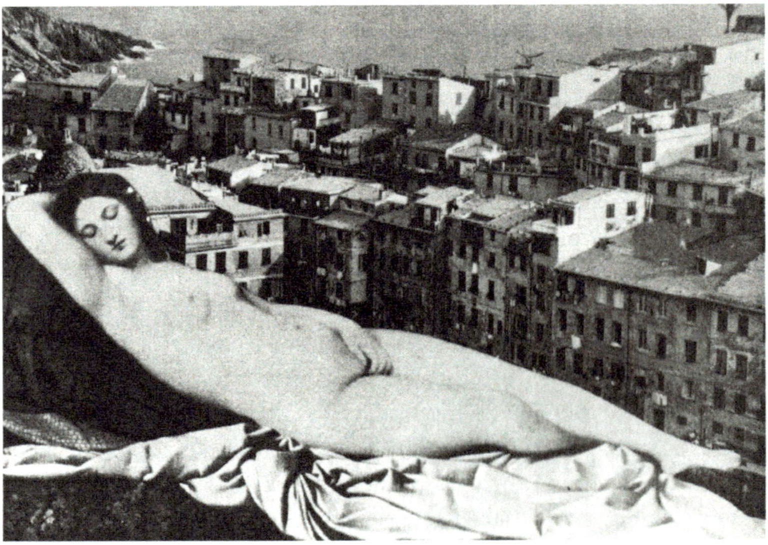

Wechsel des Ortes in einem berühmten Gemälde von Giorgione

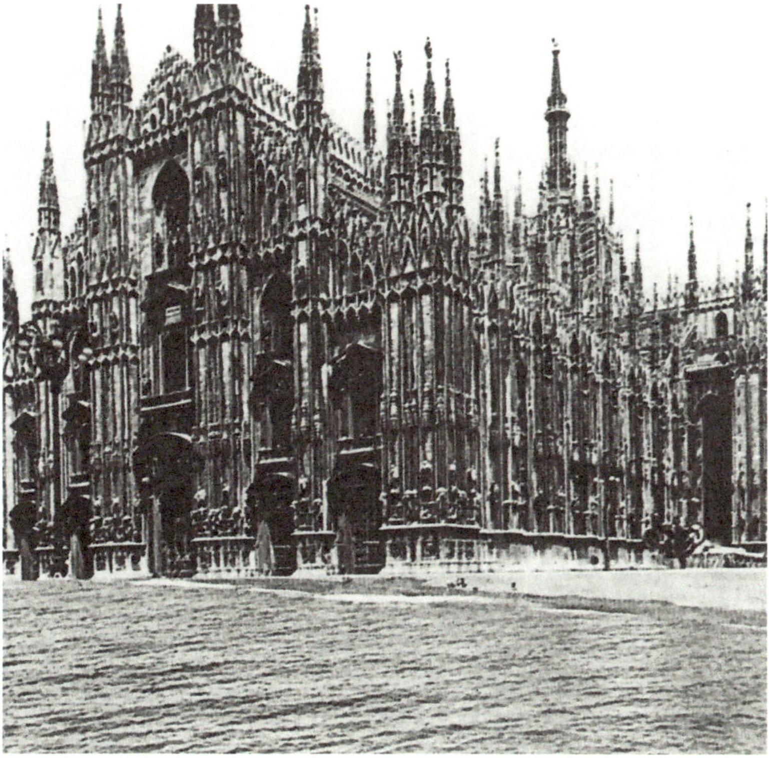

Viele Werke von Marcel Duchamp basieren auf dem Wechsel des Ortes oder der Funktion. Etwa als er in einer Kunstgalerie einen Flaschenhalter, eine Kohleschaufel oder eine Fahrradfelge ausstellte. Immer stellte er ein Objekt an einen Ort, der, sozusagen, außerhalb seines Kontexts lag, und deshalb gewann das Objekt eine andere Funktion und eine andere Bedeutung.

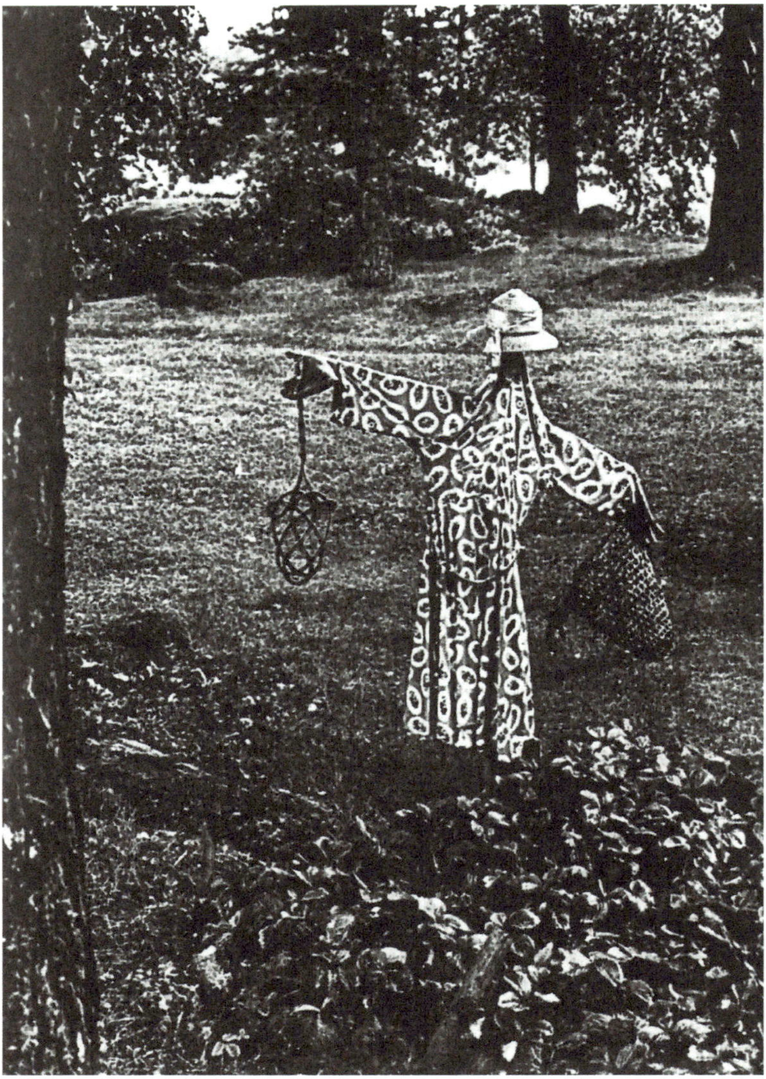

Foto von Mario De Biasi

Der Wechsel der Funktion ist der nächste Aspekt der Fantasie, den wir uns ansehen wollen. Die Idee ist einfach: Man nehme sich ein Objekt, das eine klar definierte Funktion besitzt, und gebe ihm eine andere Funktion. Ein Glas wird zu einer Vase, eine Flasche zu einem Lampenständer, ein Ballon zum Lampenschirm, eine Fahrzeuglampe zur Wandbeleuchtung, ein Toilettenmodell zum Aschenbecher, ein mexikanischer Hut zur Wanddekoration, eine alte Holzwiege zum Zeitschriftenständer, ein eiserner Panzerschrank zur Bar, ein Gerüst zum Regal, eine Kneipe zum Schlachtfeld, eine Flasche zur Bombe. Die blühende Fantasie der Allgemeinheit liefert hier noch zahlreiche weitere Beispiele. Charlie Chaplin verwendet in einem seiner Filme einen Kinderschuh als Geldbeutel und alle erinnern sich an *The Gold Rush*, in dem er ein Paar Schuhe verspeist, als wären sie ein köstliches Mahl.

Unter diese Funktionswechsel fallen auch Beispiele aus der Architektur, wie etwa ein verlassener Bauernhof oder eine alte Mühle, die als Ferienhäuser genutzt werden. In den USA sah ich einmal einen alten Stall, den ein berühmter Architekt als Wohnhaus adaptiert hatte. Um das Spiel der Fantasie lebendig zu halten, behielt der Architekt die räumliche Aufteilung des Stalles bei und legte Pferdedecken auf seine Sofas. Architekturzeitschriften sind voll von Adaptionen dieser Art, die meist ökonomisch gerechtfertigt werden. Anders als beim erwähnten Architekten bleibt der ökonomische Aspekt häufig leider der einzig erkenntliche.

Realistisch oder fantastisch?

Man öffnet den Geldschrank und, siehe da, eine beleuchtete Bar mit an die tausend Flaschen Whisky Bernardoni, Wodka Buganza und anderen ausgewählten Spezialitäten. Trinken wir. Zum Wohl! Wir öffnen einen venezianischen Schrank aus dem achtzehnten Jahrhundert und der Fernseher springt automatisch an. Aus einem mit Eis gefüllten Flaschenkühler, der die Form eines Footballs hat, nehmen wir mit einer Zange, die aussieht wie eine Hühnerklaue, einen Eiswürfel. Die

Zange leuchtet, als sei sie aus Gold, aber vielleicht glänzt sie nur so. Auf einer langen schwarzen Flöte steckt ein Lampenschirm aus Notenpapier, goldenes Licht fällt aus ihm, die kerzenförmigen Glühbirnen bleiben hingegen verborgen. Wir legen unsere Zigarette in einen Aschenbecher, der wie eine weibliche Hand aus vergoldeter Keramik aussieht, und greifen zu einem Öffner in Form eines Ferkels, mit dem wir eine Flasche Barolo Gazzoni aufmachen. Ein Strauß künstlicher Blumen steckt in einem morschen Baumstamm, dahinter sieht man ein Trompe-l'œil, auf dem aus zerrissenen Buchstaben gemalte Blumen zu sehen sind, daneben ein Lappen, auf dem noch Buchstabenreste hängen.

Das Lächeln der Schutzpatronin dieses Hauses wirkt so spontan, dass man nicht sagen kann, ob es wirklich ist oder gemalt. In einem Möbel des achtzehnten Jahrhunderts dreht sich eine Schellackplatte. Sie erfüllt den Raum mit den vielen Stimmen des Stimmenimitators Alighiero Noschese, was den Raum so wirken lässt, als wäre er voll von Menschen. Die Uhr, deren Ziffernblatt aus einer Pfanne besteht, zeigt zwei Uhr. Aber ist es Tag oder Nacht? Hinter der Uhr steht ein Bügeleisen aus weißer Keramik, auf dem blaue Blümchen blühen, rundherum liegen getrocknete Zapfen, die jemand vergoldet hat. Ein Herr mit gefärbten Haaren zieht an einer schwarzen Pfeife, deren Kopf aussieht wie ein Stierschädel. Er erzählt einer älteren Frau, die jung aussieht und mehrere Operationen hinter sich hat, von einer seiner Villen am Meer, die man nicht nur aus der Ferne für ein Segelschiff hält. Denn in der Villa wurde aus Schiffsleitern eine Bibliothek konstruiert, auch ein Steuerrad, in dessen Mitte eine Uhr steckt, findet sich in diesem Schiffshaus.

Die Wandbeleuchtungen könnten in jeder Kajüte hängen und das Wohnzimmer betritt man durch eine eiserne Luke. Der Keller des Hauses lässt sich mit Wasser fluten und viele andere Dinge geschehen in diesem Haus, als hätte sie ein Klabautermann erfunden. Die mitteljunge Frau weiß nicht, was sie darauf sagen soll. Aber der Tochter (sie war zumindest einmal ihre Tochter) fällt ein, dass in ihrem Haus ein Kronleuchter steht, der aus einer Balkenwaage gemacht ist, und ihr Mann, der Architekt sei, habe einen großen mexikanischen Hut, setze ihn aber nie auf, sondern ließe ihn immer an der Wand des Esszimmers hängen, neben einem Gewehr, an das er seine Schlüssel hängt. Die an den Wänden hängenden Autoscheinwerfer würden sie

aber inzwischen langweilen, ebenso wie die Wagenräder, mit denen sie ihre Eingangstore verschließen. Man besitze doch keine Landvilla!
Mit dem Hämmerchen eines Schusters bewaffnet betritt ein Kind den Raum und beginnt vergnügt alle abzuklopfen. Wohlerzogenes Lachen setzt unter den Erwachsenen ein.
Die Dame von Pzzb geht durch das Zimmer, um den Gästen ihre liebsten Schokoladenbonbons zu kredenzen, sie regen die Verdauung an und liegen in einem goldenen Geigenkasten. Alle lehnen dankbar ab, was die Dame von Pzzb ein wenig traurig stimmt. Sie stellt den Geigenkasten auf das Klavier, wo er etwas verloren wirkt, wie ein Fisch am Trockenen. Daneben steht ein Porträt, das von der Dame angefertigt wurde, als sie noch ein Kind war. Bedeutungsvoll steckt es in einer großen Taschenuhr. Sie trägt darauf ein Matrosenkleid und den Hut eines Scharfschützen. Die Kerzen werden angezündet, kleine chinesische Statuen mit einem Docht am Kopf stecken in Plexiglas, was manche Gäste mit Kristall verwechseln könnten. Neben dem großen Keramikhund bewegt sich plötzlich die Katze Tux, sie hatte hier bewegungslos geschlafen, jetzt steht sie auf und geht weg. Das Kind läuft der Katze nach, sodass sich eine seltsame Treibjagd entspinnt, denn die Hausschuhe des Kindes sehen aus wie Kaninchen. Da stößt das Kind gegen den schuhförmigen Schirmhalter, worauf ein wie eine Pagode aussehender Schirm umfällt und in tausend Teile zerspringt. Das mit Plüsch überzogene Telefon läutet und eine kaum erkenntliche Stimme meint, sie sei wahrscheinlich falsch verbunden. Nun ist der Abend fast zu Ende. Wir grüßen die Gastgeber und danken ihnen. Sie freuen sich aber nicht über unseren Dank, denn er wird so aufgenommen, als wollten wir endlich gehen.
An einem Hirschgeweih hängend finden wir unsere Mäntel wieder. Der Diener (er hilft nur heute aus) öffnet eine Tür, die so tapeziert ist wie die Wand. Und nach wenigen Schritten finden wir uns mitten am Broadway. Wir rufen ein Taxi und sagen dem Fahrer, er möge uns doch nach Sskml bringen. Sehr gerne, die Damen, sagt er, und bringt uns nach Mllrnh.

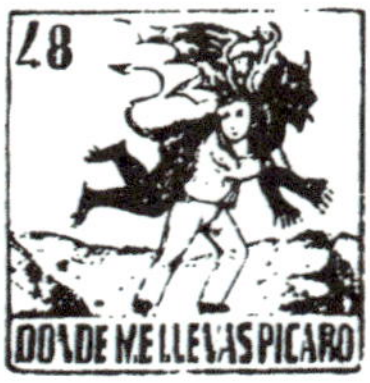

Alla Ridolini

Auch die Art der Bewegung zu wechseln, ist eine Operation der Fatasien. Einem Spezialfall dieser Operation, der Beschleunigung eines sich langsam bewegenden Objekts, möchten wir einen eigenen Namen geben: eine Bewegung alla Ridolini. Diese Operation soll diesen Namen tragen, da es der in Italien als Ridolini bekannte Stummfilmkomiker Larry Semon war, der als erster dieses fantastische Potenzial einer Filmkamera ausschöpfte. Bis heute bleibt die Kinematografie leider meist unter ihren visuellen Möglichkeiten, nur der Zoom und ähnlich elementare Effekte kommen zum Einsatz. Der dominante Modus der filmischen Kommunikation bleibt aber der verbale, wie im Medium der Literatur, ganz so als würde ein Buch mühsam in einen Film übersetzt werden. Wie viele Romanverfilmungen es gibt! Nur die wissenschaftliche Forschung zeigt uns immer wieder, dass durch den richtigen Einsatz der Kamera Phänomene erklärt werden können, an denen sich Worte übermäßig abmühen oder manchmal einfach scheitern.

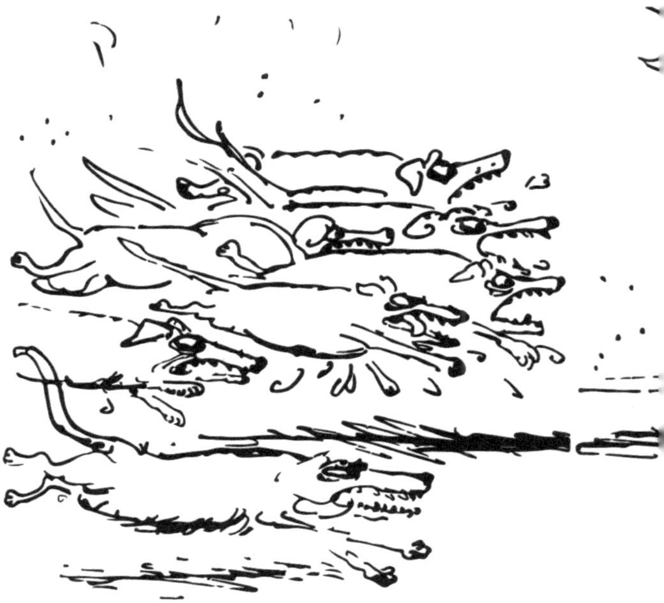

Es gilt also, die visuellen Möglichkeiten der Kinematografie zu erforschen. Manche Regisseure verwenden sie wie eine Sprache. Denken Sie an Alain Robbe-Grillet, an seine visuellen Beschreibungen von Räumen, an Filme mit tausend oder dreitausend Aufnahmen pro Sekunde oder an das Gegenteil, an Filme, in denen eine Einstellung zwei oder gar zehn Minuten dauert. Es ist wirklich das Kino, das es uns erlaubt, zeitliche Veränderungen zu sehen und entsprechend kann auch der Bewegungswechsel eines Objekts zu Einsichten führen, die wir mit anderen Mitteln nicht hätten.

1964 gab es in der Nähe von Como, auf dem Monte Olimpino, ein Studio zur Erforschung der filmischen Sprache. Dort realisierten Marcello Piccardo, ich und andere Freunde einen drei Minuten langen 16 mm-Film. Obwohl der Film drei Minuten lang war, wurde er in wenigen Augenblicken aufgenommen, mit einer speziellen Apparatur aus einem wissenschaftlichen Labor der Universität von Mailand. Diese Apparatur heißt temporales Mikroskop. Normalerweise wird diese Apparatur verwendet, um Bewegungen zu verlangsamen, die für das nackte Auge nicht wahrnehmbar sind, zum Beispiel die Explo-

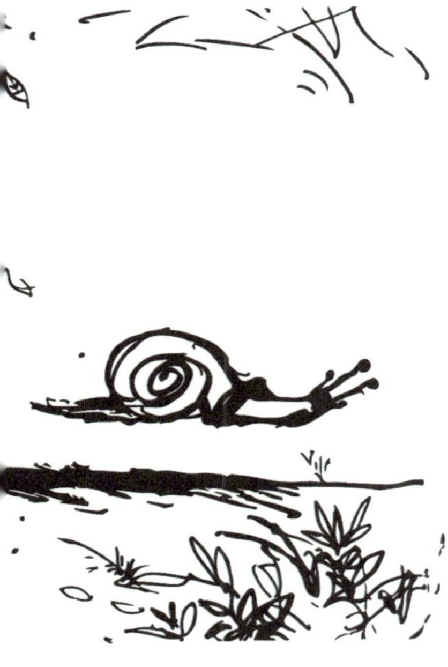

Zeichnung von
Ronald Searle

sion einer Glühbirne, die von einem Projektil getroffen wird, oder das Eintauchen eines Milchtropfens, vom ersten Kontakt mit der Oberfläche bis zum Abebben der weißen Wellen. Inzwischen kennen viele diese »Spezialeffekte« aus dem Fernsehen. Auch solche Effekte werden in Echtzeit aufgenommen, allerdings werden anstatt 24 Bildern pro Sekunde, was normalerweise für einen Film genügt, ungefähr 1500 Bilder pro Sekunde gemacht. Wird diese hochfrequente Aufnahme dann bei normalem Tempo, also mit 24 Bildern pro Sekunde, projiziert, so verlangsamt sich der Film proportional zur Frequenz der Aufnahme.

Einen Film aus dem Jahr 1964 haben wir *Tempo nel tempo* (»Die Zeit im Lauf der Zeit«) genannt. Wie gesagt wurde der Film mit dreitausend Bildern pro Sekunde aufgenommen. Diese spezielle Form von Aufnahme zwingt die Kameramänner, eine Beleuchtungssituation zu schaffen, in der das aufzunehmende Objekt eine Fläche von circa neun Quadratmetern einnimmt. Das Sujet des Films war ein Akrobat, der einen Rückwärtssalto vorführt. Wir entschieden uns für diesen Trick des Akrobaten, weil fast jeder einen Rückwärtssalto kennt und damit der ganze Film eine realzeitliche Dimension gewinnt. Jeder weiß, dass ein Rückwärtssalto nicht länger als eine Sekunde dauern kann. Der Zuschauerin wurde also die Differenz vermittelt zwischen der Aufnahmezeit von einer Sekunde, mit der der Film eröffnet wird, und der verlangsamten Projektion, in der drei Minuten vergehen, bis der Akrobat den Boden wieder berührt. Die extrem verlangsamte Bewegung des Akrobaten erlaubt es, den Salto sozusagen in aller Ruhe zu verfolgen und alle Positionen zu studieren, die in Realzeit nur mit größter Mühe zu erkennen wären. Wer sich mit Filmen beschäftigt hat, weiß, dass drei Minuten eine lange Zeit sind.

Es sollte noch gesagt werden, dass der Wechsel der Bewegung nicht an das Medium des Films gebunden ist. Zwar ist der populärste Bewegungswechsel wahrscheinlich der, bei dem Superman plötzlich fliegt, anstatt zu rennen, aber auch in Fabeln, in denen sich die Schildkröte und die Schnecke ein Rennen liefern, ist der Bewegungswechsel die bestimmende Idee. Selbst ein Gedanke kann auf einem Bewegungswechsel basieren: Was würde passieren, wenn die Feuerwehr so arbeiten würde wie die Bürokratie und die Bürokratie ihrer Arbeit so nachginge wie die Feuerwehr?

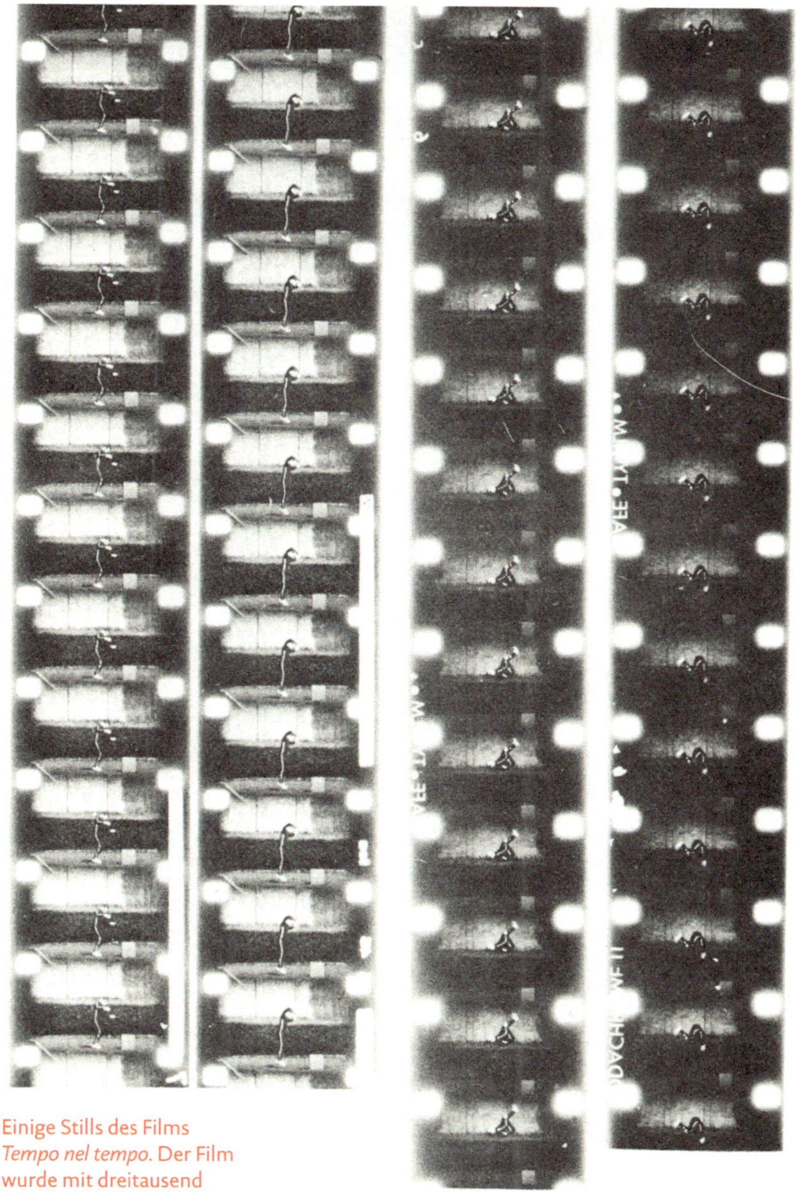

Einige Stills des Films *Tempo nel tempo*. Der Film wurde mit dreitausend Bildern pro Sekunde gedreht. Studio von Monte Olimpino, Bruno Munari und Marcello Piccardo, 1964

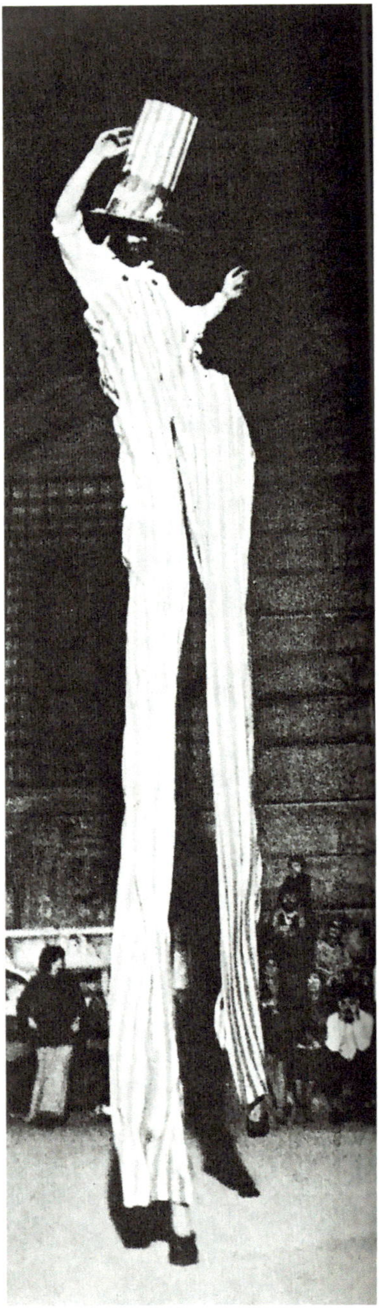

Künstler des *White Horse Circus,* einer amerikanischen Gruppe von maskierten Schauspielern und Marionetten. *Bread and Puppet Theater* unter der Leitung von Peter Schumann. Die unmittelbare Wirkung wird durch den Wechsel der Dimension erzielt. Foto von Antonio Sferlazzo, Florenz.

Das Rad der Pop-Art

Der nächste Aspekt der Fantasie besteht darin, die Dimension eines Objektes zu verändern.

Die 1960er Jahre waren die Zeit der Pop-Art. Man war erstaunt in den renommiertesten Kunstgalerien plötzlich jene gigantischen Objekte ausgestellt zu sehen, die man seit vielen Jahren von Gewerbemessen kannte. Dort, wo sich Massen von Menschen industrielle Neuheiten ansahen, hatten Werbefachleute den Wechsel der Dimension seit langem praktiziert. Die Aufmerksamkeit des Publikums soll dabei durch die gigantischen Ausmaße der Objekte gewonnen werden. Riesenhafte Zahnpastatuben oder monumentale Schmieröldosen blieben ebenso gut in Erinnerung wie andere exorbitante Dinge, die den Himmel der Messe bevölkerten. Die fliegenden Objekte bestanden aus Gummi, wurden mit Gas gefüllt und mit Seilen am Boden verankert. Auf den Gewerbemessen gab es also das immer schon, was später als Pop-Art bekannt wurde. Daher ließe sich behaupten, dass diese Riesenobjekte nicht auf das Publikum der Gewerbemesse den größten Eindruck machten, sondern auf Kunstkritiker, die sich zufällig am falschen Ort befanden. Schnell war das, was zuerst Unbekannte für die Industrie produziert hatten, signiert auf der Biennale d'Arte zu einem Preis zu sehen, der der Größe des Objekts um nichts nachstand.

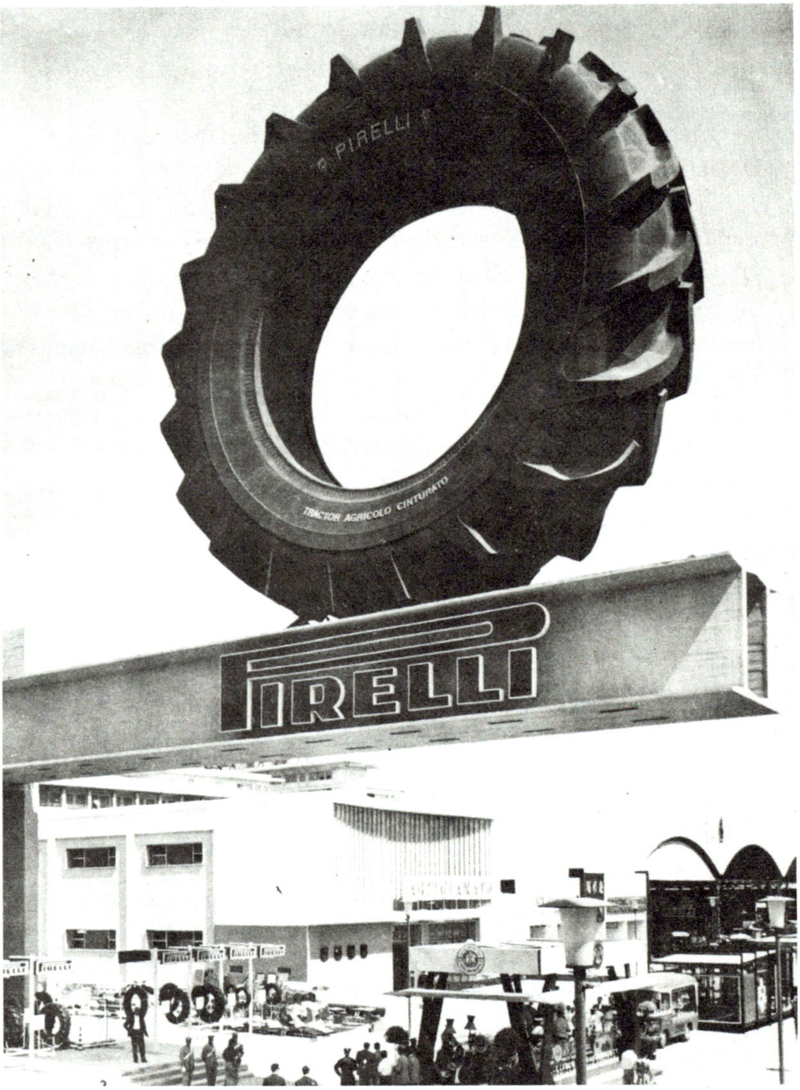

Auf den Gewerbemessen und den großen internationalen Ausstellungen waren die Organisatoren stets bemüht, das Publikum durch einem Wechsel der Dimension zu beeindrucken. Dieses Beispiel aus dem Jahr 1960 zeigt einen Autoreifen, der einen Durchmesser von dreißig Metern hat. Die Größe des Reifens wird durch die darunter stehenden Personen deutlich.

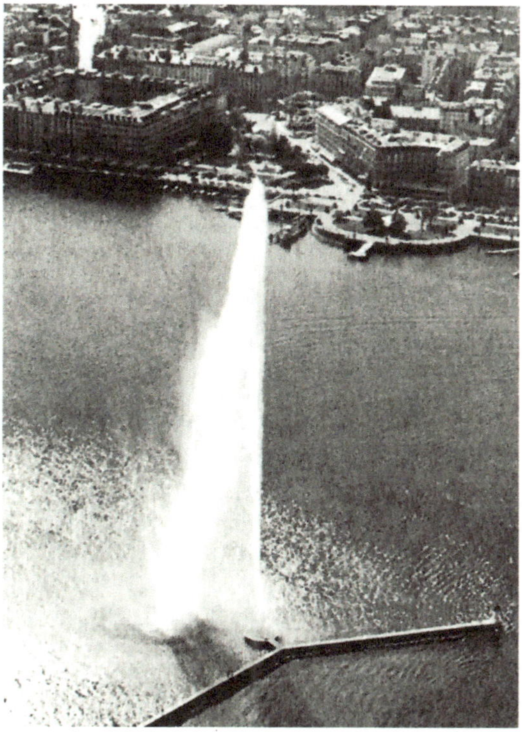

Ein 130 Meter hoher Wasserstrahl, dessen Form der Wind beeinflusst. Emile Merle-d'Aubigné entwarf diesen Strahl Ende des 19. Jahrhunderts für den Genfer See, 1951 wurde er erneuert, heute würden wir von einer Wasserskulptur sprechen.

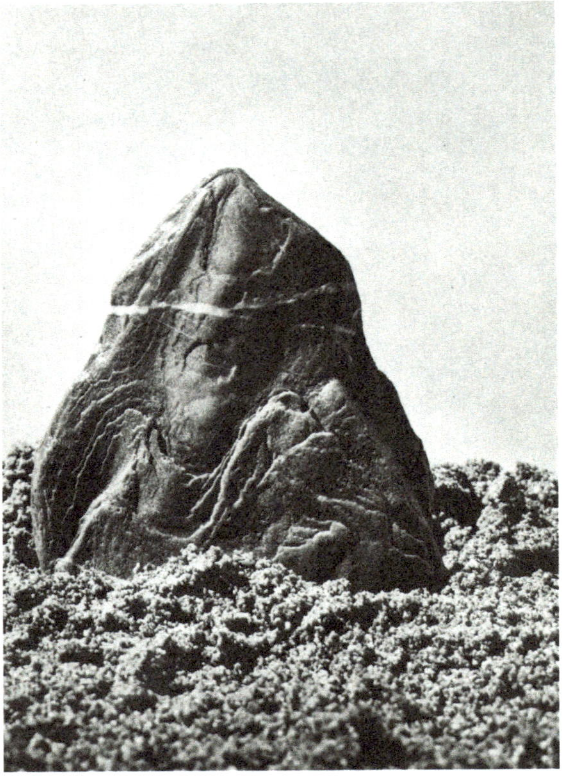

Es gibt kleine Steine,
die aussehen wie Berge.
Es genügt bereits, sie
als solche anzusehen und
sofort wechseln sie
ihre Dimension.

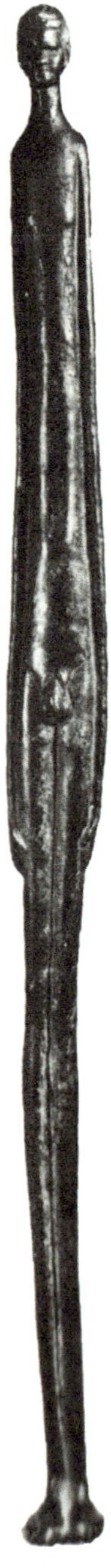

Der Schatten des Abends
Eine Bronzestatue aus der
hellenistischen Zeit
Etruskisches Museum,
Volterra

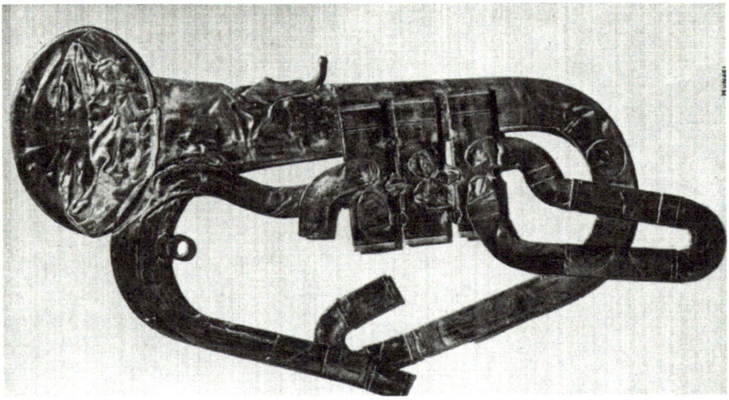

Friedenstrompete
Bruno Munari 1950
Eine Militärtrompete, die auf zwei Dimensionen reduziert wurde

Im Film finden sich Dimensionswechsel vor allem in der Science-Fiction, wo außergewöhnliche und faszinierende Effekte häufig gefragt sind. Der erste Film, der einem in den Sinn kommt, ist *King Kong.* Ein gigantischer Affe klettert auf den höchsten Wolkenkratzer New Yorks und hält eine junge Frau in seiner Hand, die natürlich wunderschön ist, um möglichst stark mit dem hässlichen Affen zu kontrastieren. Um den Affen zu töten, wird ein Geschwader losgeschickt, die Flugzeuge schwirren um King Kong als wären sie Moskitos. Bei vielen dieser Effekte ist es auch interessant zu wissen, wie sie realisiert wurden.

King Kong war natürlich kein wirklicher Affe, sondern ein großes, bewegliches Modell. Um animalische Bewegungen zu simulieren, überzog man ein stählernes Skelett mit aus Gummi gefertigten Muskeln. Vierzig Bärenfelle waren nötig, um den ganzen Körper zu bedecken und sechs Menschen lenkten die Bewegungen des Affen aus seinem Innenraum. Die Stimme des Affen bestand aus Löwengebrüll, das man aufgezeichnet, eine Oktave tiefer gesetzt, verlangsamt und rückwärts abgespielt hatte.

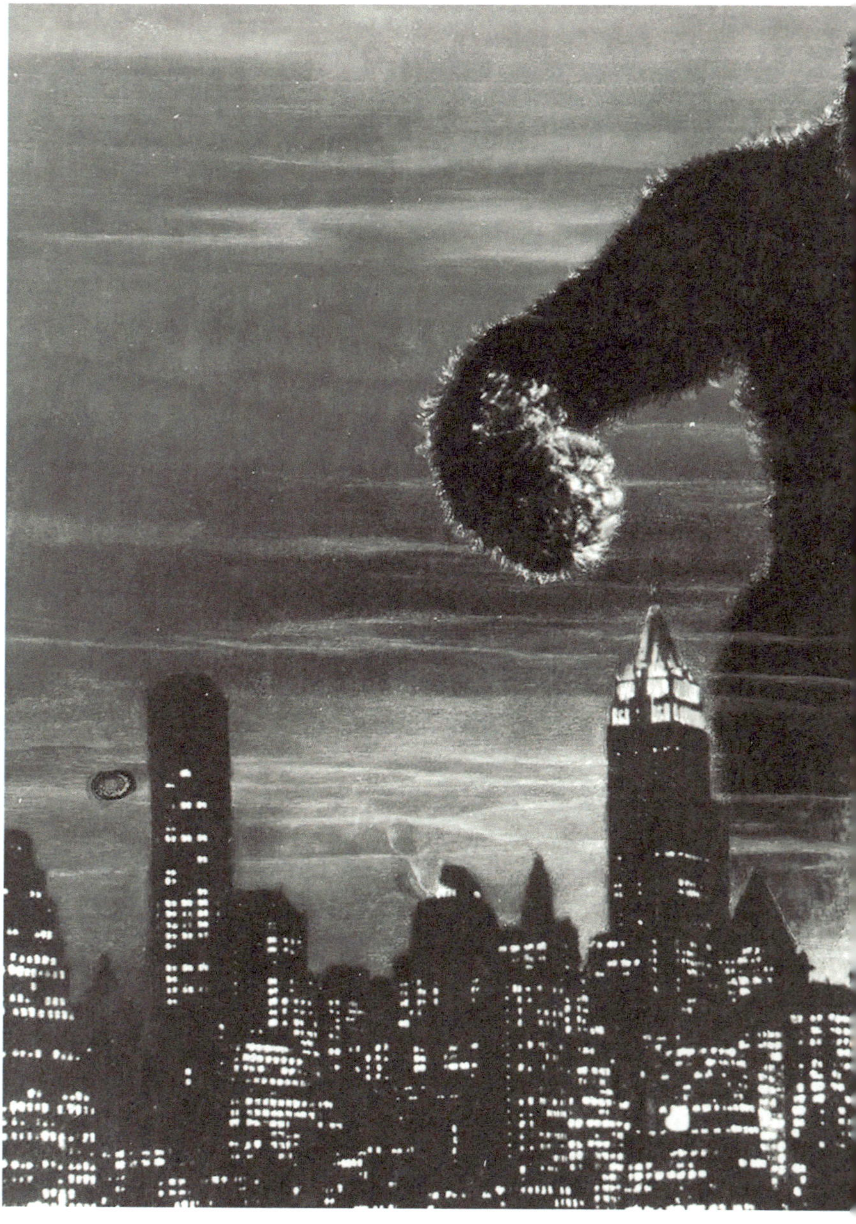

Eine Szene aus
King Kong, 1933

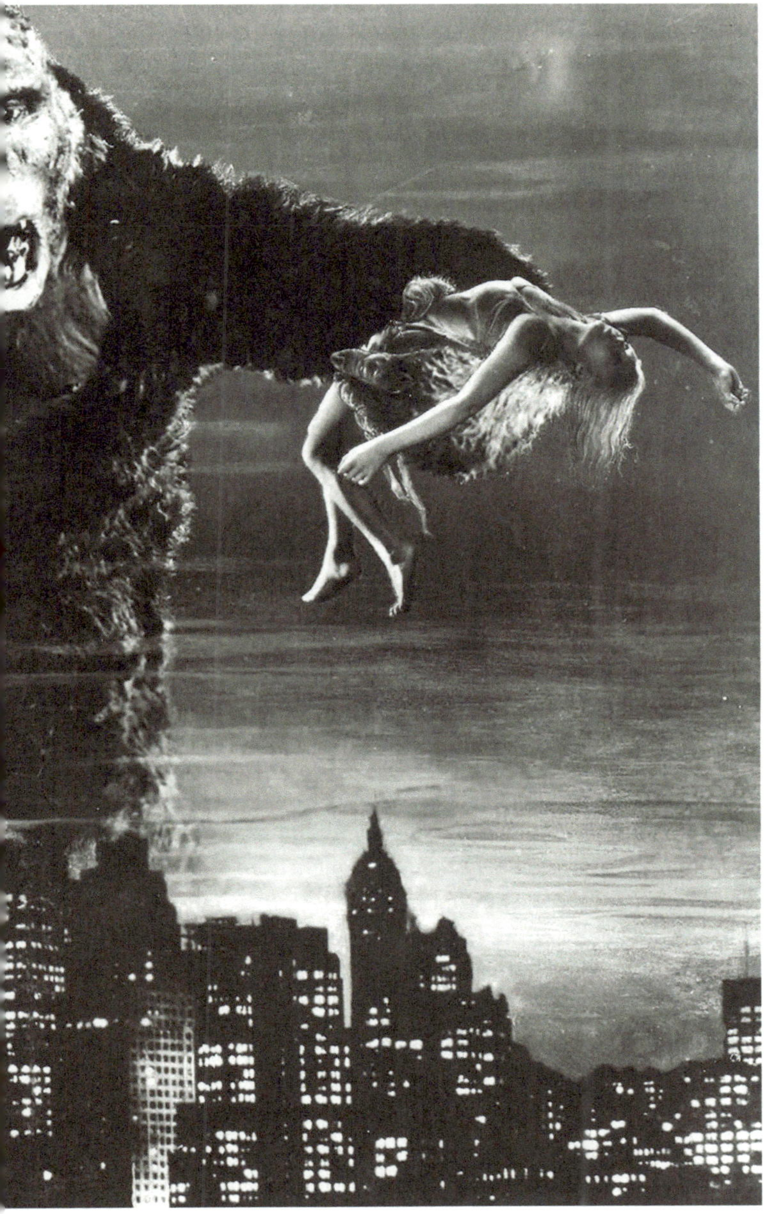

Auf diesen Film aus dem Jahr 1933 folgten weitere, die auf den Wechsel der Dimension setzten und ihre Effekte durch die Vergrößerung von Tieren erzielten. 1954 erschien als erster Nachfolger *Them!*. In diesem Film überfallen riesige Insekten unseren Planeten, werden aber am Ende mit einem Flammenwerfer besiegt. Ein Jahr später erschien ein weiterer Film dieser Art mit dem Titel *Tarantula*. In ihm übernimmt eine scheußliche Spinne die Rolle des gigantischen Monsters.

Was die bisherigen Effekte der Dimensionswechsel gemeinsam hatten, ist, dass sie das Publikum vor fantastisch vollendete Tatsachen stellen: Das Monster ist und bleibt gigantisch. Ein auf einem Roman von Richard Matheson basierender Film aus dem Jahr 1956 beschreibt hingegen einen Fall von kaum bemerkbarer, sich graduell verändernder Dimension. Ein Mann, der auf einem Boot ein Sonnenbad nimmt, wird von einem plötzlich aufziehenden, seltsamen Nebel umhüllt. Zunächst nimmt der Mann den Nebel nicht weiter ernst, aber nach einigen Tagen beginnt er zu realisieren, dass ihm seine Kleidung zu groß ist. Er wiegt sich ab und stellt fest, dass er auch deutlich weniger schwer ist, obwohl er bei bester Gesundheit zu sein scheint. Er geht zum Arzt, der aber nicht versteht, was hier vor sich gehen könnte. Der Mann wird indessen immer kleiner. Man schickt ihn zu Fachärzten, behält ihn zur Beobachtung in Spezialkliniken, aber man versteht nicht, was ihm fehlt. Seine Frau, die den ganzen Film über gleich groß bleibt, begleitet ihn, versucht liebevoll ihm zu helfen, doch ihr Mann wird immer weniger und immer mehr zum Männchen. Kleiner und kleiner wird er, bis er die einfachsten Geräte kaum mehr bedienen kann. Am Ende ist er mikroskopisch klein und verschwindet in einer schönen, sternenklaren Nacht.

In einem vor kurzem erschienenem Film wird der Wechsel der Dimension umgekehrt eingesetzt. Einige Wissenschaftler lassen sich verkleinern, um in einem Mikrogefäß, das ihnen als U-Boot dient, chirurgisch in einen menschlichen Körpers eingesetzt zu werden. In diesem Körper reisen sie umher, um ein Krebsgeschwür zu finden und es zu neutralisieren.

Zu der Zeit, als Schiffe noch gemächlich über die Meere fuhren, nutzten die Seeleute ihre Zeit, um Miniaturen von Schiffen anzufertigen. Diese Miniaturen steckten sie dann in zuvor entleerte Flaschen. Die Schiffe wurden außerhalb der Flasche zusammengebaut, wobei der Mast und die zusammengelegten Segel auf dem Schiff lagen. Die Schiffe wurden in die Flasche eingeführt, einige Fäden ragten aber aus dem Flaschenhals hervor, denn mit diesen Fäden konnte man den Mast aufrichten. In der Flasche selbst wurden die Schiffe mit etwas Gips fixiert, der zuvor in die Flasche gegeben worden war. Zog man schließlich an den Fäden, so richteten sich die Mäste auf und die Segel öffneten sich, ähnlich, wie sich ein Schirm öffnet. Abschließend schnitt man die Fäden ab. Heute, wo selbst Ozeane in wenigen Stunden überquert werden können, schaffen es die Stewardessen gerade noch, die Flaschen auszuleeren, für mehr bleibt keine Zeit. Und aus diesem Grund findet man in Cola-Flaschen keine Modelle von Jumbo-Jets.

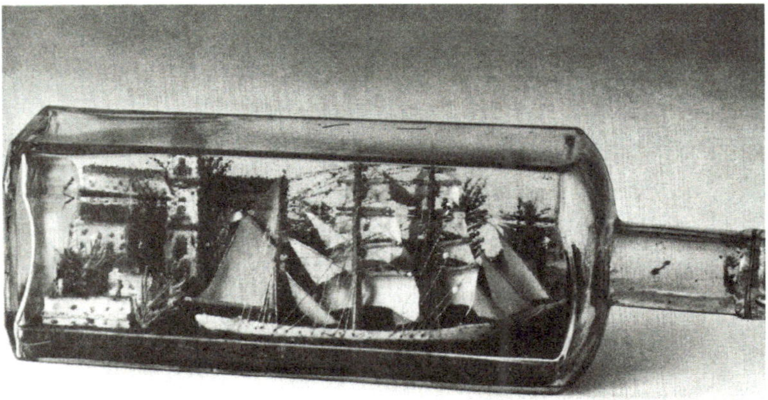

Segelschiff in einer Flasche, am Ufer eines Flusses

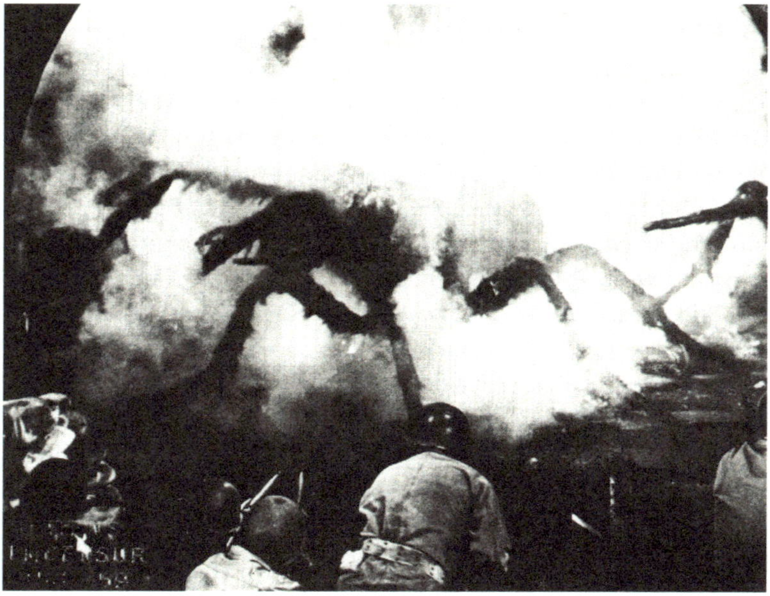

Eine Szene aus dem Film *Them!*, 1954

In Asien kultiviert man seit Tausenden von Jahren kleine, Bonsai genannte Bäume. Auch sie sind nach dem Prinzip des Dimensionswechsels aufgebaut, sie besitzen also alle Charakteristika eines Baumes außer der Dimension. Wenn auf diesem Foto keine Vase stände, sähen die Bonsais wie echte Bäume aus. Es sind aber nichtsdestoweniger echte Bäume, sie wachsen im Freien wie ihre großen Artgenossen. Und sie werden ebenso alt: Ein Bonsai, den ich in Kyoto im Haus eines Züchters gesehen habe, war neunzig Jahre alt, wunderschön und voll des Lebens. Ein weiterer Aspekt der asiatischen Kultur, der auf dem Dimensionswechsel basiert, besteht darin, manche Felsen oder bestimmte Steine so zu betrachten als wären sie Berge, oder zumindest Modelle von riesigen Bergen. Fotografiert man diese Steine aus nächster Nähe im richtigen Licht, so kann der Effekt des Dimensionswechsels auch denen nahegebracht werden, die ihn davor nicht zu sehen vermochten.

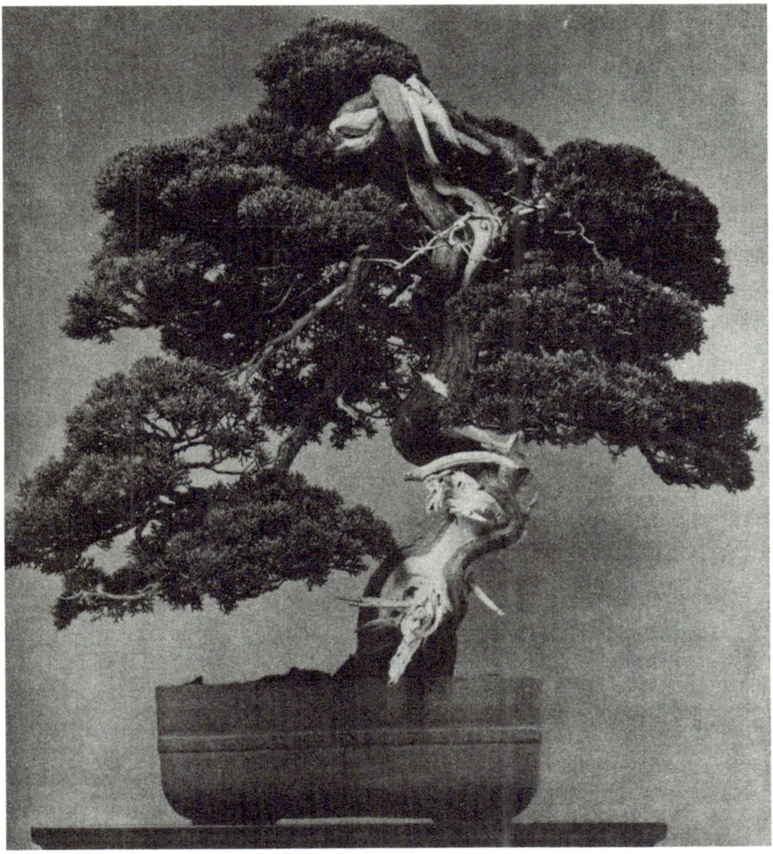

Ein außergewöhnlicher Bonsai-Baum mit einer Höhe von 70 cm. Die Bonsai-Bäume sind Zwergbäume, die seit langem kultiviert werden, in Japan und China findet man sie seit jeher. Ein Baum passt sich an die Erde an, in die er gepflanzt wird. Im Norden ist der Oleander ein Busch, im Süden ist er ein hoher Baum. Pflanzen stehen in Wechselwirkung mit ihrer Umgebung und bilden auf diese Weise neue Abarten aus. Aus den Samen der Bonsai können verschiedene Bonsais entspringen. Die Liebhaber der Bonsai-Bäume suchen meist nach Bäumen, die trotz schwieriger Bedingungen aufgegangen und gewachsen sind. Egal ob im Spalt eines Felsens, in der Mauer eines verfallenen Hauses oder an noch unwahrscheinlicheren Stellen, wohin sie der Wind wehte. Von diesen Orten holen sie sich ihre Bäume, versuchen die Wurzel nicht zu beschädigen, und pflanzen sie in Vasen oder

Schüsseln aus Keramik, in denen sie mit großer Sorgfalt gepflegt werden. In Japan habe ich, wie gesagt, einen Bonsai-Baum gesehen, der 90 Jahre alt war. Den Zustand des Baumes erkannt man an der Farbe der Blätter.
Es sind Bäume wie jeder andere Baum, sie wachsen im Freien. In Italien kann man ins Vivarium gehen, wenn einjährige Pflanzen aus einem anderen Land importiert werden und sich die aussuchen, die von den Gärtnern oder Biologinnen für hässlich befunden werden, da sie krumm oder verzogen sind. Die Leute, die keine Ahnung haben, wollen meist Pflanzen, die schön gerade sind. Dabei sind die schiefen interessanter.

Das Prinzip des Dimensionswechsels findet sich häufig bei Künstlern, die relativ wenige Ideen haben oder ihrem Stil treu bleiben wollen. Wenn etwa ein Künstler berühmt dafür ist, dass er einen Hammer weiß lackiert hat, dann könnte er in seiner nächsten Ausstellung eine Violine weiß lackieren, in der übernächsten ein Motorrad, dann ein öffentliches Denkmal, daraufhin ein Haus oder einen Triumphbogen, daran anschließend könnte er, um sein Publikum wirklich zu erstaunen, einen Wald lackieren, später einen Hügel, endlich eine (eher kleine) Insel, aber dann …

Es ist klar, dass er irgendwann an eine Grenze stoßen wird. Aber immerhin wird er bekannt sein als jemand, der weiß lackieren kann.

Um unser Thema abzuschließen, können wir noch Pinocchios Nase zitieren, die bekanntlich ihre Dimension ändert, wenn ihr Besitzer lügt.

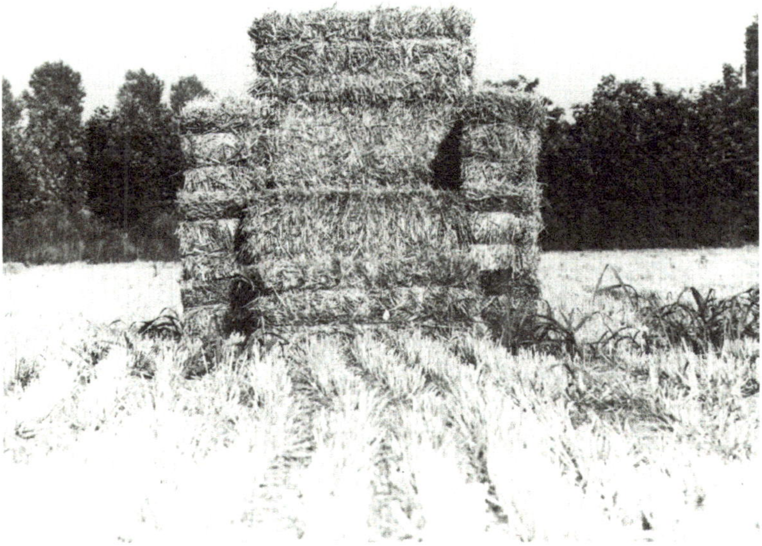

Fauteuil aus Stroh,
drei Meter hoch,
Alessandro Mendini, 1974

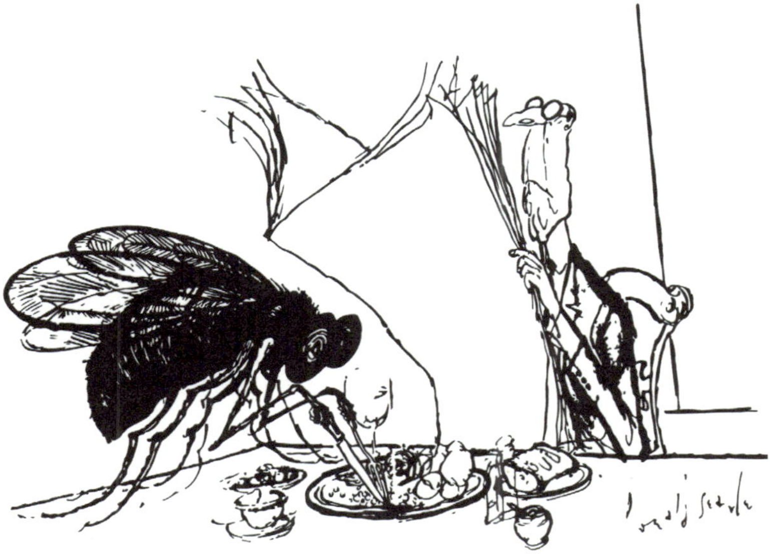

Zeichnung von Ronald Searle

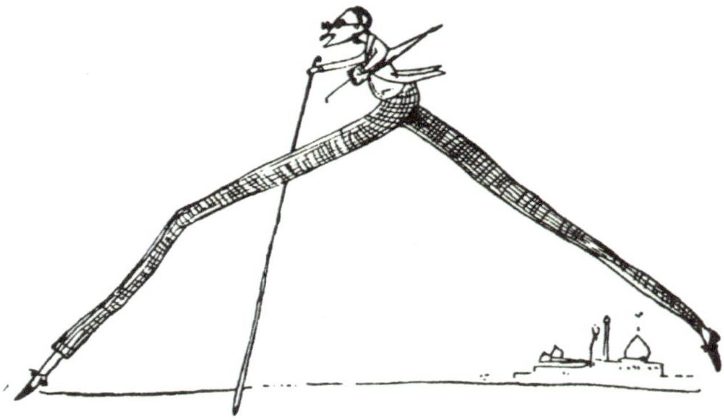

Es gab einmal einen Alten aus Enns,
die Länge seiner Beine war ganz immens,
mit 'nem Schritt kam er einmal
von Hinterstoder bis nach Gaal,
Dieser erstaunliche Alte aus Enns.

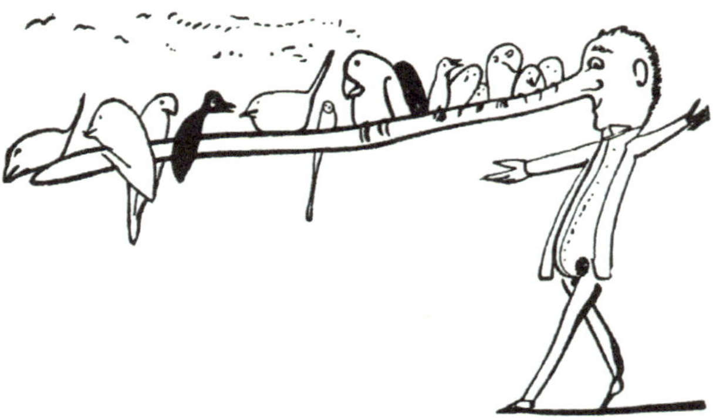

Es gab einmal einen Alten, auf dessen Zinken
landeten alle erdenklichen Vögel, auch Finken;
aber als der Tag sich dann neigte
sucht der ganze Schwarm das Weite,
das erleichterte den Alten und machte ihn Winken.

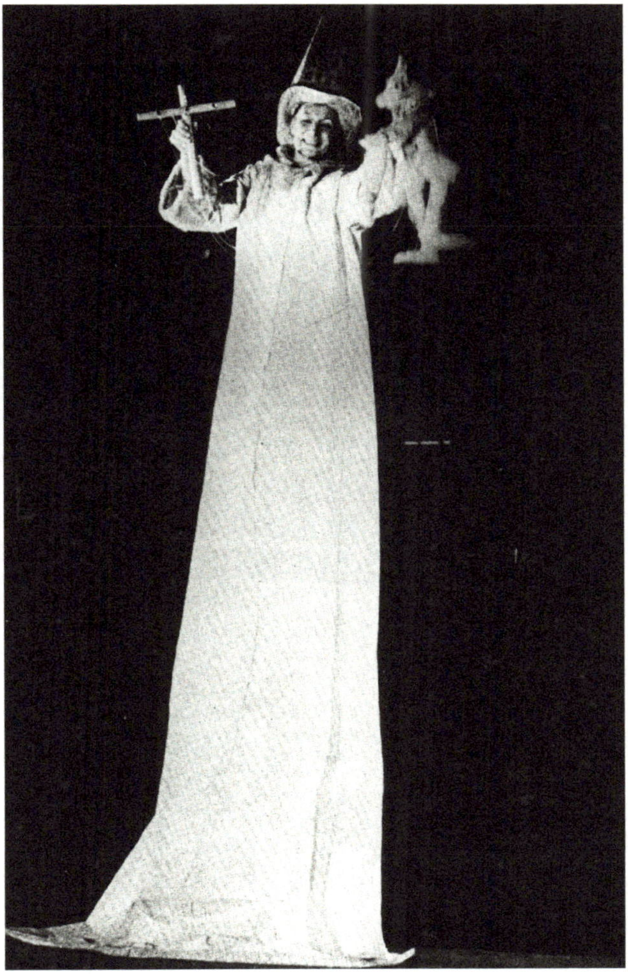

Histoire du soldat von Igor Stravinskij. Aufführung des Theaters von Buratto, geleitet von Velia Mantegazza, Mailand. Foto von Renato Biffi.

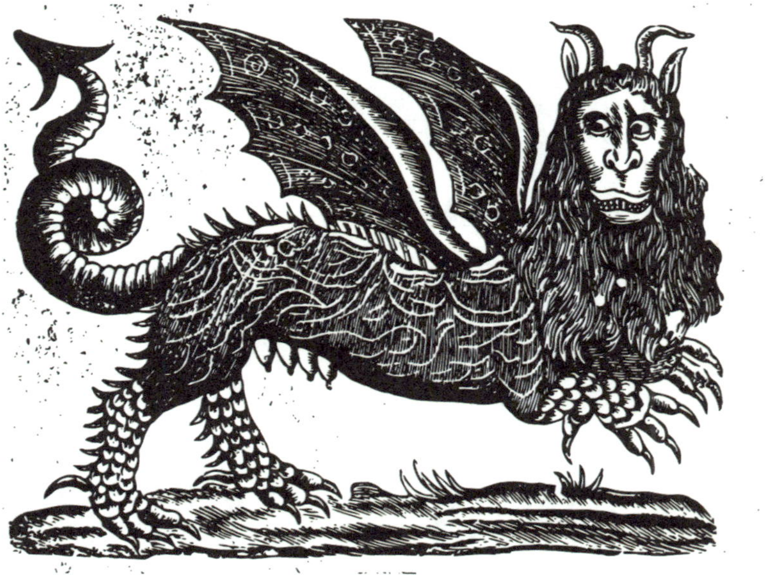

La fiera malvagia,
Bekannte Briefmarke
aus Spanien

Das schreckliche Monster

Die nächste Operation der Fantasie, die wir uns ansehen wollen, ist die Kombination unterschiedlicher Elemente zu einem Körper. Die einzelnen Elemente können animalischer Natur sein und von verschiedenen Tieren stammen. Verbindet man die Elemente mit einem gewissen Sinn für Komposition, so kommen grandiose Monster zum Vorschein. Mathematisch gesehen gibt es unendlich viele Arten von Monstern. Das berühmte Monster in dem Gemälde *Der Heilige Georg und der Drache* von Paolo Uccello hat zum Beispiel den Kopf eines gewöhnlichen Hundes, aber Zähne aus einer anderen Welt. Sein Körper ist bullig untersetzt doch so mager, dass die Rippen und die Wirbel erkenntlich sind. Es steht auf zwei Beinen, die auffallend muskulös sind und an deren Ende dreifingrige Klauen mit bedrohlichen Nägeln sitzen. Die Flügel des Monsters könnten von einer Fledermaus sein, aber große Kreise zieren sowohl die Ober- als auch die Unterseite.
Und im Hintergrund kräuselt sich ein langer Schwanz, als hätte man ein Krokodil mit einem Schwein gekreuzt. In dieser Operation der Fantasie kann Hieronymus Bosch als einer der größten Meister gelten, seine Werke bezeugen es in unterschiedlichsten Variationen.

Unter allen Künstlerinnen waren es vor allem die Malerinnen, die mit verschieden gelagerten Absichten ein ganzes Spektrum von Monstern erschufen.

Von letzterem Aspekt der Fantasie ist einer zu unterscheiden, in dem natürliche Elemente mit kulturellen kombiniert werden. Diese Kombination wollen wir uns im Folgenden ansehen. Beispiele, die einem gleich in den Sinn kommen, sind die weiblichen Figuren von Dalí, aus deren Körpern viele Schubladen ragen. Oder das wohl berühmteste Monster, in dem sich Natur und Technik verbinden, Frankenstein, aus dessen Hals ein Wasserhahn ragt.

Ein Science-Fiction-Film aus dem Jahr 1957, *The Fly*, beginnt mit dem missglückten Experiment eines Wissenschaftlers. Während er seine eigene Materie an einen anderen Ort übertragen will, gerät eine Fliege ins Labor und wird Teil der Teleportation. So wächst dem Wissenschaftler nach der Übertragung ein Fliegenkopf. Die Fliege hingegen findet einen Menschenkopf auf ihren Schultern und schreit um Hilfe, worauf sie von einer Spinne gefressen wird.

1959 verwandelte sich der berühmte Schauspieler Lon Chaney in einen Krokodilmenschen. Verfolgt man diese Operation historisch zurück, so sind die Sirenen und die Zentauren wohl die ersten Produkte dieser Art von Fantasie. Aber auch in Darstellungen des alten Ägypten finden wir menschliche Körper mit dem Kopf eines Vogels oder eines Stieres.

Im Bereich der Objekte können wir noch auf einige Möbel hinweisen, deren Beine bestimmten Raubtieren nachempfunden wurden, ja man wird alle möglichen Pfoten und Krallen unter den Tischen finden.

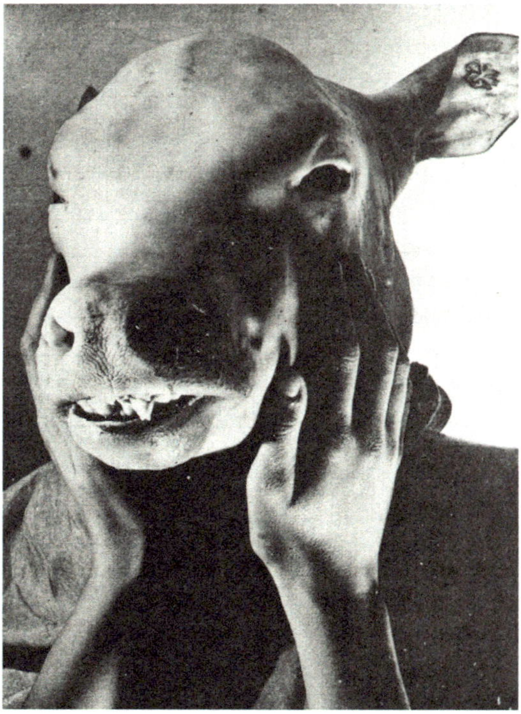

Minotaurus,
von Erwin Blumenfeld

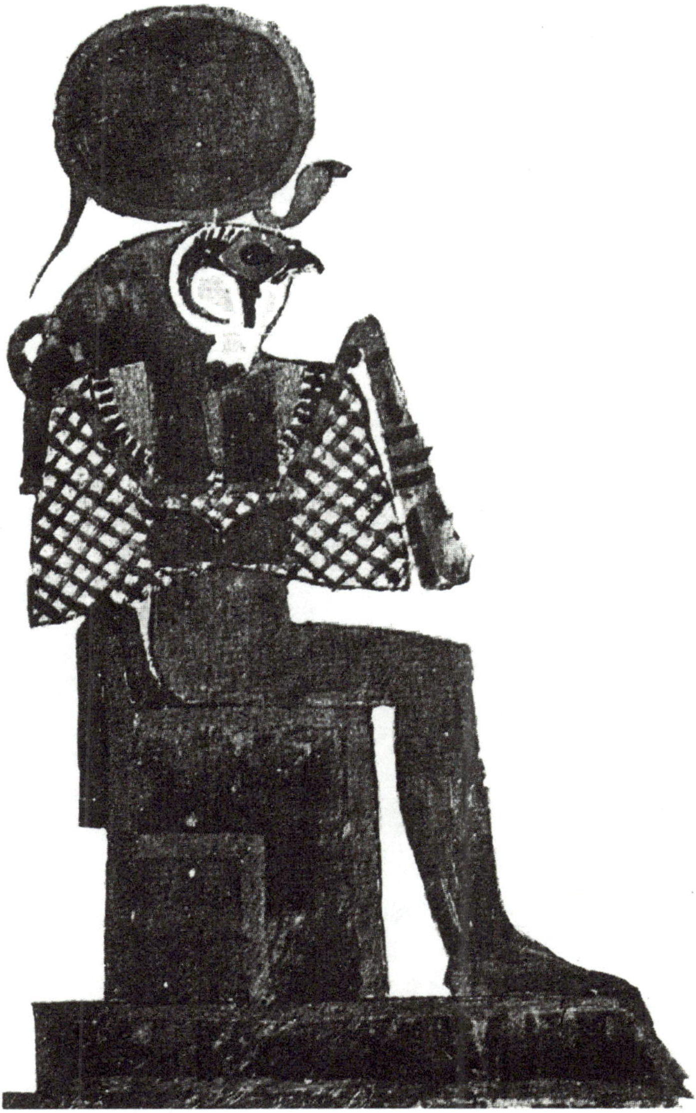

Bild des Sonnenkönigs
Ra Horakhiti; hier auf einer
aus Holz befestigten Stele
gemalt. Louvre, Paris

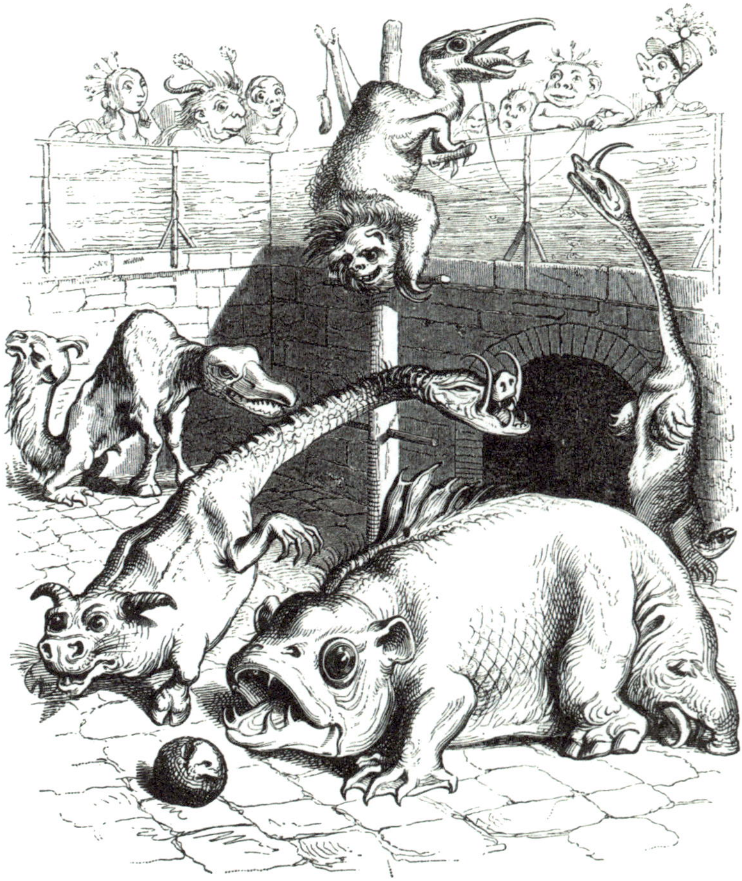

Monster, gezeichnet von
J. J. Grandville

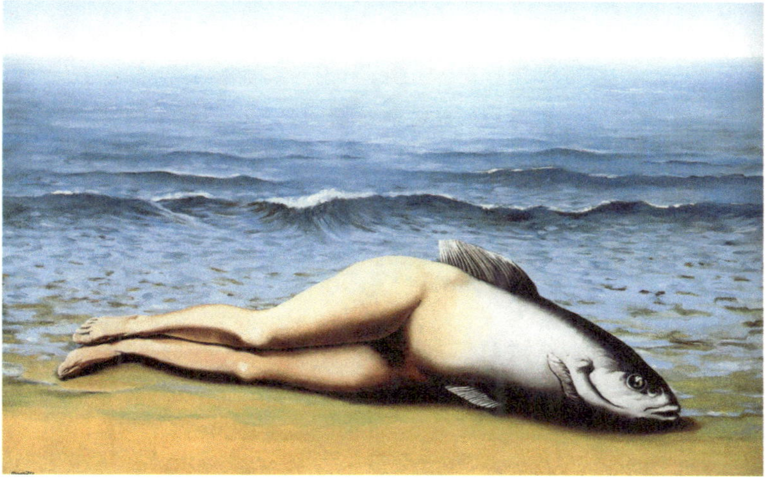

L'Invention Collective, René Magritte, 1934. Ein Beispiel für die Verschmelzung von zwei Elementen, einem menschlichen Körper und einem Fisch. Die Konvention wird hier auf den Kopf gestellt. Handelt es sich um einen Frauenfisch?

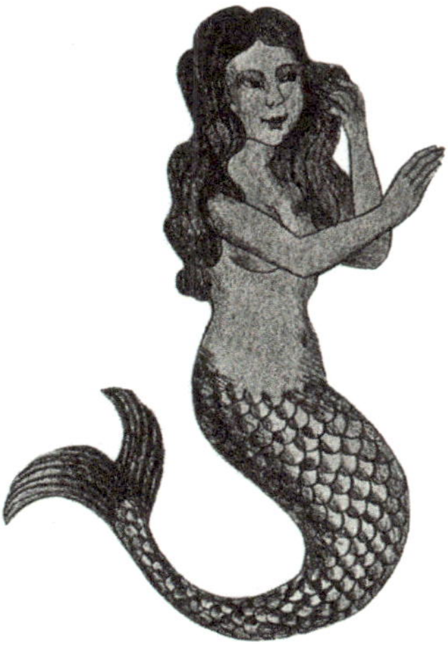

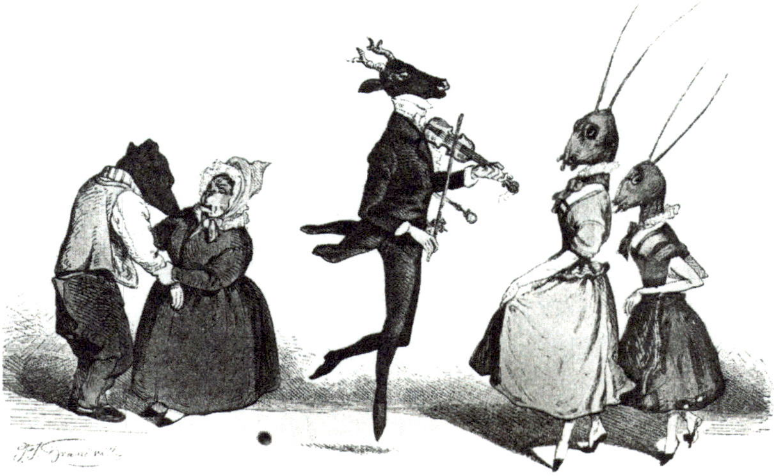

Vermenschlichte Tiere
oder Männer und Frauen
mit Tierköpfen. Zeichnung
von J. J. Grandville

Eine ausgezeichnete Erhebung von Gewichten

Die Fantasie ist auch am Werk, wenn sich das Gewicht eines Objektes ändert.

Wir befinden uns im Zirkus. Das Licht geht an und mitten in der Manege, mit einer schwarzen Strumpfhose und schwarzen Stiefeln, steht der berühmteste Gewichtheber der Welt. Einen Schritt vor ihm, auf einem roten Teppich, liegt das Gewicht, an das er gleich seine Hände legen wird. Der runde Eisenstab glänzt im Licht und an beiden Enden erheben sich zwei Scheiben aus Eisen, groß wie Wassermelonen.
Der Artist lächelt ins Publikum und winkt noch einmal der Menge zu, jetzt kniet er sich hin und ergreift das Gewicht, das er gleich hochheben soll. Eine langer Trommelwirbel setzt ein und plötzlich reißt der Gewichtheber die Stange hoch bis zur Brust, wo er sie aufstützt.
In der sofort eintretenden Stille versucht er, das Gewicht über die Schultern zu stemmen, er wird rot und immer röter, die Muskeln zittern, die Brust hebt sich, er hat es schon auf der Höhe seiner Nase, und mit großer Anstrengung schafft er es: Das Gewicht ist über seinem Kopf! Für einen Augenblick ist der Gewichtheber unbeweglich, beide Arme ragen in die Höhe, sein Blick streift den Zenith. Auch das Publikum spürt die Anstrengung, aber, was geschieht jetzt? Die Füße des Gewichthebers berühren den Boden nicht mehr. Sie beginnen zu schweben. Der starke Mann steigt samt Gewicht langsam auf, über den Köpfen des vollen Saales verschwindet er allmählich in der dunklen Kuppel des Zirkuszeltes.

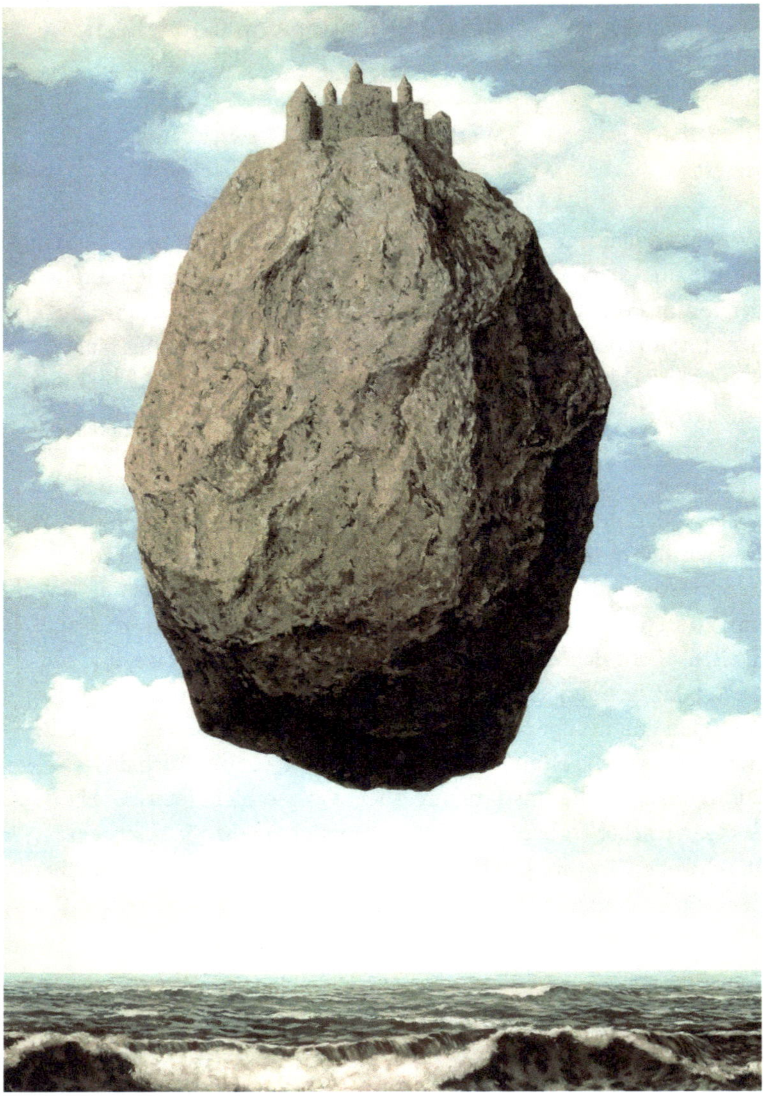

Le Château des Pyrénées, René Magritte. Ein Beispiel für einen Wechsel des Gewichts: Die Masse steht unbeweglich in der Luft während sich darunter das Meer bewegt.

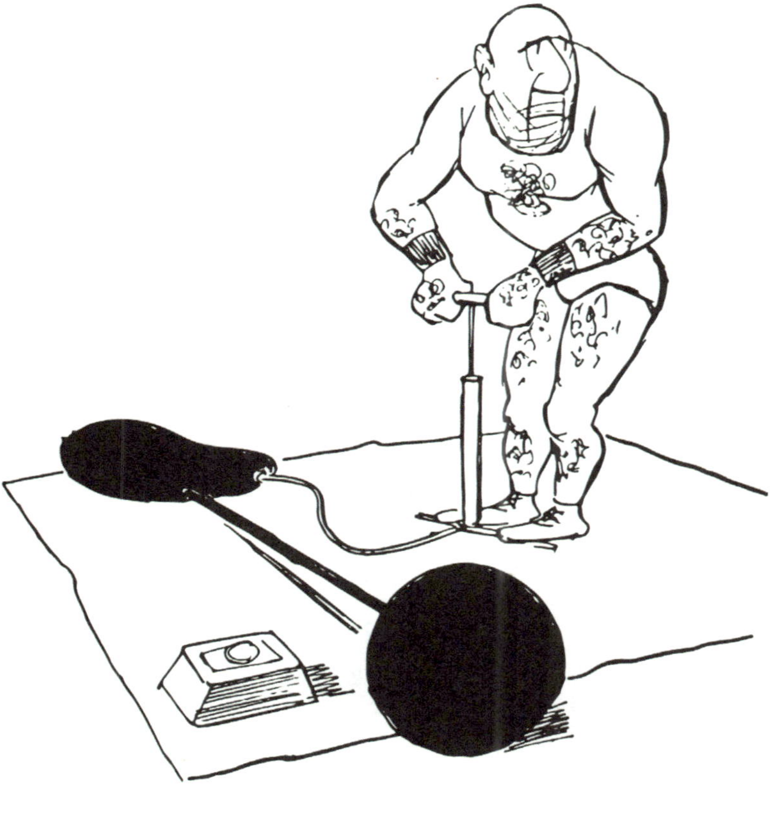

Zeichnung von Chaval

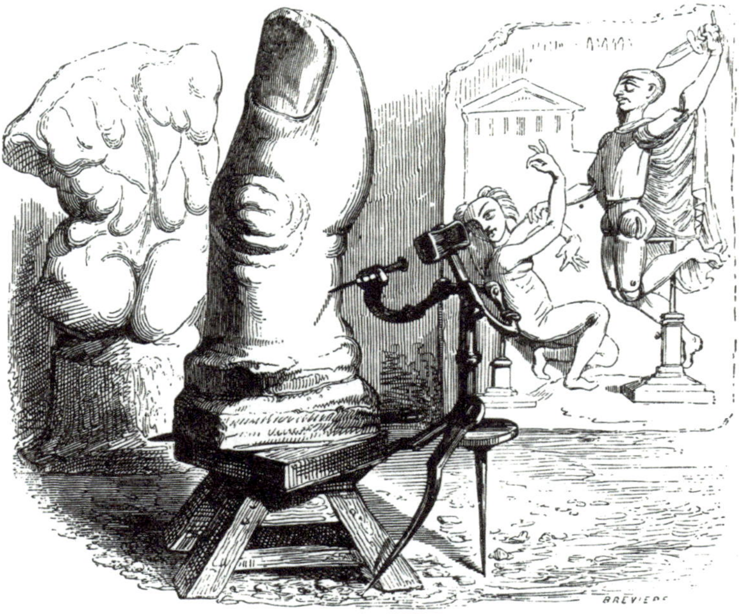

Ein seltsamer Bildhauer.
Zeichnung von
J. J. Grandville, circa 1830

Relationen von Relationen

In den vorangegangenen Kapiteln habe ich versucht, die elementaren Kombinationen darzustellen, wie sie von der Fantasie, der Erfindung und der Kreativität verwendet werden. Natürlich kann ich nicht mit Sicherheit sagen, ob es noch weitere Arten gibt und ob die hier skizzierten Kombinationen korrekt umrissen wurden. Mein Ansatz ist lediglich ein Versuch, diese menschlichen Fähigkeiten zu verstehen und entsprechend zu erklären, wie sie funktionieren. Würde jemand zu anderen Schlussfolgerungen kommen und könnte meinen Versuch verbessern, er oder sie täte mir einen großen Gefallen. Dafür möchte ich mich schon jetzt bedanken, da ihr mir und allen anderen helft, diese Dinge besser zu verstehen.

Die Fantasie, die Erfindung und die Kreativität können auch komplexere Ergebnisse produzieren, indem Verbindungen zwischen den bisher diskutierten Verbindungen hergestellt werden.

Wir haben Fälle von elementaren Operationen unterschieden, in denen ein reales Element durch ein irreales ersetzt wird. Die Beispiele dafür wären eine blaue Katze, eine schnelle Schildkröte, ein schwerer Schmetterling, ein Sofa am Grund des Meeres und vieles mehr. Wenn wir diese Beispiele abermals kombinieren, erhalten wir komplexere Resultate. Gehen wir ein Beispiel durch: Eine blaue Katze (Wechsel der Farbe) ist so leicht (Wechsel des Gewichts), dass sie verankert werden muss, um nicht davon zu fliegen. Sie ist zwanzig Meter hoch (Wechsel der Dimension) und bewegt sich im Feuer durch die Flammen (Wechsel des Ortes) und so weiter. So können relativ komplexe Arrangements erzielt und ungewöhnliche Wahrnehmungen provoziert werden.

Aber selbst die gerade angedeuteten Kombinationen sind nicht alle, die theoretisch möglich wären. Es fehlen noch Kombinationen, die andere Sinne ansprechen. Wenn also diese blaue, superleichte, riesige, durch das Feuer laufende Katze noch bellen würde, von Eis überzogen wäre und einen wohlig süßlichen Duft verströmen würde, wäre sie sinnlich umfassender – und vielleicht eine neue Figur der Science-Fiction geboren.

Es gibt aber auch kulturelle Komponenten, die eine Sache komplizieren können. Ein Beispiel für das, was ich damit meine, sieht man in dem von Man Ray gemachten Foto mit dem Titel *Le Violon d'Ingres*. Dieses Bild entstand nämlich nicht nur wegen der formalen Parallele zwischen einem Frauenkörper und einer Geige, die durch die beiden schwarzen F-Löcher am Rücken augenfällig wird, sondern es entstand auch aus dem Umstand, dass Ingres Geige spielte.

Die Beispiele der Fantasie sind also kein Rezept, um mit einem Schlage eine fantastisch kreative Erfinderin zu werden. Ölfarben machen noch kein Gemälde, oder, wie Duchamp sagte, »nicht der Kleber macht die Collage«.

Die Analyse der elementaren ebenso wie der komplexeren Aktivitäten der Fantasie versucht, den Mechanismus, das Werkzeug oder die Methode zu verstehen. Der gesamte Vorgang erinnert aber daran, dass die Arbeit mit Sorgfalt und Bedacht ausgeführt werden muss. Mein Ansatz basiert auf der Hypothese, dass kreative Arbeit von Regeln geleitet wird, die für Experimente und Forschung nützlich sein können. Selbst wenn diese Regeln erfunden zu sein scheinen, so können sie doch mitgeteilt werden und müssen nicht dem persönlichen Dünkel vorbehalten bleiben.

Raffael den Pinsel zu klauen, reicht nicht, um ein großer Maler zu werden.

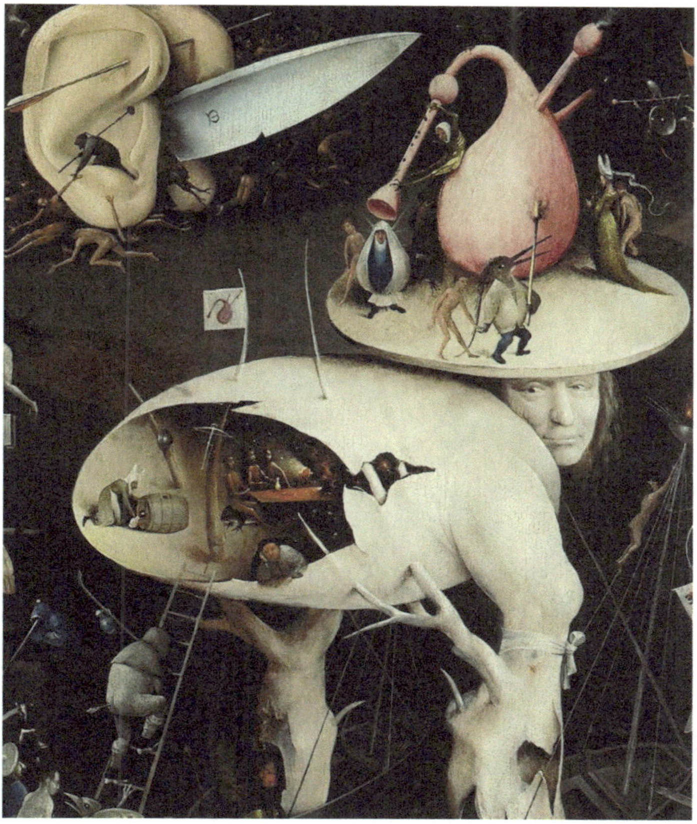

Der Garten der Lüste,
Detail, Hieronymus Bosch,
Museo del Prado, Madrid

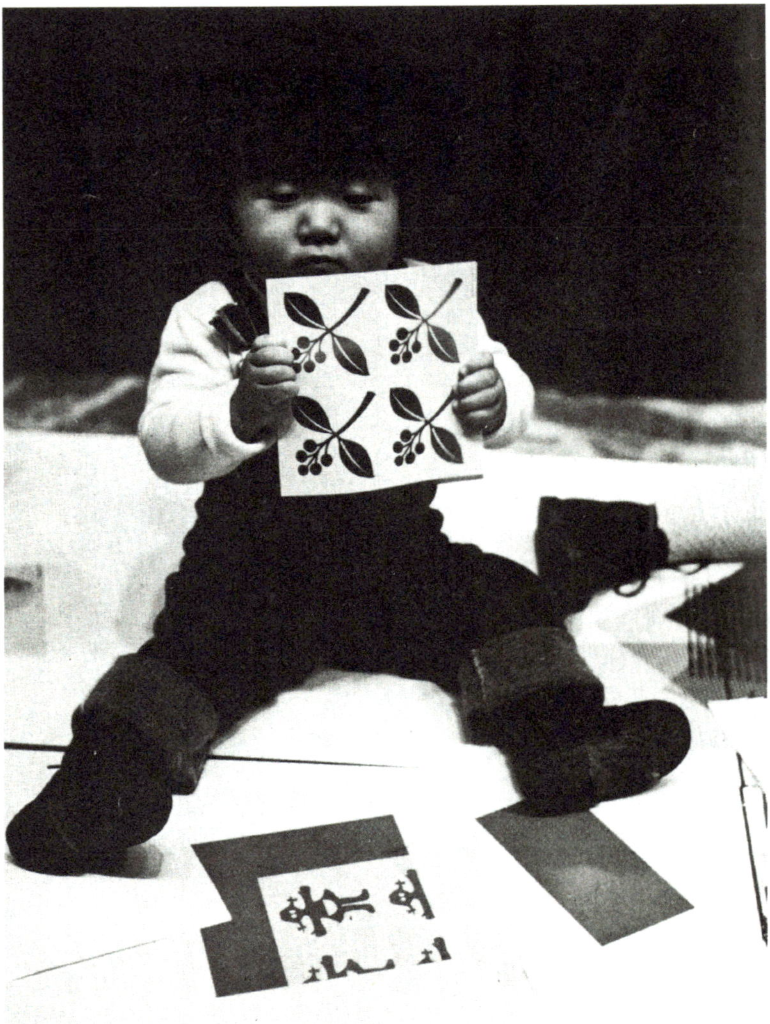

Alles, was sich ein Kind merkt, bleibt in seinem Gedächtnis und formt seine Persönlichkeit. Es hängt von uns Erwachsenen ab, den Kindern die Informationen zu geben, die ihnen helfen, andere zu verstehen und mit anderen auf kreative Art zusammenzuleben.

Stimulation der Kreativität

Im Gebrauch verändern und verwandeln sich die Kreativität, die Fantasie und die Erfindung ständig. Sie erfordern eine schnelle und flexible Intelligenz, einen Geist frei von Vorurteilen, der bereit ist, alles zu lernen, was ihm in einer bestimmten Situation dient, und seine Auffassung zu ändern, sobald sich etwas anderes als geeigneter erweist. Das kreative Individuum verändert sich daher kontinuierlich und seine kreativen Möglichkeiten entstehen durch die konstante Weiterbildung und Vergrößerung seiner Kenntnisse in allen Bereichen.
Eine Person ohne Kreativität ist eine unvollständige Person. Ihr Denken schafft es nicht, die Probleme zu konfrontieren, die sich ihm entgegen stellen. Daher sind diese Personen immer auf die Hilfe von kreativen Personen angewiesen.

Die Techniken des Experiments und der Forschung, die keinem bestimmten Zweck dienen, helfen dabei, die Kreativität weiterzuentwickeln. Diese beiden Aktivitäten müssen systematisch ausgeführt werden, sonst wird man nur partielle Informationen besitzen und sich nie sicher sein, alle Möglichkeiten ausprobiert zu haben.

Eine Person ohne Kreativität wird immer Schwierigkeiten haben, sich den unvermeidlichen Veränderungen des Lebens anzupassen, so wie manchmal Eltern ihre Kinder nicht mehr verstehen.

Zwischen einer Gemeinschaft und einer kreativen Person gibt es ein ständiges Geben und Nehmen von Kultur. Eine kreative Person wächst mit der Gemeinschaft. Eine Person ohne Kreativität ist häufig ein sturer Individualist, der die eigenen Ideen immer in Opposition zu anderen sieht.

Es ist daher besser, sich mit sozialen Problemen zu beschäftigen als mit individuellen. Soziale Probleme betreffen die Gesellschaft, also etwas, das es bereits gab und das es immer geben wird, solange es Individuen gibt. Der kulturelle Reichtum einer Gesellschaft hängt von jedem Einzelnen ab, hängt von dem ab, was wir der Gesellschaft zu geben bereit sind. Wir sind die Gesellschaft.

Die Gesellschaft der Zukunft ist bereits ein Teil von uns. Wir können sie in unseren Kindern sehen. Je nachdem, wie sie aufwachsen und sich entwickeln, können wir uns eine mehr oder weniger freie und mehr oder weniger kreative Gesellschaft der Zukunft erhoffen. Wir müssen daher die Kinder von Beschränkungen befreien und ihnen helfen, sich zu entwickeln. Jede Persönlichkeit soll sich entfalten können, denn nur so kann sie zum kulturellen Wachstum der Gesellschaft beitragen.

Ein Kind sollte nicht von Geboten erdrückt oder von Plänen eingeschränkt werden, die nicht die seinen sind, nur um bestehende Modelle zu kopieren. Eines der am weitesten verbreiteten Modelle, das jede Möglichkeit ausschließt, etwas Kreatives zu machen, besteht etwa darin, alle Kinder mit den gleichen Filzstiften oder Wasserfarben eine Zeichnung zum gleichen Thema anfertigen zu lassen. In den Kindergärten und Grundschulen, auch in denen anderer Länder, scheint der Eindruck zu bestehen, dass es keine anderen Mittel gebe sich visuell auszudrücken, als die Malerei und die Bildhauerei. Und deshalb gibt man den Jungen und Mädchen Filzstifte, Wasserfarben oder Kreide und anderes bildnerisches Material für die Arbeit an dreidimensionalen Objekten. Häufig wird den Kindern gar keine technische Erläuterung gegeben und sie bleiben ohne Unterstützung auf sich alleine gestellt. Viele Erzieher und Kindergärtnerinnen sagen: »Wir lassen den Kindern große Freiheit, sie können machen, was sie wollen. Wir geben ihnen nur die Farben und die Kreide und sie dürfen sich frei entfalten.« Wird aber das Wissen dieser Kinder nicht mit kreativen Spielen erweitert, dann können sie keine neuen Verbindungen zwischen den ihnen bekannten Dingen knüpfen. Zumindest sind sie eingeschränkt in ihren Möglichkeiten, sodass sich ihre Fantasie nicht weiterentwickelt. Fast alle Kinder auf der Welt malen die gleichen Dinge. Überall malen sie das, was sie sehen, das, was sie wissen und das, was sie kennen, also eine Wiese, ein Haus, einen Baum, die Sonne und viele Berge. Die Form des Hauses oder des Baumes mag sich ändern, aber die Themen sind mehr oder weniger die gleichen. Und wenn den Kindern nicht geholfen wird, sich zu entwickeln, dann werden sie zu Erwachsenen, die als Hobby die Malerei ergreifen, um in der selben Art und Weise wieder die gleichen Dinge zu malen.

Die Kreativität muss also angeregt werden – aber wie? Man muss Spiele erfinden, mit denen Kinder immer etwas Neues lernen können, sich neue Techniken aneignen können und die Regeln der visuellen Kommunikation zu verstehen lernen. Jedes Bild enthält eine Botschaft, aber wenn es nicht den Regeln der visuellen Kommunikation gemäß gemacht wurde, wird die Botschaft nicht verstanden und visuelle Kommunikation kommt nicht zustande. Ohne Regeln gibt es keine Kommunikation.

Um den Kindern beizubringen, was eine Regel ist und was sie macht, genügt es, ein Kind selbst erklären zu lassen. Es kann irgendeine Regel sein, die es selbst erfunden hat oder an die es sich in den Spielen am Schulhof hält. Zum Beispiel kann man fragen, wie dieses Spiel heißt, bei dem die Kinder mit Kreide ein Feld mit einer ungeraden Zahl von Einheiten auf den Boden malen und anschließend einen Stein hineinwerfen. Sofort werden mehrere Kinder antworten und uns die Regeln dieses Spiels erklären: »Man wirft den Stein und dann hüpft man ins Feld, aber ohne …« Das ist dann die Regel für dieses Spiel. Jetzt schauen wir uns einmal an, wie eine der Regeln beschaffen ist, nach denen eine Pflanze wächst. Schauen wir, wie ein Baum größer wird.

> Was wir dringend brauchen, ist keine elaborierte Lehre der Ästhetik oder eine Vielzahl von esoterischen Handbüchern über Kunsterziehung, sondern ein exemplarisches Beispiel visuellen Denkens. Wenn wir es theoretisch verstanden haben, könnten wir praktisch versuchen, diese klaffende Lücke zu schließen, welche die Entwicklung rationaler Fähigkeiten blockiert.
> Rudolf Arnheim, *Visual Thinking.* Berkeley: University of California Press 1961, 3.

Im Rahmen eines Spiels kann man den Kindern Papier in unterschiedlichen Formen und Größen geben. Rechtecke mit 10 cm Länge, (Ausgeschnitten aus Packpapier 1 m x 40 cm), quadratische Blätter, dreieckige, ovale, unregelmäßige, rautenförmige und mit noch seltsameren Formen, die man aus dem Papier schneiden oder reißen kann. Große Blätter, riesige und sehr sehr kleine. Alle Blätter sollten vor den Augen der Kinder gemacht werden. Erklärt werden muss dabei nichts. Es genügt den Kindern zu sagen, sie mögen sich ihr Lieblingspapier auswählen und es so bemalen, wie es die Form des Papiers impliziert. Zahlreiche Experimente, die sowohl in Italien als auch anderswo gemacht wurden, haben bestätigt, dass alleine diese Übung die Zahl an unterschiedlichen Bildern vervielfacht. Sogar einige Lehrer zeigten sich beeindruckt von den Ergebnissen. Und viele Kinder, die davor nie gemalt hatten, ließen sich vom allgemeinen Enthusiasmus anstecken und begannen selbst zu malen.

Es ist nachvollziehbar, wie ein langes und dünnes Blatt, horizontal betrachtet, einen durch seine Form an folgende Inhalte denken lässt: eine Schlange, ein fahrendes Auto, einen Zug, eine Straße mit Bäumen, ein U-Boot im Meer … Sieht sich ein Kind das gleiche lange und dünne Blatt vertikal an, mag es an Folgendes denken: eine Rakete, einen Turm, einen Wolkenkratzer … Man kann mit großer Sicherheit sagen, dass man der Fantasie bei der Arbeit zusieht, wenn man das Gesicht des Kindes beobachtet, während es sich überlegt, was es auf sein Blatt malen könnte.

Jungen und Mädchen mit vier, fünf oder sechs Jahren haben Dinge gemalt, die sie nie auf das genormte Blatt gemalt hätten, wie es in den meisten Schulen verwendet wird.

Zeichnungen von sechs- und siebenjährigen Kindern. Die Motive wurden durch die Beobachtung des Blattes provoziert, das sich die Kinder spontan aus Blättern unterschiedlichster Form und Größe ausgesucht haben. Foto von Bruno Nencioni

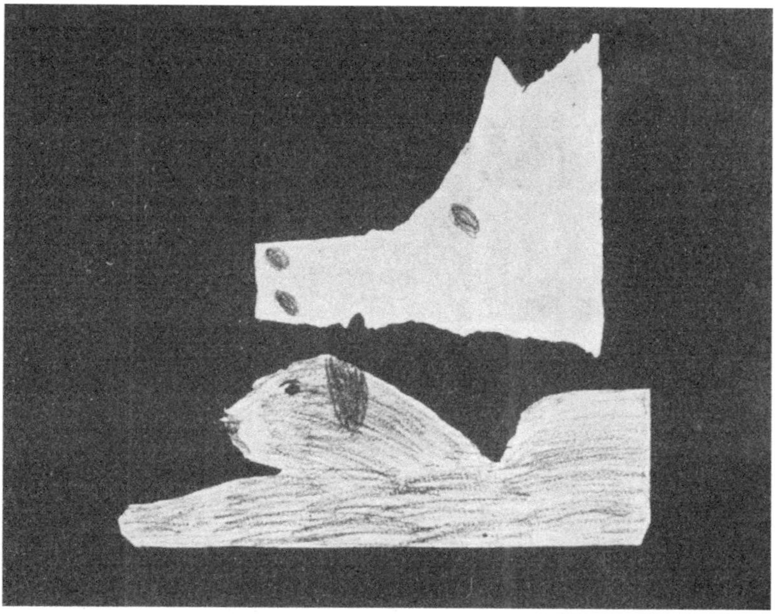

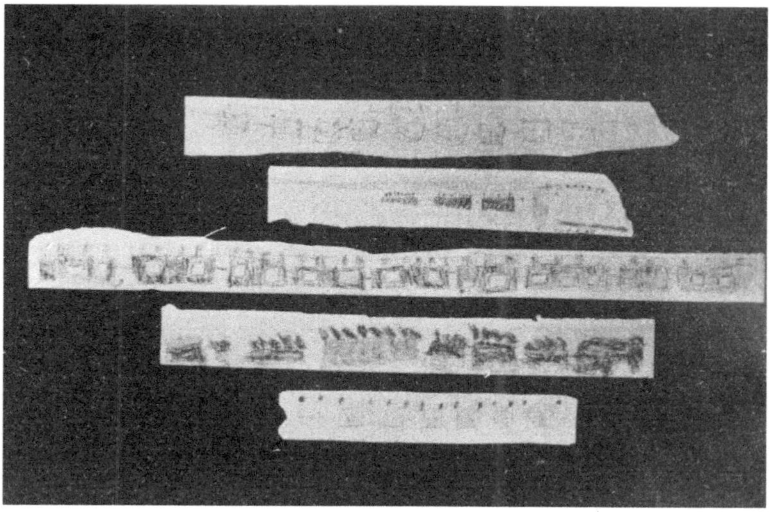

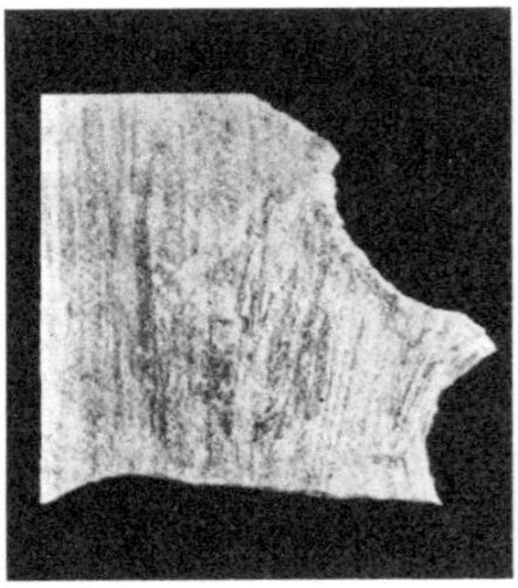

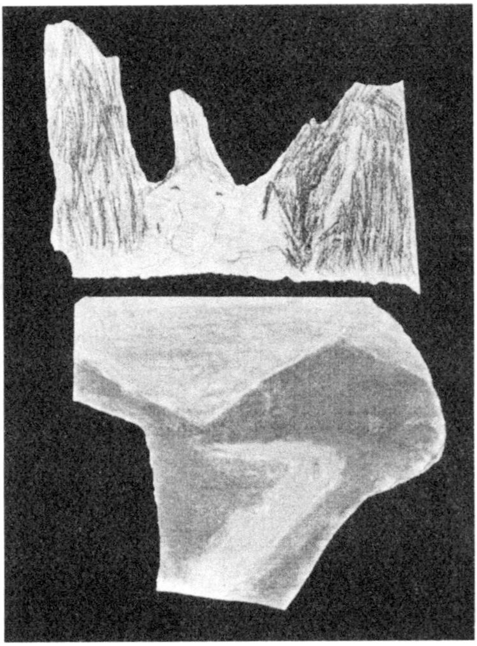

Viele Lehrerinnen wollen sich künftig mit diesen Problemen auseinandersetzen, und ich hoffe, es werden immer mehr werden. Denn durch diese Spiele kann alles vermittelt werden, neue Techniken ebenso wie alte, das Stempeln, das Malen mit Wasserfarben, das Herstellen von Drucken, das Anfertigen von Gravuren, das Klecksen mit Farben, das Malen auf nassem Papier, die Herstellung von Monotypien, die Projektion von Themen, die Effekte von Stärke auf Farbe, das Arbeiten mit Leim, mit Schwamm und mit farbigem Pulver, Collagen auf Transparentpapier mit Karton oder mit aus Journalen ausgeschnittenen Figuren, Mosaike aus Papier und alle erdenklichen Kompositionen mit jedem Material.

Im Bereich des Dreidimensionalen, der Konstruktion, kann damit begonnen werden, ein zweidimensionales Blatt in etwas Dreidimensionales zu verwandeln. In Japan wird den Kindern deshalb Origami beigebracht. Unter Origami versteht man Objekte, meistens Tiere oder Blumen, die durch eine bestimmte Faltung eines Stück Papiers ent-

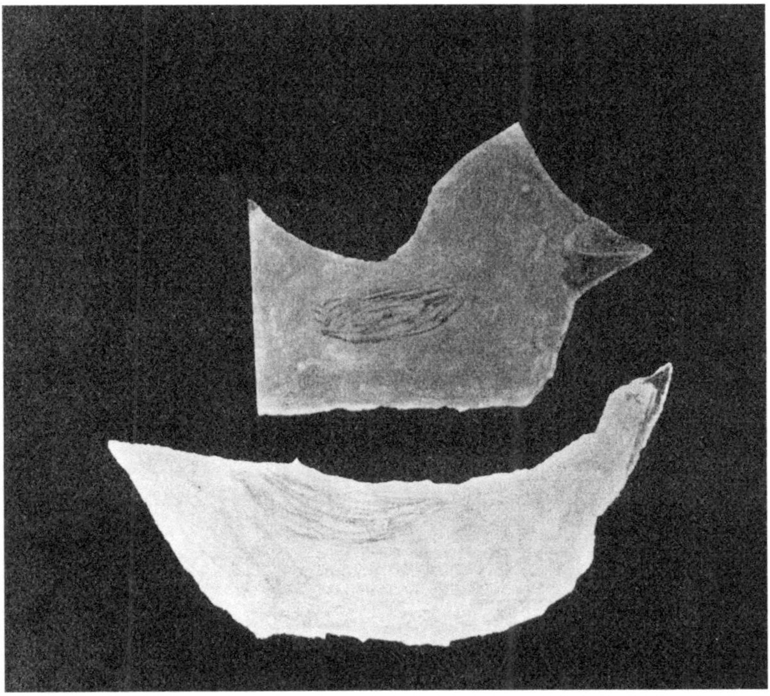

stehen. Neben dem Verständnis für räumliche Anordnungen lernen die Kinder auch etwas über Präzision. Andere Möglichkeiten sind Konstruktionen aus Eisenfäden, aus Kartonrohren, aus Plastikobjekten, aus Schachteln, aus Eierkartons, aus allem, das normalerweise als Verpackung gilt und einfach weggeworfen wird. Viele Lehrerinnen kennen diese Techniken bereits, aber man muss den Kindern eine nach der anderen vermitteln, ihnen die jeweiligen Materialeigenschaften und Techniken erklären, über die kreativen Regeln sprechen und auf die Schwierigkeiten hinweisen. Danach sollte man die Kinder einfach machen lassen, auf ein vorgegebenes Thema kann verzichtet werden.
Falls der Lehrerin diese Techniken unbekannt sind, kann ein Dekorateur eingeladen werden, um mit den Kindern über mögliche Projekte im visuellen Bereich zu sprechen.

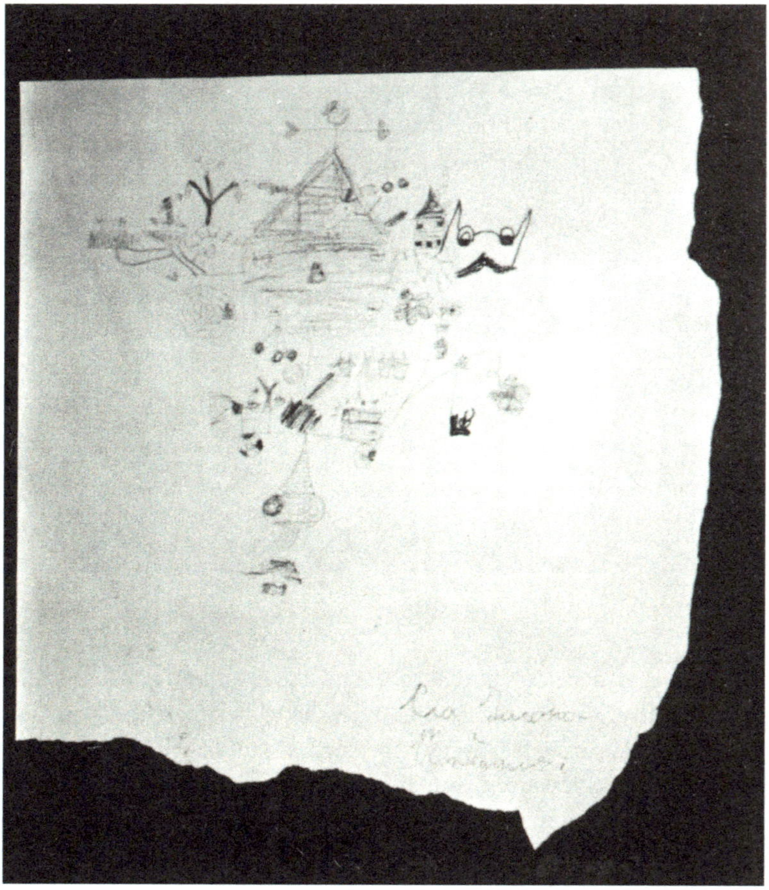

Verrückte Zeichnung eines Mädchens aus Camaiore. Unter einer verrückten Zeichnung versteht man eine operative Technik , die die Bedeutung des Gezeichneten flexibel hält, sodass sie nie zu einer Formel gerinnt. Während das Kind zeichnet, verändert sich die Bedeutung ständig.

Die direkte Projektion

Eine nicht nur für Kinder interessante Technik ist die direkte Projektion eines Objekts. Benötigt werden dazu ein Diaprojektor und einige Diarahmen, letztere sind günstig zu haben. Das Faszinierende an dieser Technik besteht darin, dass die Ergebnisse so schnell in Erscheinung treten wie ein Gedanke. Während Buntstifte und Pinsel einige Zeit benötigen, bis ein farbiges Bild zu sehen ist, tritt bei dieser Technik die eigene Arbeit den Kindern groß, beleuchtet und unmittelbar vor Augen. Und wenn ihnen das, was sie sehen, nicht gefällt, öffnet man den Diarahmen, tauscht den Inhalt aus und macht ein neues Bild. Die Kinder hören nicht auf, fasziniert davon zu sein, wie bekannte Dinge in einem neuen Licht erscheinen: Aus der kleinen Feder wird zwischen den Scheiben des Dias ein riesiger Baum. Auch die Haut einer Zwiebel löst Effekte aus, mit denen niemand gerechnet hat. Und aus einem Stück Verbandszeug wird ein großes Fischernetz. Beinahe jedes Material stimuliert die Fantasie, weil es die Kinder mit unerwarteten Bildern konfrontiert.

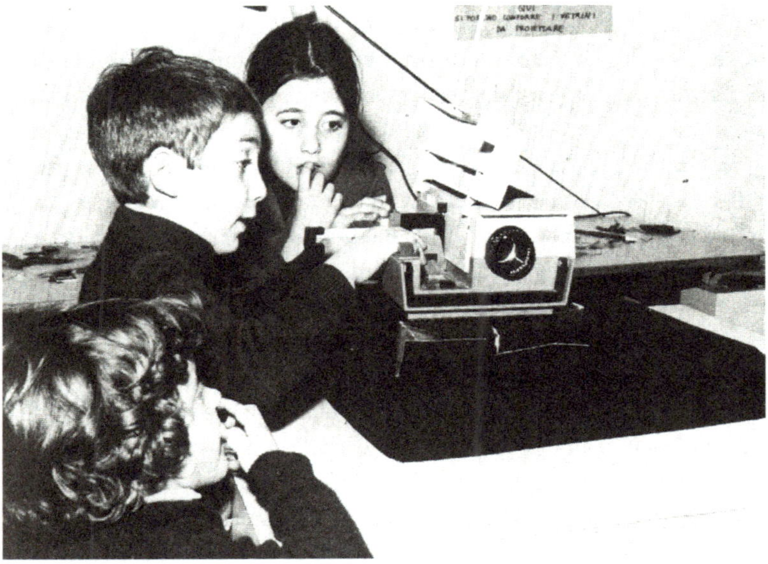

Einige Kinder spielen mit dem Projektor, indem sie selbst gemachte Bilder aus transparenten Farben an die Wand projizieren.

Die ersten Projektionen der Kinder werden zufällig sein. Sie suchen sich irgendein Material aus und stecken es in den Diarahmen, ohne dabei zu bedenken, was rauskommen könnte. Dann schaltet man den Projektor ein und projiziert das Bild auf eine weiße Wand, auf die Zimmerdecke oder auf eine Leinwand, sodass es alle sehen können. Es ist wichtig, dass alle die zufälligen Ergebnisse sehen, denn das animiert auch jene dazu mitzumachen, die sonst häufig Angst haben, etwas falsch zu machen. Minderwertigkeitskomplexe baut man ab, indem man kreative Projekte als zwanglose Spiele einführt. Anschließend spricht man über das, was an der Wand zu sehen ist. Im Halbdunkel des Zimmers kann man freiheraus sagen, was einem bei einem Bild in den Sinn kommt. Nach dieser Einführung können die Kinder versuchen, mit der neuen Technik Effekte gezielt herbeizuführen.

Wie man dieses Experiment beginnt

Das folgende Beispiel ist auch für den Einsatz anderer Techniken anwendbar, nur die Details müssten entsprechend angepasst werden. Eines Tages kommt die Lehrerin mit dem Diaprojektor in die Klasse. Sie öffnet die Schachtel, macht den Projektor auf und zeigt in Grundzügen, wie das Gerät im Inneren aufgebaut ist. Dann erklärt sie die Funktionsweise. Sie macht den Deckel wieder zu und gibt alle Teile zurück an ihren Platz. Sie stellt den Projektor auf einen Tisch und steckt das Kabel in die Steckdose: Ein Bündel von Lichtstrahlen trifft auf die weiße Wand. Hat man einen kleinen, beweglichen Projektor, kann ihn die Lehrerin in die Hand nehmen und den Lichtstrahl herumschweifen lassen, auf die Zimmerdecke und auf andere Wände, als wäre es ein Scheinwerfer. Jetzt öffnet die Lehrerin eine andere Schachtel und nimmt daraus eine Diahalterung, eine von denen, die sich leicht öffnen lassen und die bereits zwei fixierte Glasscheiben auf jeder Seite haben. Aus der Tasche zieht sie ein Diapositiv (von denen sie einige mitgebracht hat, Landschaften und anderes) und steckt es in den Rahmen. Sie schließt den Rahmen und zeigt dabei, worauf man mit dem Finger drücken muss. Dann steckt sie den Rahmen in den Projektor. Die ganze Zeit über erklärt sie, was sie gerade macht. Sie schaltet den Projektor ein. Jetzt erklärt sie, wie man das Bild scharf stellt. Und dann zeigt sie, wie man das nächste Bild einlegt. Man kann eines oder mehrere Bilder zeigen, je nachdem, wie viel Zeit man hat. Sie spricht mit den Kindern, ermuntert sie, Fragen zu stellen, und gibt ihnen Antworten zur Technik.

Am nächsten Tag nimmt die Lehrerin eine Fotokamera mit, ihre eigene oder eine, die sie von irgendwo ausgeborgt hat. Wichtig ist, dass sich die Formate von Kamera und Projektor entsprechen, damit die entstehenden Fotos verwendet werden können. Die Beleuchtung im Klassenzimmer sollte möglichst konstant sein. Jetzt dürfen die Kinder besprechen, was sie gerne fotografieren würden. Danach machen sie Fotos von einem Ding oder einer Person oder einem gemalten Tier oder der Landschaft vor dem Fenster oder von etwas anderem, was ihnen gefällt. Es wäre gut, wenn jedes Kind zumindest ein Farbfoto machen könnte.

An einem anderen Tag führt man die von den Kindern gemachten Farbfotos vor, sodass jedes Kind sieht, welches Foto es selbst und welche Fotos die anderen gemacht haben. Anschließend sprechen alle über die Fotos, wobei versucht wird, alle Fotos unter einem eher technischen Gesichtspunkt zu besprechen. Von Werturteilen hält man sich fern, denn Konkurrenzkämpfe und zweifelhafte Vorbilder gibt es in anderen Bereichen mehr als genügend. Man analysiert also die Wahl des Bildausschnitts und welches Motiv man sehen kann. Auch über Licht und Gegenlicht kann man sprechen. So sind alle beschäftigt und allen wird dabei geholfen, sich fotografisch zu verbessern.

Am nächsten Tag steht der Projektor immer noch da, aber die Dias fehlen. Da wirft man die Frage auf, was man mit einem Projektor ohne Dias machen könnte. Man wirft den Projektor an und fährt mit seinen Händen in den Lichtstrahl, um verschieden Gesten zu machen und merkwürdige Schattenfiguren zu erzeugen. Man kann auch probieren, ein transparentes Objekt, ein ansprechendes Kristallglas oder einen bedruckten Aschenbecher ins Licht zu halten und das transparente Objekt so zu drehen, dass man unterschiedliche Schatten und sich verändernde Muster aus Licht sieht.

Jetzt schickt man ein besonders liebes Kind zum Hausmeister, um nach dem Staubwedel zu fragen. Ist der Wedel da, zupft die Lehrerin ein kleines Stück Daune aus und steckt es in einen Diarahmen. Den Rahmen steckt sie in den Projektor und an der Wand sehen plötzlich alle, wie eine Daune im Detail aufgebaut ist. Die riesige Struktur der Feder wird

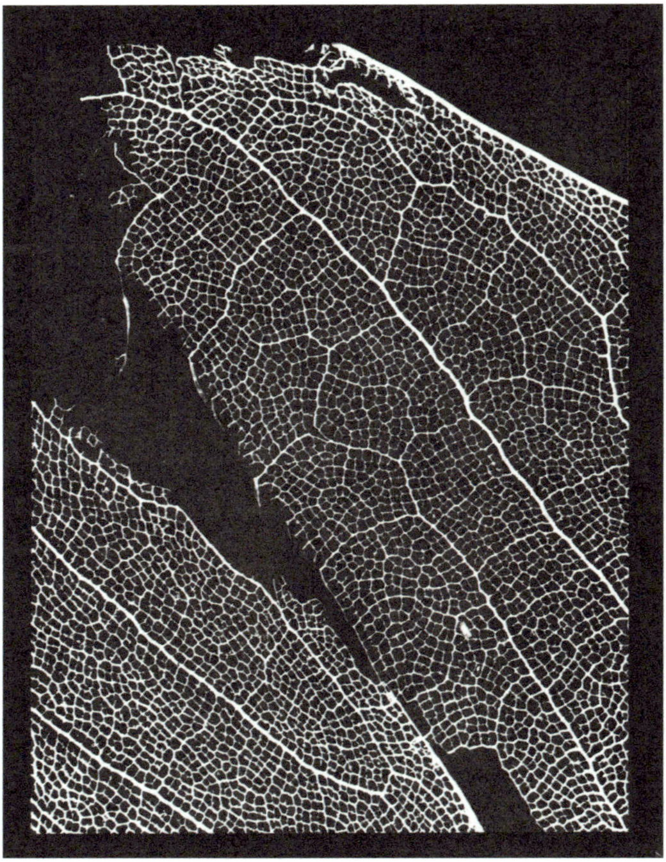

Das Skelett eines Blattes

die Kinder an einen Baum und vieles mehr erinnern. In einen anderen Rahmen steckt man ein kleines Stück farbiges Papier. Wenn man es an die Wand projiziert, sieht man, dass man die Farbe nicht sehen kann. Also probiert man herum und findet heraus, dass nur das, was transparent ist, auch die eigenen Farben an der Wand erscheinen lässt; dagegen wirkt alles, was undurchsichtig ist, wie ein schwarzer Schatten.

Es ist wichtig, immer alles zu besprechen. Für den nächsten Tag fordert man die Kinder auf, selbst Proben eines Materials mitzunehmen, das sich auch dazu eignen könnte, es an die Wand zu projizieren. Abschließend erstellt man eine Liste möglicher Materialien: Zwiebel- und Knoblauchschale, Blütenblätter, Watte, Fäden aus Baum- oder

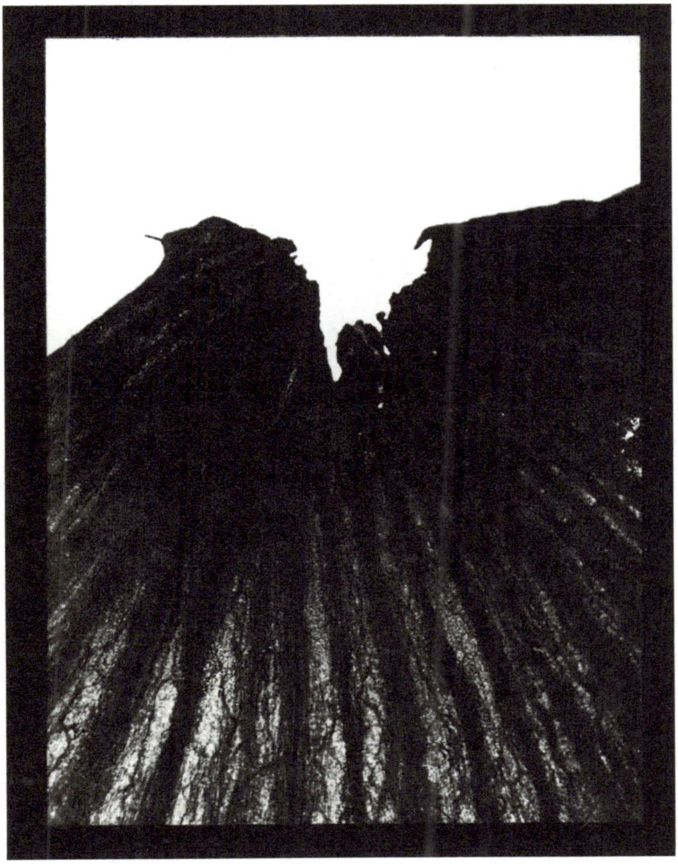

aus Schafwolle, transparentes, farbiges Zellophan, alte Kamerafilme, schwarze oder überbelichtete …

Am folgenden Tag gruppiert man das Material, das die Kinder in die Schule mitgebracht haben, auf einem Tisch, um es gemeinsam anzusehen. Auch der Lehrer sollte etwas mitgebracht haben: einen Schleier, ein Stück Wachspapier, ein Stück farbigen Zellophans, wie man es im Schreibwarengeschäft erhält, ein getrocknetes Blatt, auf dem man das Skelett erkennen kann, oder ähnliches. Jetzt wird jede Probe untersucht, um zu sehen, ob man sie gebrauchen kann oder ob sie sich eher nicht eignet. Der Lehrer bereitet das Material auf, indem er eine Probe von jedem Mitbringsel in einen Diarahmen steckt und es überprüfend an die Wand projiziert. Die Liste, die man tags zuvor begonnen hat, kann jetzt nach Belieben ergänzt werden.

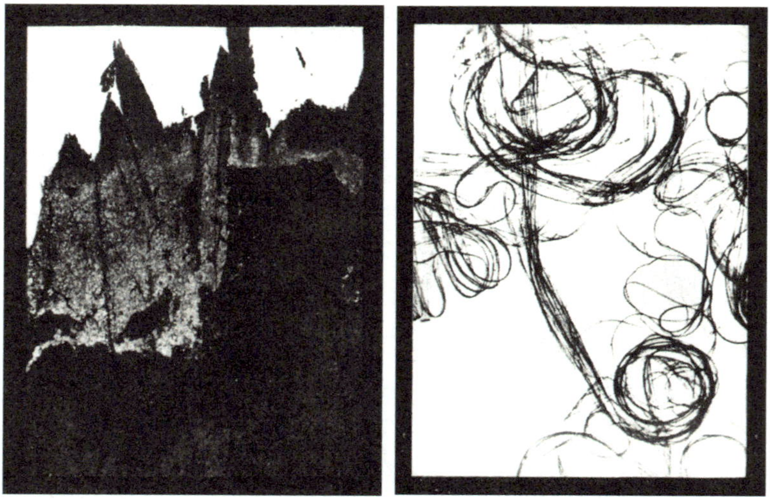

Jede Materie zeigt ihre Struktur.

Den folgenden Tag verbringt man damit, alle Materialien, die sich inzwischen in der Klasse angesammelt haben, auf eine bestimmte Weise zu ordnen und sie anschließend an die Wand zu projizieren. Grundsätzlich kann jedes Material für sich alleine oder mit anderen zusammen projiziert werden. Es sollte aber darauf geachtet werden, nicht zuviel Material in einen Diarahmen zu stopfen, da sonst nur ein unklares Gemenge zu sehen ist. Außerdem kann ein überfrachteter Diarahmen so dick werden, dass er nicht mehr problemlos durch die Mechanik des Projektors passt und so die Gefahr besteht, das Gerät zu blockieren. Soweit die technischen Regeln, die sozialen Regeln lauten: Jeder darf alles machen, was er oder sie will, solange alle einmal das Gerät benutzen können. Jedes Kind experimentiert jetzt mit seinen Dias, verwirft die, die ihm nicht gefallen, und arrangiert Bestehende neu, bis es zufrieden ist. Die Lehrerin sammelt dann alle fertig gestellten Dias ein, wobei von jedem Kind zumindest eines dabei sein sollte. Damit ist es Zeit für die große Projektion aller Dias. Bei jedem projizierten Bild muss die Autorin sagen, wie dieses Bild gemacht wurde und ob man etwas Besonderes, etwas Neues oder etwas Seltsames sieht. Es sind, mit anderen Worten, die Kinder, die den projizierten Bildern eine Stimme geben.

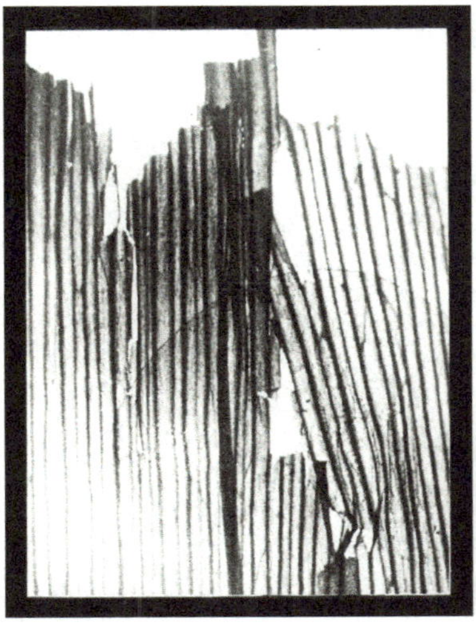

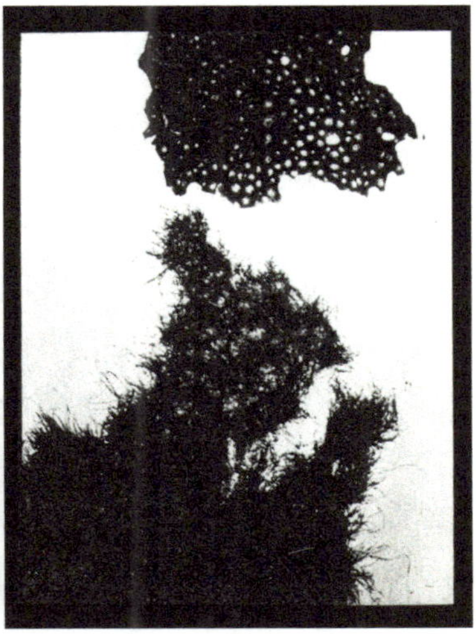

Nachdem alle Bilder gezeigt wurden, wirft man auf unbestimmte Art die Frage auf, was man mit diesen Bildern machen könnte oder wofür man solche Projektionen einsetzen könnte. Ja, wie denn bloß? Kommt Zeit, kommt Licht.

An einem anderen Tag schlägt der Lehrer vor, mit dem Projektor die Effekte von farbigem Tintenschaum zu untersuchen. Um Tintenschaum zu produzieren, tropft man farbige Tinte auf eine Seife und verwischt die Tinte mit dem Finger, bis es farbig schäumt. Der entstandene Schaum kommt dann in den Diarahmen zwischen die Glasscheiben eines Dias. Jedes Kind kann sich eine oder mehrere Farben auswählen, wobei es genügt, die drei Grundfarben, Blau, Gelb und Rot, zu besorgen, denn aus ihnen können alle anderen Farben gemischt werden. Eine formale Eigenheit dieses Experiments besteht darin, dass sich der projizierte Schaum beliebig vergrößern lässt, weil natürliche Strukturen in jeder Größe schön sind. Während ein mit Filzstift gezeichnetes Bild durch die Projektion verzerrt wird (hier wäre die natürliche Struktur das Papier selbst), erhalten sich die charakteristischen Strukturen von natürlichen Formen, auch wenn sie zerrissen oder geschnitten werden.

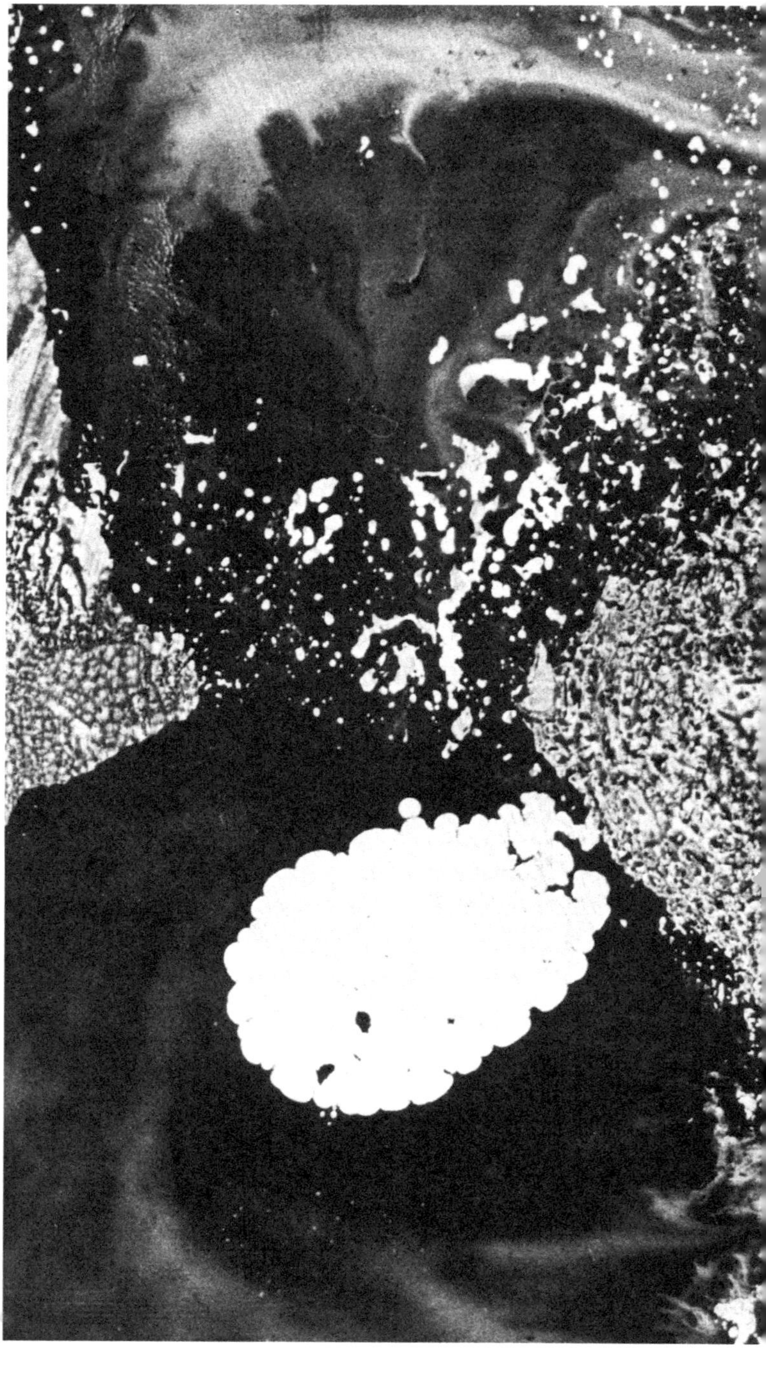

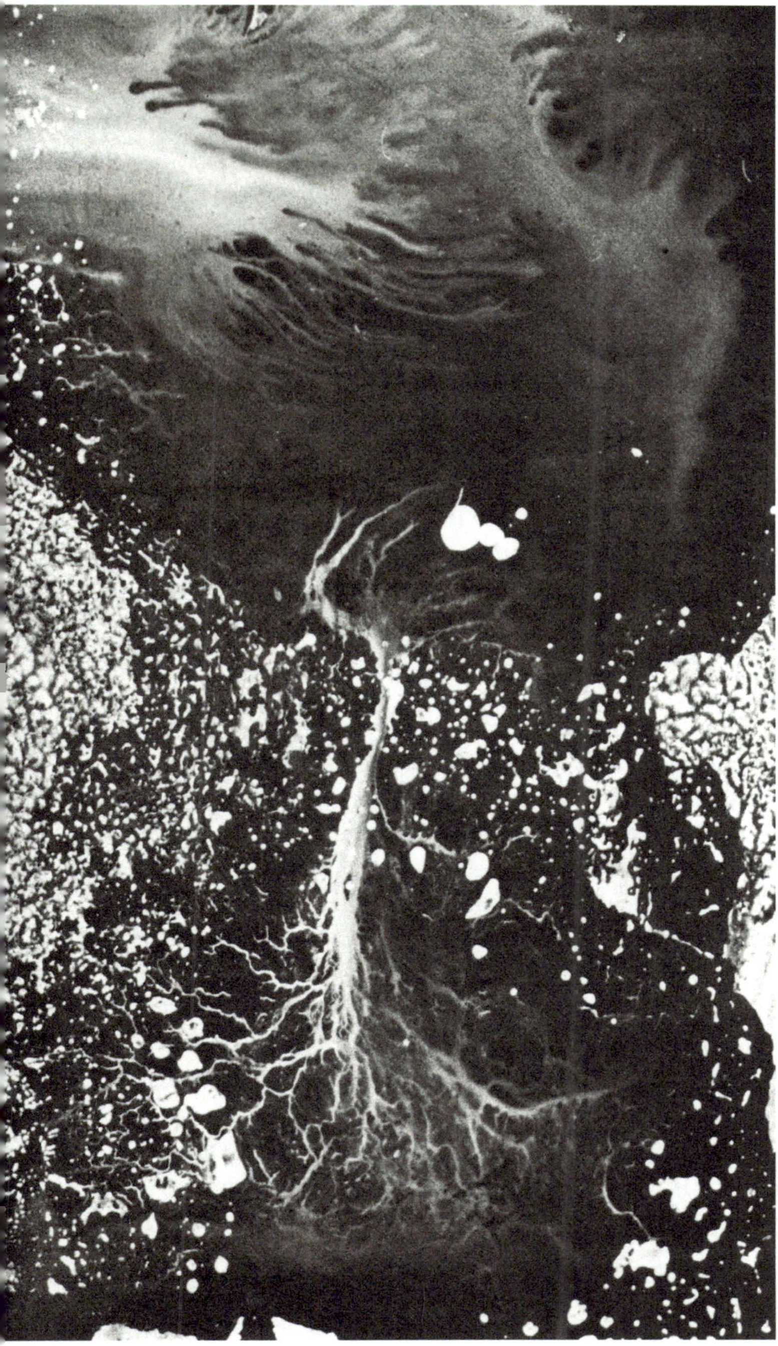

Diese Einsicht kann von den Kindern anhand der Adern eines Blattes, einer Scheibe gepressten Styropors, eines abgerissenen Wachspapiers oder eines Fliegennetzes überprüft werden.

Auf der vorangehenden Seite kann man die Effekte sehen, die entstehen, wenn man farbige Tinte an die Wand projiziert. Das Dia wurde von Mario De Biasi präpariert, der nicht nur ein berühmter Fotograf ist, sondern auch ein Experimentator, wenn es darum geht, neue Möglichkeiten zu entdecken, mit simplen Verfahren neuartige Bilder zu kreieren.

Wir legen einen Tag ein, um alles zu rekapitulieren, und vermischen die bisherigen Effekte: den farbigen Schaum mit der Mullbinde, mit dem Schleier, mit Staub, mit Zellophan oder mit Wachs. Ein Stück Kerzenwachs kann verwendet werden, um ein Symbol zu formen, einen Buchstaben des Alphabets zum Beispiel, oder man tropft mit der Kerze etwas Abstrakteres direkt auf das Glas des Dias. Auf das Wachs kommt noch etwas Farbe und fertig ist ein abstraktes Bild. Die Sammlung von Diapositiven, die die Lehrenden am Ende des Tages besitzen, wird immer größer.

Am nächsten Tag stellt man sich etwas ratlos vor die Kinder: Wir haben viele Dias zum Projizieren gemacht, aber was könnten wir mit ihnen sonst noch machen? Wozu könnten wir sie verwenden? Man versucht dann, alle Dias zu ordnen, gemäß einer bestimmten Sequenz, einer Farbe, eines Materials oder in irgendeiner anderen Hinsicht. Einem wird einfallen, dass man daraus eine Geschichte bauen könnte und eine wird die Idee zu einem Fest haben. Nach mehreren Überlegungen entscheidet man sich, eine Theatervorstellung zu inszenieren. Aber wie macht man das? Unter den Dias gibt es einige, die den ganzen Raum in eine Stimmung tauchen, so als befände man sich am Grund des Meeres. Legt man andere ein, wähnt man sich im Wald, steht wie ein Wanderer vor einer Landkarte oder blickt in Länder, über die noch niemand etwas weiß. Jetzt muss das Projekt geplant werden. Die Grundidee ist, die Dias in einer bestimmten Sequenz auf einen Hintergrund zu projizieren und vor diesen Szenerien ein Theaterstück aufzuführen.

Damit die Schauspieler dem Lichtstrahl des Projektors nicht im Weg stehen, müssen die Dias von hinten auf eine Fläche projiziert wer-

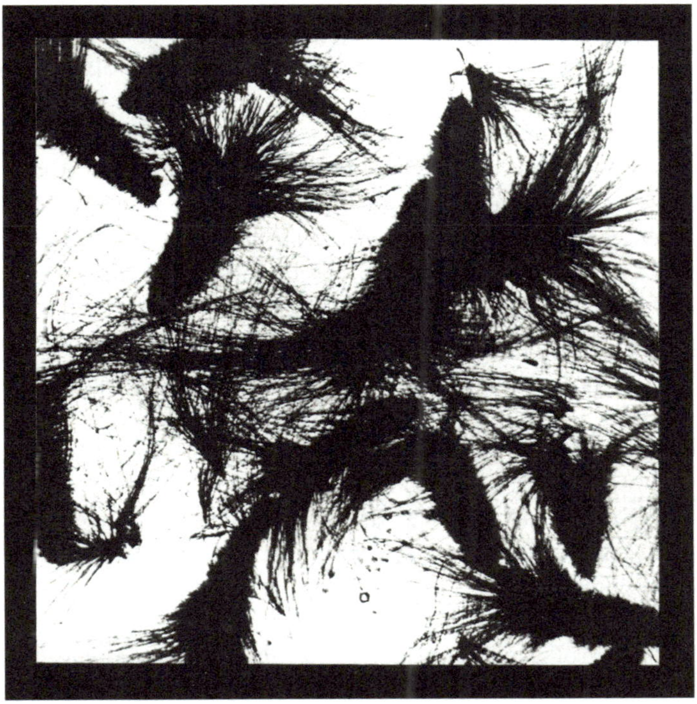

Kleiner Samen einer Pflanze

den. Für diese Fläche verwendet man am besten einen großen Bogen Papier, wie man ihn von Architekten und Ingenieuren kennt.
Jetzt teilt man Arbeitsgruppen ein, die das Projekt gemeinsam durchführen. Die Hintergrundfläche, die, wie gesagt, ein 1,5 m x 2,5 m großes Papier ist, spannt man zwischen zwei Holzleisten vertikal auf. Idealerweise ist das Papier straff gespannt und hängt ungefähr zehn Zentimeter über dem Boden an einem horizontalen Faden, der quer durch den Raum läuft. Obwohl die Bilder von hinten auf das Papier projiziert werden, sieht man sie von vorne ausgezeichnet, sodass sie einen schönen Hintergrund für das Stück abgeben. Für die Kinder fühlt es sich so an, als würde jemand ein großes Leintuch hinter ihnen aufspannen, das sie nach Belieben austauschen können.

Ein Kind spannt den Faden, andere besorgen zwei Holzleisten, andere kleben das Papier daran und der Rest hilft ihnen dabei: So sieht eine gelungene Gruppenarbeit aus. Den Text des Stückes können alle gemeinsam schreiben oder man lässt das Geschehen sich spontan entfalten, als wäre es ein improvisiertes Happening vor Stichwort gebenden Hintergrundbildern. In meinem Versuch war die Begeisterung groß!

Die Materialien, die man für die Übungen mit dem Projektor benötigt, kosten so gut wie nichts: eine Feder, ein Faden, ein wenig Wachs, getrocknete Blumensamen, ein Stückchen Watte, einen Tropfen farbigen Klebers, die Haut einer Zwiebel, ein kleines Stück Schleier, etwas Verbandszeug und farbiges, durchsichtiges Zellophan …

Aus diesem Beispiel lassen sich einige Prinzipien ableiten, die auch für den Einsatz anderer Techniken visueller Kommunikation gelten können.

1. Bringe das Instrument, das du verwenden willst, allen so gut bei, dass sie es zweckmäßig verwenden und alle technischen Möglichkeiten kennen.

2. Alle sollen verstehen, welche Techniken diesem Gerät am angemessensten sind.

3. Alle dürfen selbst entscheiden, was sie mit dem, was sie gelernt haben, tun.

4. Analysiert und diskutiert die Ergebnisse der Arbeit gemeinsam, nicht um zu entscheiden, wer die Beste ist, sondern um jeder Sekunde getaner Arbeit einen Grund zu geben.

5. Fördert und koordiniert die Gruppenarbeit mit einem spektakulären Ziel.

6. Zerstört alles und macht etwas Neues, entwickelt euch weiter, ohne die eigene Arbeit zu verklären.

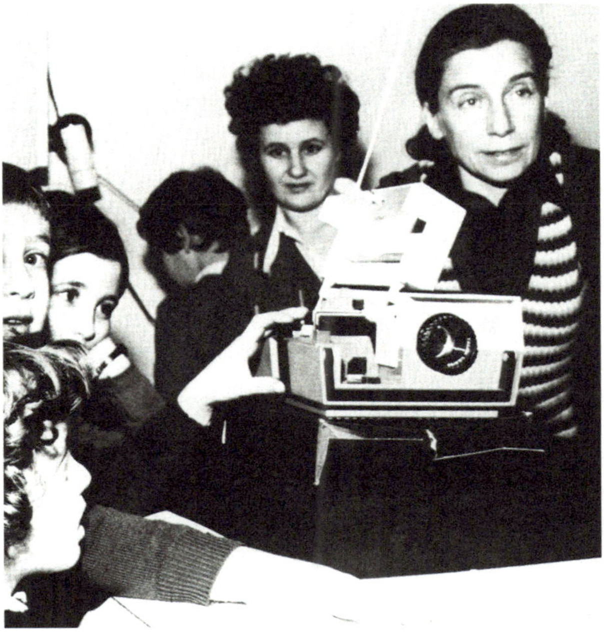

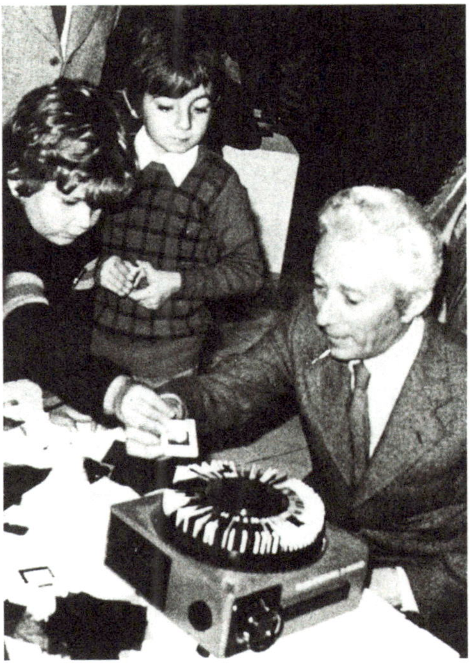

Die Kinder projizieren für die Eltern die von ihnen gemachten Dias. Den Projektor bedienen sie natürlich selbst.

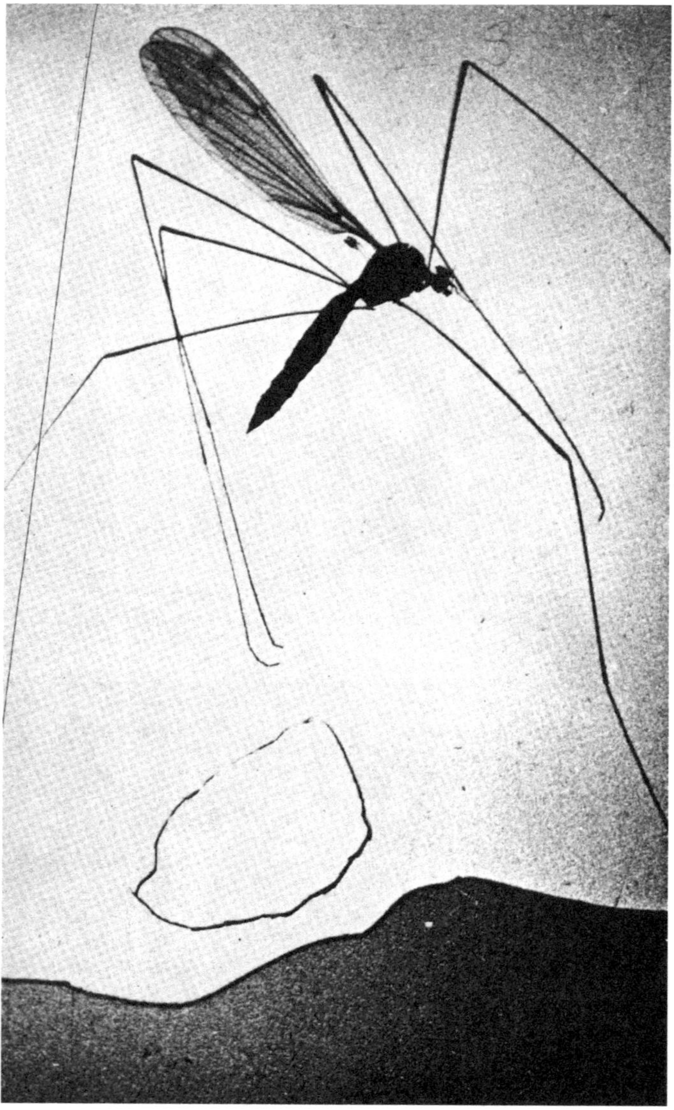

Die Technik des Geräts zu kennen ist fundamental. Wie bei einer gelungenen verbalen Kommunikation gilt auch für die visuelle Kommunikation, dass man die Bedeutung von Worten ebenso kennen muss, wie die Regeln, die diese Worte zu einem Gespräch verbinden. Muss denn das sein? Ja, denn durch dieses Wissen zerbricht keine Persönlichkeit. Es ist falsch zu glauben, dass man durch Ignoranz die größtmögliche Freiheit erlangen könnte. Eine Beherrschung der Mittel wird nur durch das Wissen ermöglicht, wie man in einem Medium eine Botschaft klar und kohärent ausdrückt. Wie bemerkt man einen Mangel an Klarheit und Kohärenz? Die Botschaft vieler Kunstwerke bleibt bei der Senderin, d. h. bei der Künstlerin, und der Empfänger, d. h. das Publikum, für das die Botschaft eigentlich gedacht war, wurde nicht erreicht. Wir alle kennen mit Philosophie, sozialen Problemen, religiösen Botschaften oder persönlichen Ängsten überladene Bilder. Diese Botschaften hätte man mit anderen Mitteln besser ausdrücken können, etwa durch ein Buch oder einen Film. Aber leider werden manche Personen zum Maler geboren, versuchen sich bei jedem Anlass mitzuteilen und verwenden dazu immer ein Bild, auch wenn es nicht das passende Medium ist. Die Kunstgeschichte ist voll von Problemen, die mit der Übermittlung der Botschaft zu tun haben. Der Dynamismus etwa, den die Futuristen vermitteln wollten, wirkte auf vielen Bildern eher statisch und verwirrte das Publikum. Bewegung, Geschwindigkeit und andere zeitliche Phänomene können mit statischen Techniken nicht zweckmäßig kommuniziert werden. Dafür wären kinetische Technologien, wie der Film oder die kinetische Kunst, angemessener. Diese Probleme werden deutlich, wenn man gemeinsam über einzelne Kunstwerke diskutiert, denn nur so erfährt man, ob die intendierte Botschaft empfangen wurde oder nicht. Und anschließend kann analysiert werden, wie eine Botschaft angekommen ist und warum auf diese Art und Weise. Diese von Beobachtungen geleiteten Gespräche sind für alle von großem Nutzen, jeder vergrößert dabei sein Wissen, verbessert die Mittel der visuellen Kommunikation und erhellt die eigenen Entscheidungen.
Aus diesem Grund ist die Arbeit in der Gruppe von größtem Wert. Hier kommen verschiedene Persönlichkeiten zusammen und geben ihr Bestes, um etwas zu produzieren, was wirklich funktioniert und der Allgemeinheit nützt, sei es auch nur der Vermehrung des gemeinsamen Wissens.

Die Zerstörung der eigenen Arbeit ist nicht nur in diesem Fall, sondern allgemein für die Entwicklung von Kindern von Bedeutung. Die Zerstörung vermindert nämlich die Anzahl an fixen Ideen, denen alle nacheifern wollen. Fixe Ideen bewirken gewöhnlich zwei Dinge, eine Musealisierung der eigenen Arbeit und eine Vergöttlichung des Erschaffers. Sowohl bei der Musealisierung als auch bei der Vergöttlichung ist das Ziel eine Verfestigung von etwas, das sich im Lauf der Zeit unweigerlich verändert. Wichtiger als diese fixierten Ideen ist die Erfahrung der gemeinsamen Arbeit, dass man in gemeinsamen Projekten auf variable Probleme reagieren und diese meistern kann. Dazu muss unser Intellekt präsent sein, frei und elastisch, er darf sich an kein bestimmtes Modell klammern, außer dieses Modell dient einem intellektuellen Zweck. Die Kreativität, die Fantasie und die Erfindung müssen geschmeidig bleiben, um mit anderen Vermögen oder Personen zusammenarbeiten zu können. Vorurteile, fixe Ideen, Lieblingsmodelle oder -stile, alles, was verewigt werden soll, wird dabei im Weg stehen und den freien Ausdruck der Kreativität blockieren. Ähnlich wie in der Forschung und im Experiment müssen sich also die Dinge im Fluss befinden, bis die Resultate ersichtlich sind. Denn es sind nur die Resultate, die einem bestimmten Zweck dienen, nichts von dem, was davor geschieht. Was man also einmal »künstlerische Erziehung« nannte und ich hier visuelle Kommunikation nenne, ist die Suche nach unbekannten Lösungen für ein Problem und mein Ansatz behauptet, dass es sich dabei um einen ganzheitlichen Prozess handelt, bei dem Fantasie, Erfindung und Kreativität durch Methoden koordiniert werden können.

Es gibt keine präzisen Grenzen zwischen Fantasie, Erfindung und Kreativität. Die Definitionen, die am Beginn dieses Buches gemacht wurden, hatten nur das heuristische Ziel, einzelne operative Modi zu bestimmen, die von allen drei Vermögen verwendet werden können. Man könnte daher sagen, dass die fantastische, die erfinderische und die kreative Aktivität simultan in der Imagination tätig sind. Zeitlich lassen sich diese drei Vermögen nicht unterscheiden.

Die Kreativität ist in einem bestimmten Sinn der Endzweck dieser menschlichen Fähigkeiten. Die Kreativität ist nämlich das umfassendste aller drei Vermögen. Nun scheint sich das, was wir am Beginn des Buches analytisch getrennt haben, wieder zu vereinen, aber inzwischen sollten wir besser verstehen, wie die Fantasie, die Kreativität und die Erfindung mit größerer Präzision und Zweckmäßigkeit verwendet werden können.

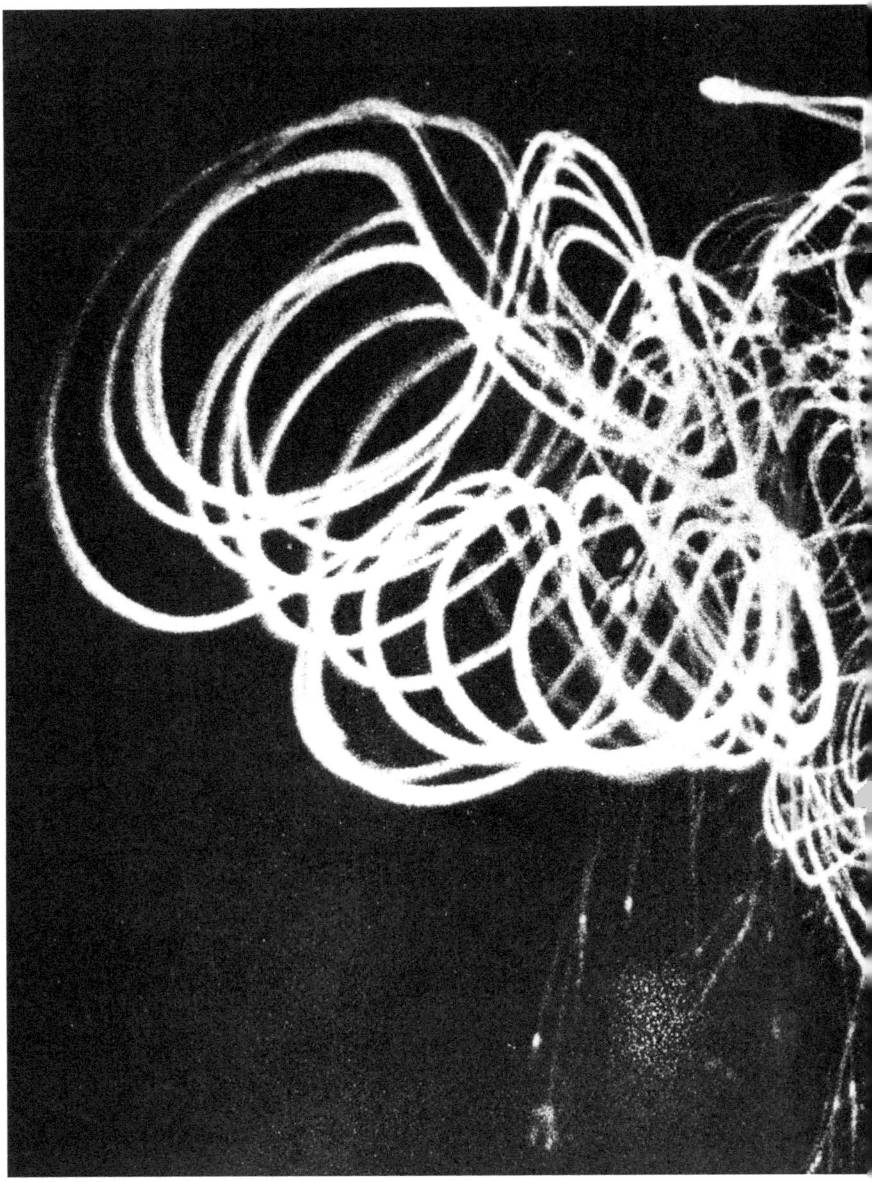

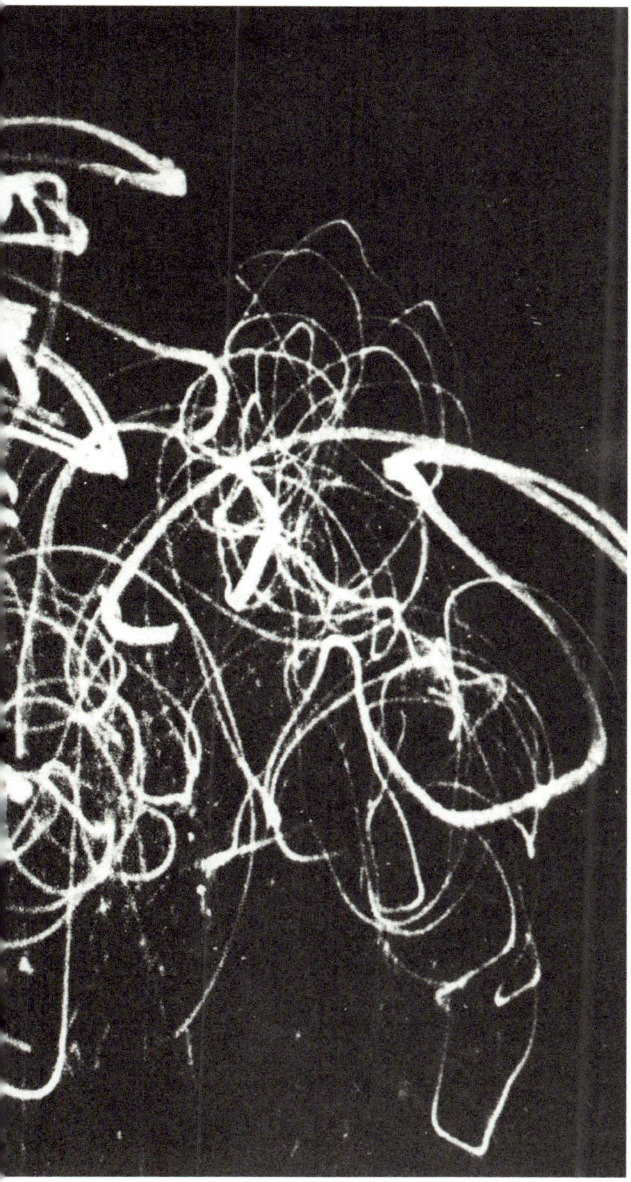

Leuchtende Strahlen einer Taschenlampe, die im Dunkeln vor einer Kamera mit offenem Objektiv gemacht wurden

Vergrößerung des Wissens

Durch Beobachtungen wird unser Wissen vergrößert. Hier sieht man, wie die Lehrerinnen der Schule von Ponte Ronca, Bologna, den Kindern beigebracht haben, was ein Keim ist und welche Funktion er hat.
Aus den Seiten einer Schülerzeitung, Nr. 7, 1975–1976.

A SCUOLA, QUESTO MESE...

I FAGIOLI

5 marzo

Oggi abbiamo mangiato la minestra di fagioli.

La cuoca ci ha regalato dei fagioli crudi.

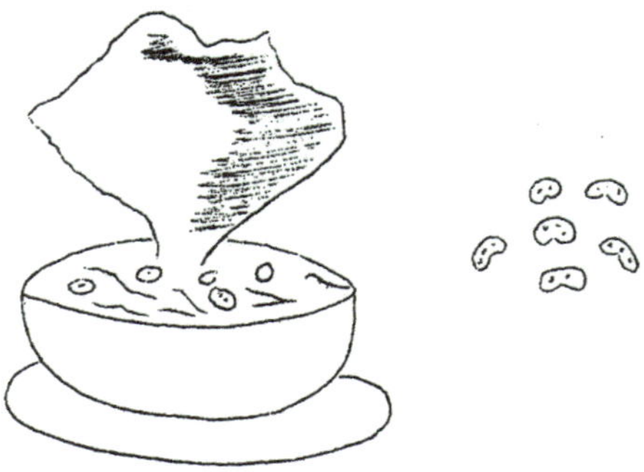

Diesen Monat in der Schule …
Die Bohnen
5. März
Heute haben wir Bohnensuppe gegessen.
Der Koch hat uns getrocknete Bohnen geschenkt.

Abbiamo osservato i fagioli:

fuori: 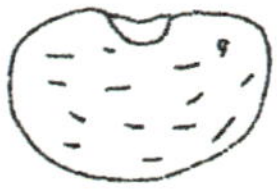 ← buccia

Dividiamo a metà un fagiolo senza buccia. Dentro c'è come una gambina gialla: si chiama <u>embrione</u>.

dentro: 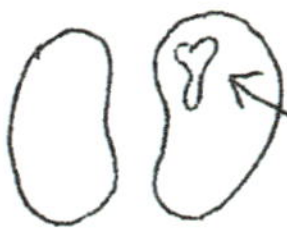 embrione

Luana domanda:

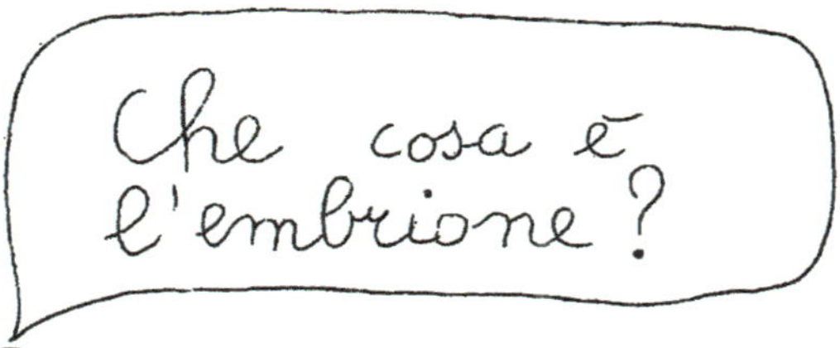

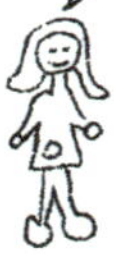

Per rispondere a questo problema abbiamo fatto una prova:

Wir haben die Bohnen untersucht:
Eine Bohne ohne Schalen haben wir in zwei Hälften geteilt.
In ihnen findet man etwas, das aussieht wie ein gelbes Beinchen: Das heißt Keim.
Luana will wissen:
Was ist ein Keim?
Um das gut zu beantworten, haben wir ein Experiment gemacht.

Abbiamo messo i fagioli in due vasi di vetro.

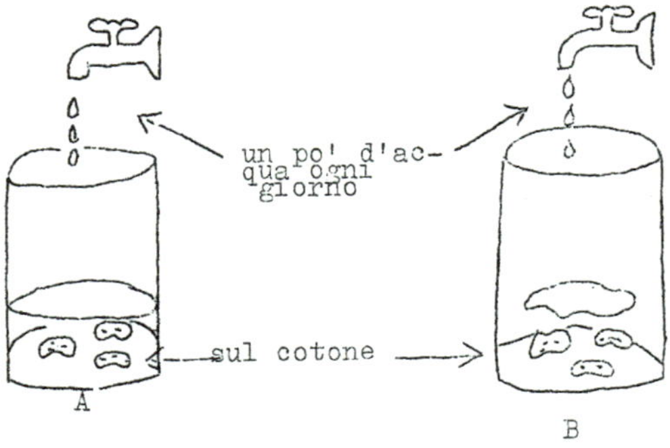

Abbiamo tolto l'embrione ai fagioli di A.

I fagioli di B hanno l'embrione.

<u>IO marzo</u>

I fagioli di A sono sempre uguali.

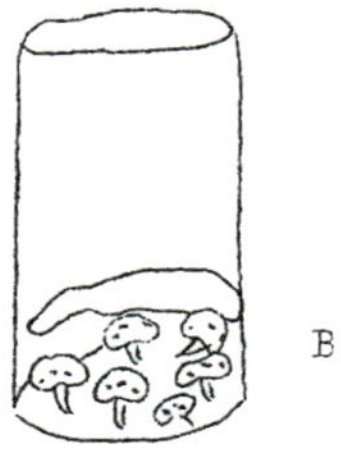

5 fagioli di B hanno messo fuori la gambina gialla

Wir haben die Bohnen in zwei Behälter aus Glas getan und jeden Tag etwas Wasser hinzugefügt.
Auf den Boden der Behälter haben wir Watte gelegt.
Aus den Bohnen im Behälter A haben wir den Keim entfernt.
Die Bohnen im Behälter B haben ihren Keim noch.
10. März
Die Bohnen in A sehen immer noch gleich aus.
Aber 5 Bohnen im Behälter B haben das gelbe Beinchen nun ausgestreckt.

15 marzo

I fagioli di A sono tutti marci.

Li gettiamo via.

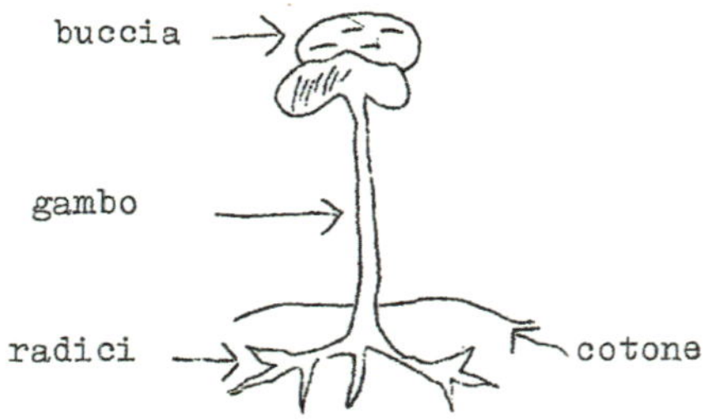

I fagioli di B hanno una radice giallina che si dirige verso il basso e un gambo ver-de che sale verso l'alto.

16 marzo

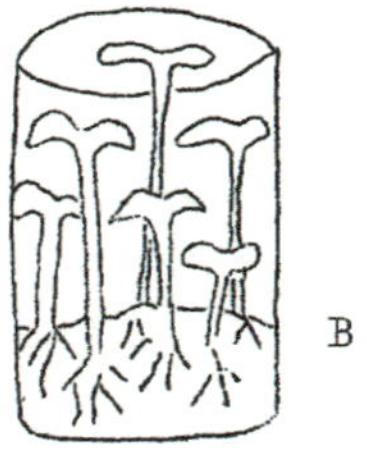

Da ciascuno dei 6 fagioli del vaso B è na-ta una piantina verde.

15. März
Alle Bohnen im Behälter A sind verfault.
Wir werfen sie weg.
Die Bohnen aus B haben jetzt eine gelbe Wurzel, die immer weiter nach unten wächst und einen grünen Stiel, der immer weiter nach oben wächst.
16. März
Aus allen 6 Bohnen des Behälters B ist eine kleine grüne Pflanze geworden.

2^ prova

Intanto avevamo piantato altri semi sul coto
ne

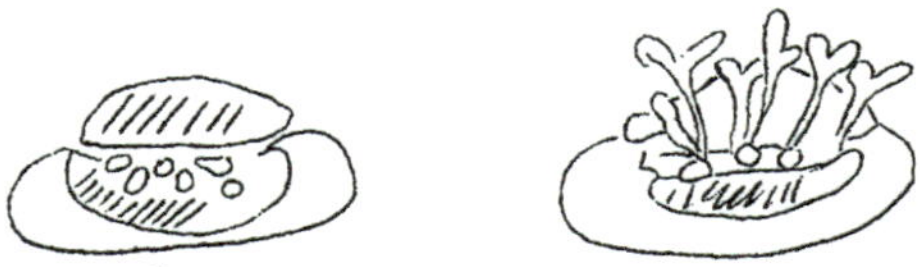

C D

nei piattini C e D.
In C del riso (senza embrione);
in D delle lenticchie e del grano.
Oggi, tutti i semi di D sono germogliati; il
riso no. Possiamo così concludere:

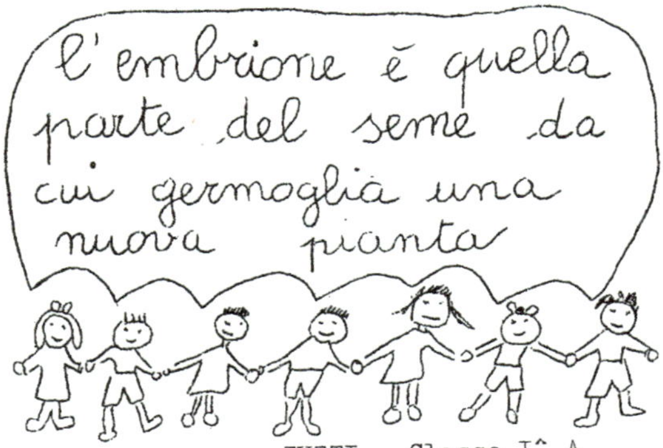

TUTTI - Classe I^ A

2. Experiment
Gleichzeitig hatten wir noch andere Keime in die Watte gepflanzt.
Auf den Tellern C und D.
Auf C Reis (ohne Keim).
Auf D Linsen und Weizen.
Heute sind alle Keime auf D aufgegangen; Reis gar keiner.
Also können wir antworten:
Der Keim ist der Teil des Samens, aus dem eine neue Pflanze aufkeimt.
Alle aus der Klasse 1 A

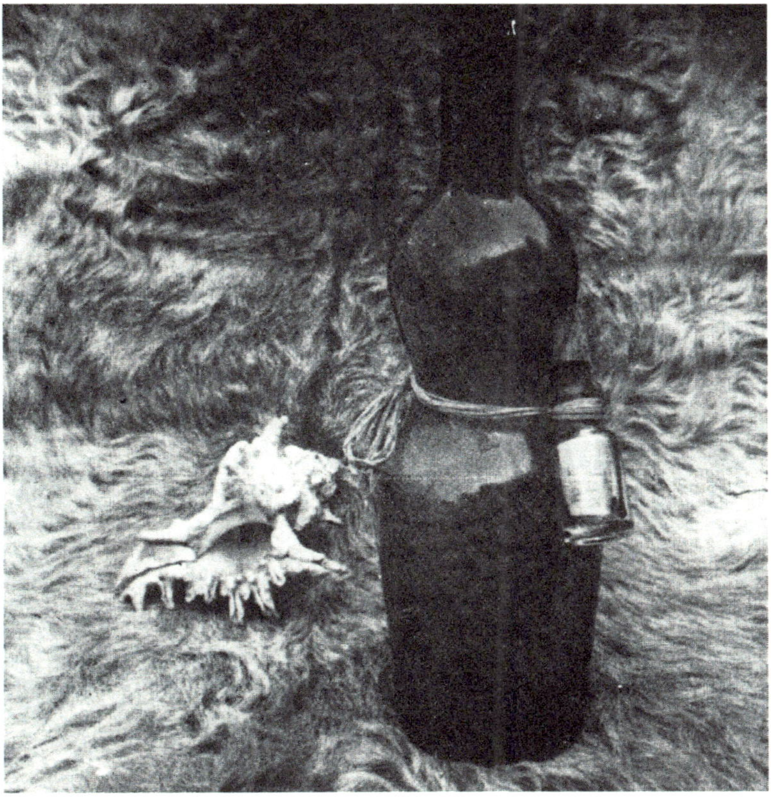

Flaschenpost, Bruno Munari 1940. In manchen Nachrichten findet sich ein Post Skriptum. Aber wie würde das Post Skriptum einer Flaschenpost aussehen? Es befände sich in einer zweiten Flasche, einer kleineren, die mit einer Schnur an die große Flasche gebunden wird und selbst wiederum eine kleine Nachricht enthält. Wie kann man die kleine Flasche befestigen? Am besten an der Kerbe, wie sie bestimmte Flaschen haben, etwa die, in denen Pfefferminzschnaps verkauft wird.

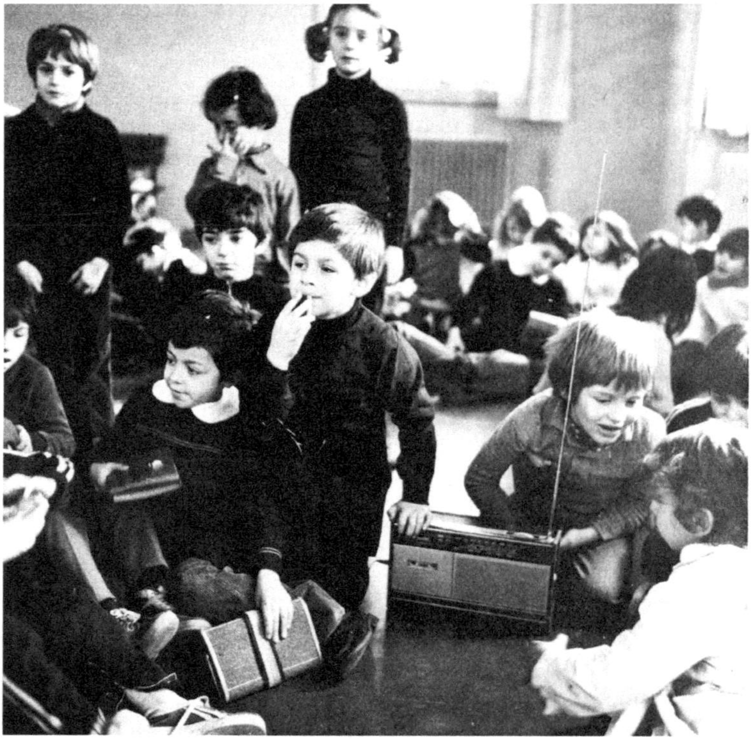

Ein Spiel der Kreativität

In einer Mailänder Grundschule wurde versucht, die Kreativität anzuregen. Ungefähr achtzig Kinder haben im Turnsaal der Schule lebhaft an einem kreativen Spiel teilgenommen. Es war dabei nicht nötig, den Kindern zu erklären, was zu tun ist, stattdessen machte man es einfach und die Kinder bekamen alles selbst mit. Auch Lehrerinnen und Eltern können beim wilden Treiben mitmachen und bekommen so nicht nur den Spaß mit, sondern auch einige Antworten auf ihre fragenden Zweifel. Wie bleiben die Kinder so lange aufmerksam? Wie erklärt man Regeln durch ein Spiel? Viele Erwachsene zweifeln an diesen Spielen, weil sie nur verbal davon erfahren haben. Können die Kinder das verstehen? Alles ist verständlicher, wenn man sieht, wie

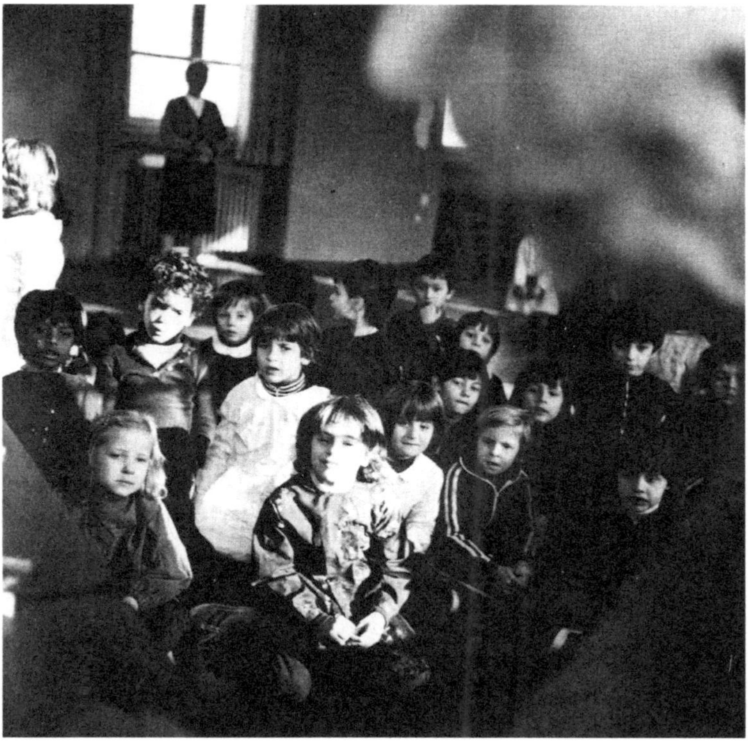

etwas konkret funktioniert. Experimente dieser Art wurden in zahlreichen Grundschulen und Kindergärten durchgeführt, in Italien ebenso wie in anderen Ländern.

Bei Kindern sollte auf das gesetzt werden, wovon viel vorhanden ist: Neugier. Wenn die Kinder einen Erwachsenen sehen, der etwas macht, dann wollen sie gleich wissen, was genau er macht und wenig später wollen sie es auch machen. Das ist der direkteste Weg, um den Kindern etwas zu vermitteln, ohne Worte oder Zwänge zu gebrauchen. Dafür sind Kinder immer zu haben, sie warten nur darauf, dass etwas geschieht.

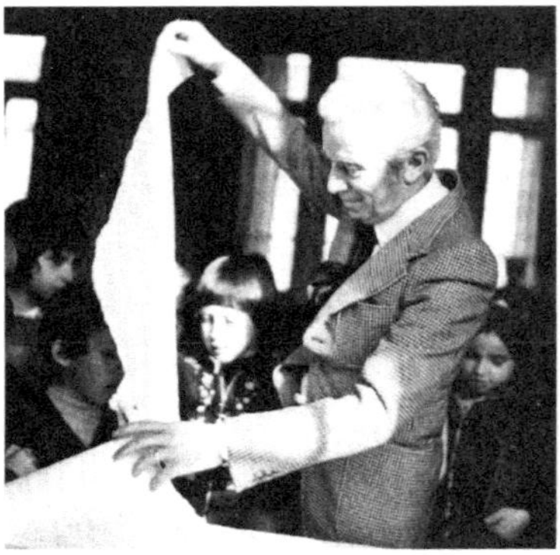 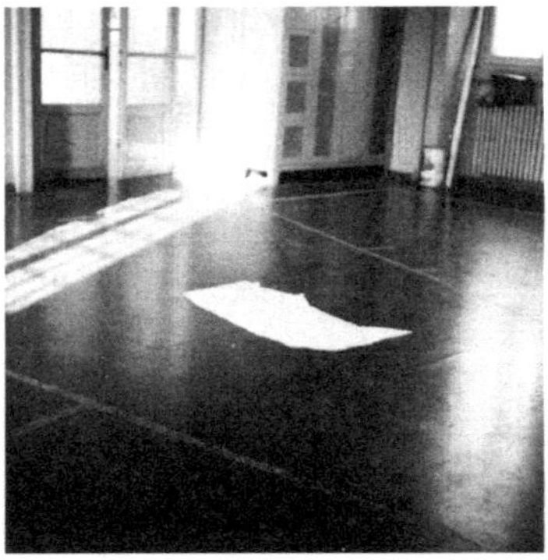

Man nimmt also einige Bögen großformatigen Papiers und beginnt damit, einen der Bögen auf dem Boden des Turnsaals auszubreiten.
Dann reißt man einen zweiten Bogen der Länge nach in zwei Hälften und legt beide Hälften zu einem V zusammen. Ein solches halbes Papier reißt man wieder längs in zwei Hälften und legt sie an die Spitzen der ersten Gabelung. So fährt man fort, bis man einen riesigen flachen Baum vor sich hat. – »Kann mir jemand helfen?« – fragt man in den Raum, – »Wer weiß, wie man ein Klebeband benutzt?«
Schnell machen sich einige Kinder daran, die Äste des großen Baumes zusammenzukleben, sodass dieser größer und größer wird bis seine äußersten, sehr feinen Äste beinahe den gesamten Turnsaal ausfüllen.

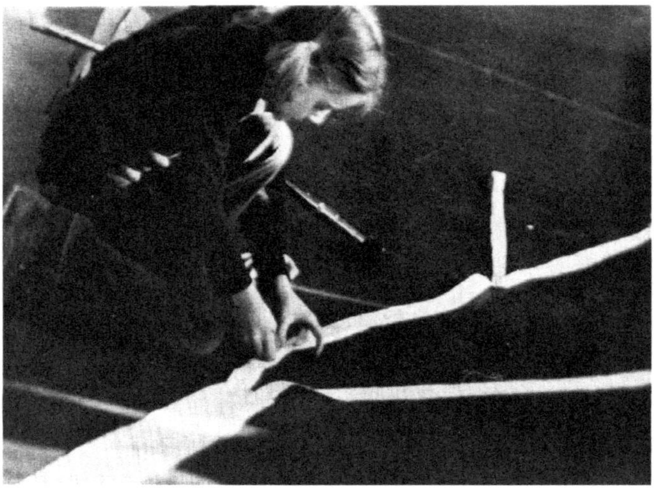

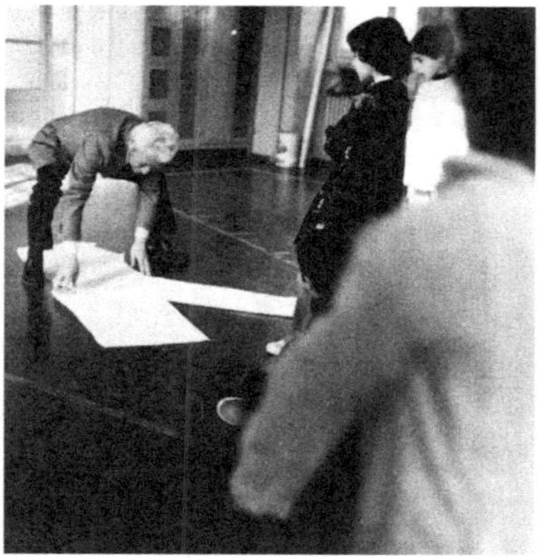

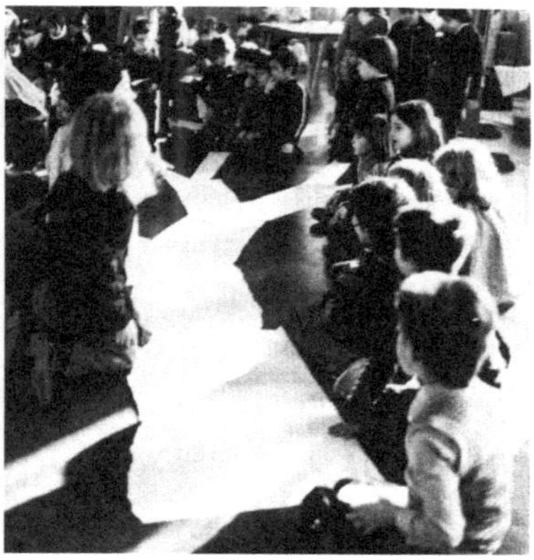

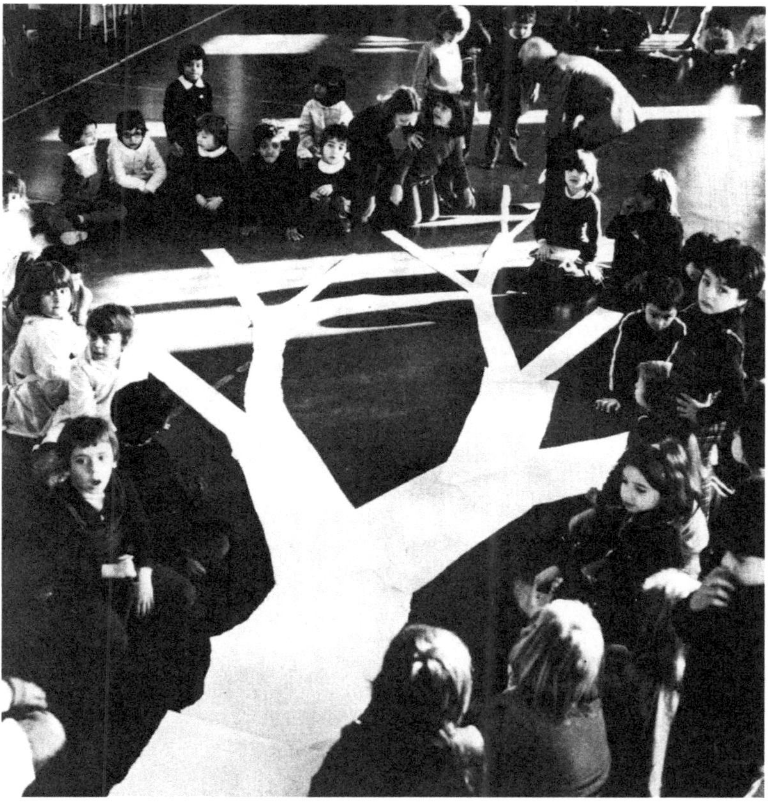

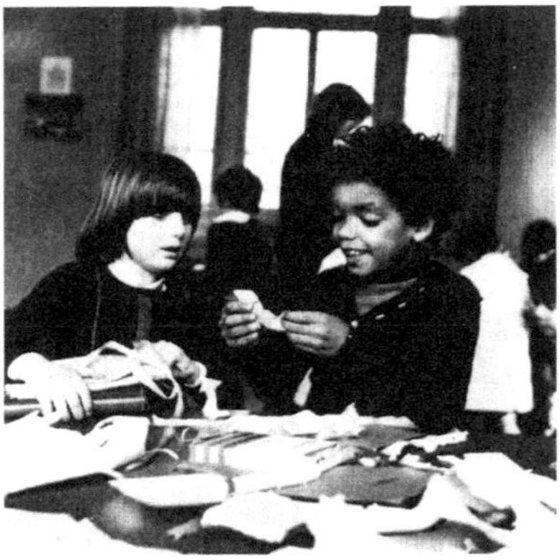
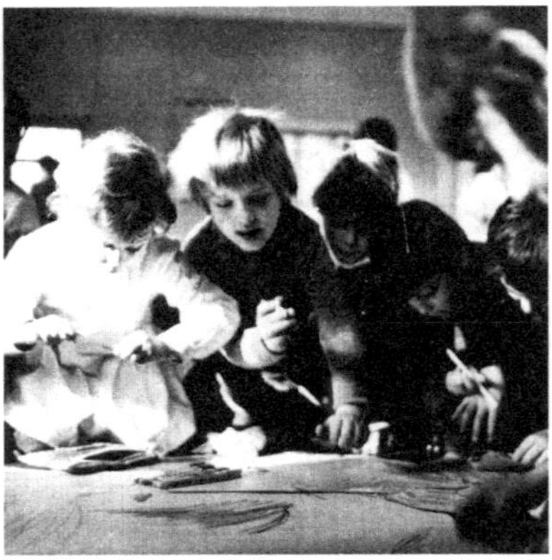
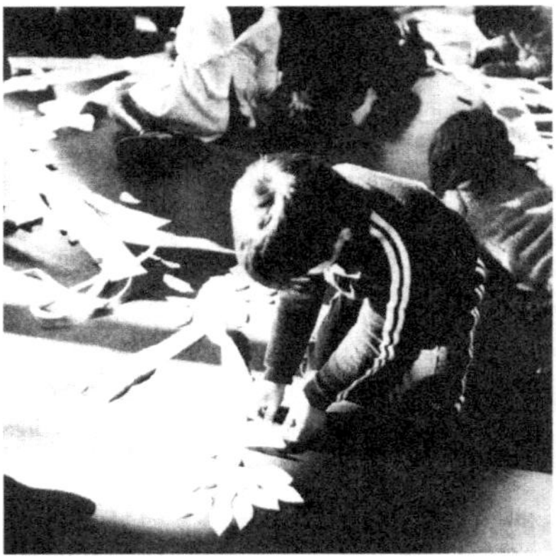
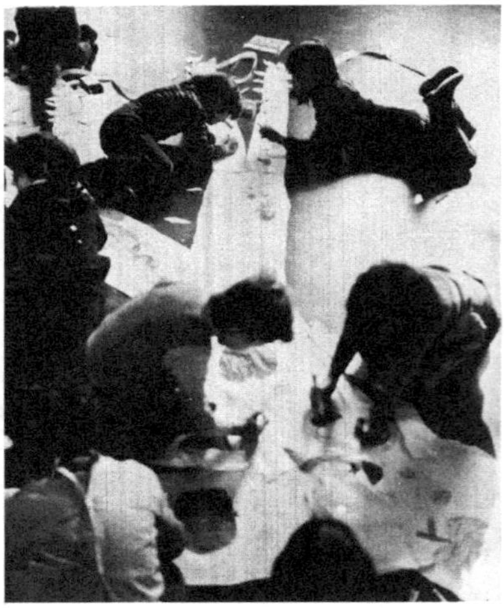
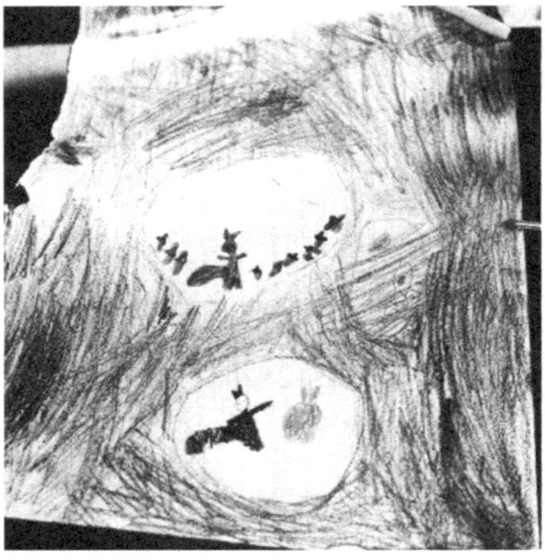

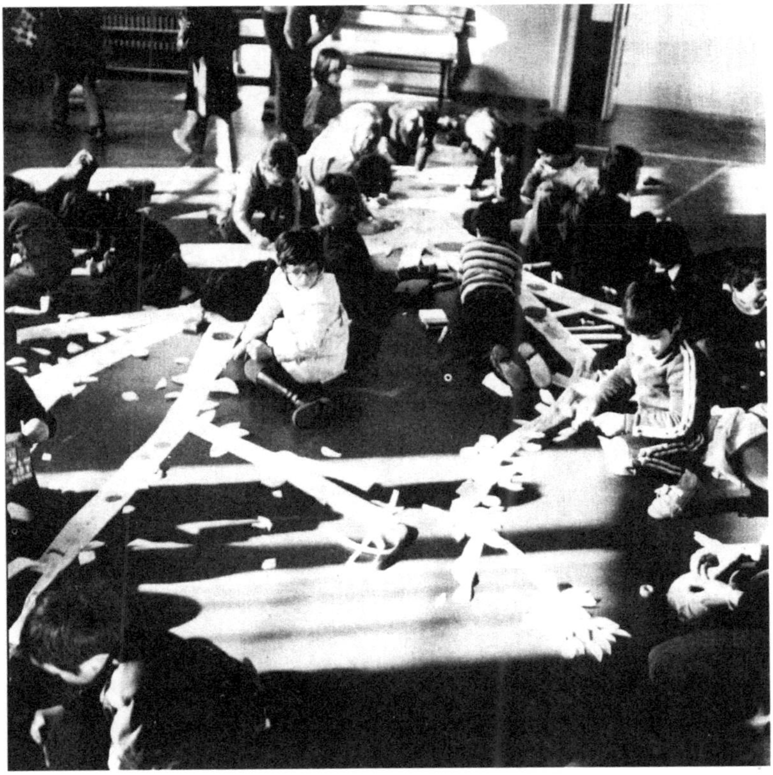

Dann lädt man die Kinder ein, den Baum zu gestalten, mit ihren liebsten künstlerischen Mitteln, einfach das auf den Baum zu zeichnen, was ihnen in den Sinn kommt. Egal ob mit Filzstiften, Farbstiften, mit zurecht geschnittenem Papier oder mit Deckfarben – jedes Kind entscheidet selbst, was es machen möchte. Manche werden etwas mehr Zeit benötigen, da sie gerne nachdenken. Eine wird farbige Blätter aus Papier ausschneiden, einer wird Eichhörnchen oder Vogelnester zeichnen. Einer wird Insekten, Eidechsen, Blüten, Früchte und noch viel mehr zeichnen, eben all das, was sich auf einem Baum finden lässt.

Nach dieser ersten Aktivität kommt man etwas zur Ruhe, manche werden noch damit beschäftigt sein, einen Ast fertig zu bemalen, andere werden um den großen, flachen Baum herumspazieren oder auf seinen Ästen entlanglaufen.

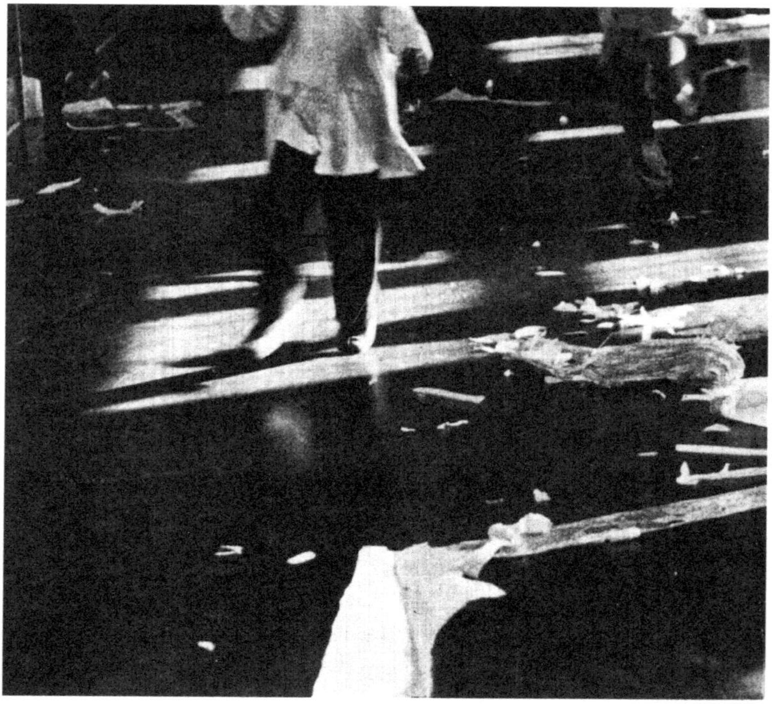

Jetzt schlägt man vor, den Baum vom Boden zu lösen und ihn gemeinsam in der Luft schweben zu lassen. Alle an die Äste! Die Kinder stürzen sich auf den Baum, heben ihn hoch und lassen ihn fliegen. Unweigerlich zerreißt der Baum in tausend Stücke und die Kinder sind darüber glücklich, denn man hat jetzt ein großes Fest um sich, ein Fest fliegender Papierfetzen. So endet dieses Spiel zur Zufriedenheit aller. Der Baum ist kaputt. Aber das, was bleibt, ist nicht das nachzuahmende Modell. Was bleibt, ist die Methode für Projekte, also etwas, das es allen erlauben wird, weitere Bäume zu basteln. Diese Bäume werden anders sein als der erste, aber auf dem gleichen Prinzip des Wachstums basieren. Und dieses Prinzip wurde zu Beginn spielerisch vermittelt: Der Ast der folgt, ist immer halb so dünn wie der Ast, der ihm voraus ging.

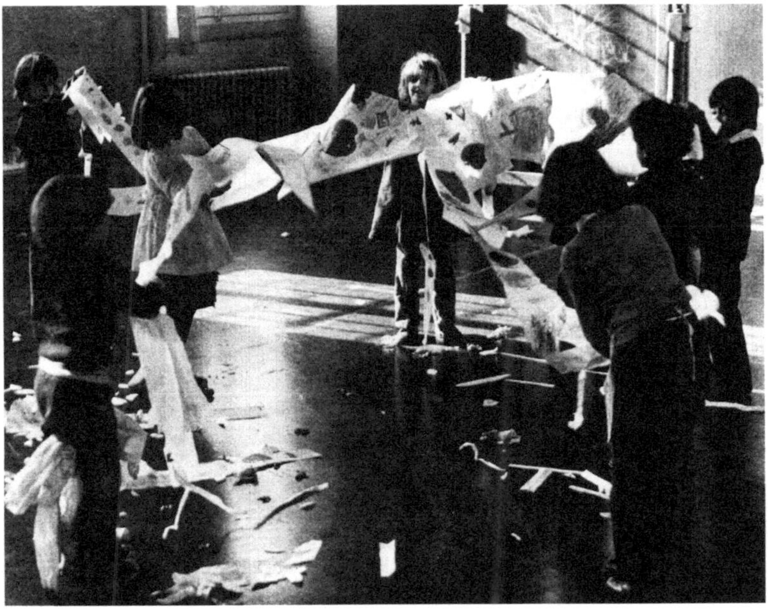

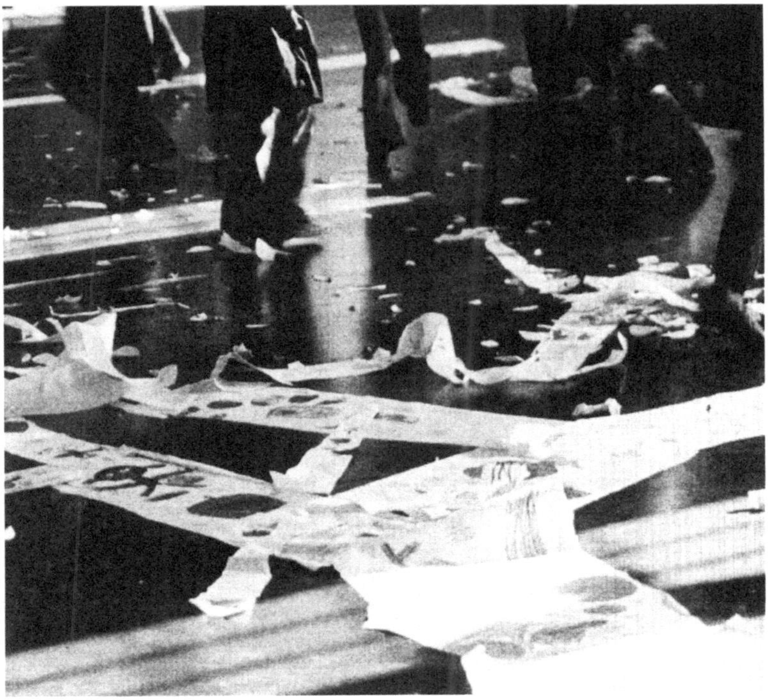

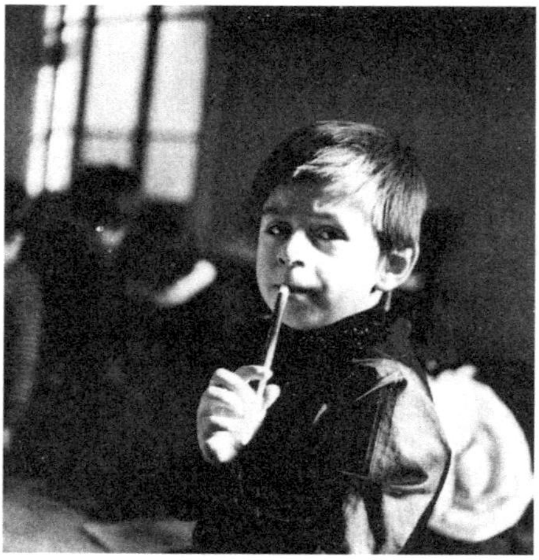

Rosen im Salat

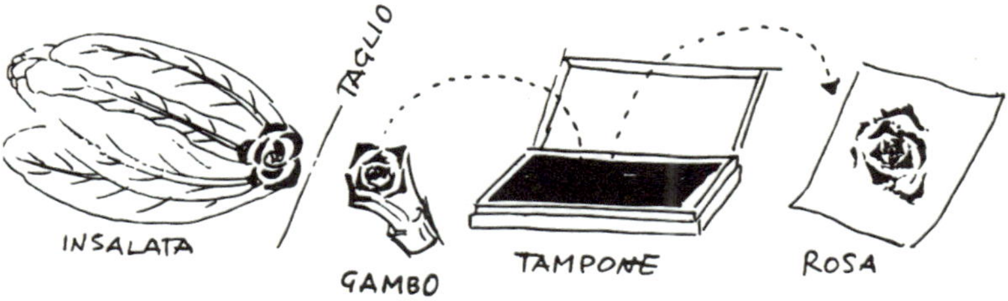

Salat – Stängel – Stempelkissen – Rose

Drucke mit geschnittenem Gemüse und verschiedenfarbigen Stempelkissen.

Diese Art Bilder zu machen, spricht Kinder an, die eigentlich nicht gerne malen und wegen dieser Abneigung auch noch von ihren Eltern gemaßregelt anstatt nach ihren Gründen gefragt werden. Kindern kann mit diesem Spiel die Angst genommen werden, dass sie einen Fehler machen. Meist liegt der Fehler nämlich bei den Eltern, die in der Vorstellung leben, ein Bild müsse die Realität abbilden. Für ein Kind ist ein Bild aber mehr als ein Ausdruck von visuellen Reizen. Eine Katze kann zum Beispiel eine flauschige Wolke sein, aus der manchmal Krallen ragen. Denn das ist der Eindruck, den ein Kind hat, wenn es eine Katze in den Arm nimmt und deshalb besteht darin auch die Realität einer Katze. Daher ist es falsch, ein Kind zurechtzuweisen, wenn es der Katze keine Beine oder keinen Schwanz gemalt hat, denn das macht dem Kind nur Angst, ohne dass es versteht, was es denn falsch gemacht hätte. Schlimmstenfalls wird ein Kind dann dem Zeichnen überhaupt aus dem Weg gehen, weil es die Fehler, die es machen könnte, nicht versteht und mit dem Zeichnen nicht mehr als eine mögliche Strafpredigt verbindet.

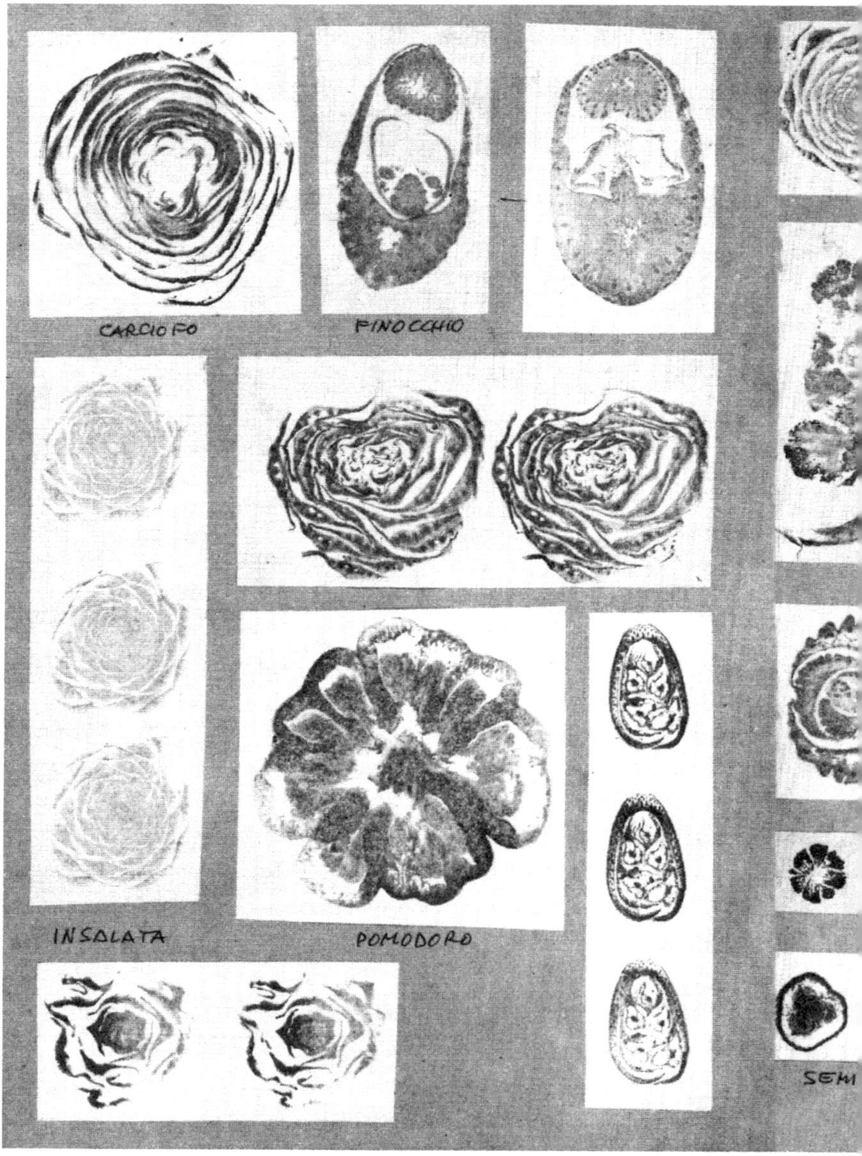
CARCIOFO
FINOCCHIO
INSALATA
POMODORO
SEMI

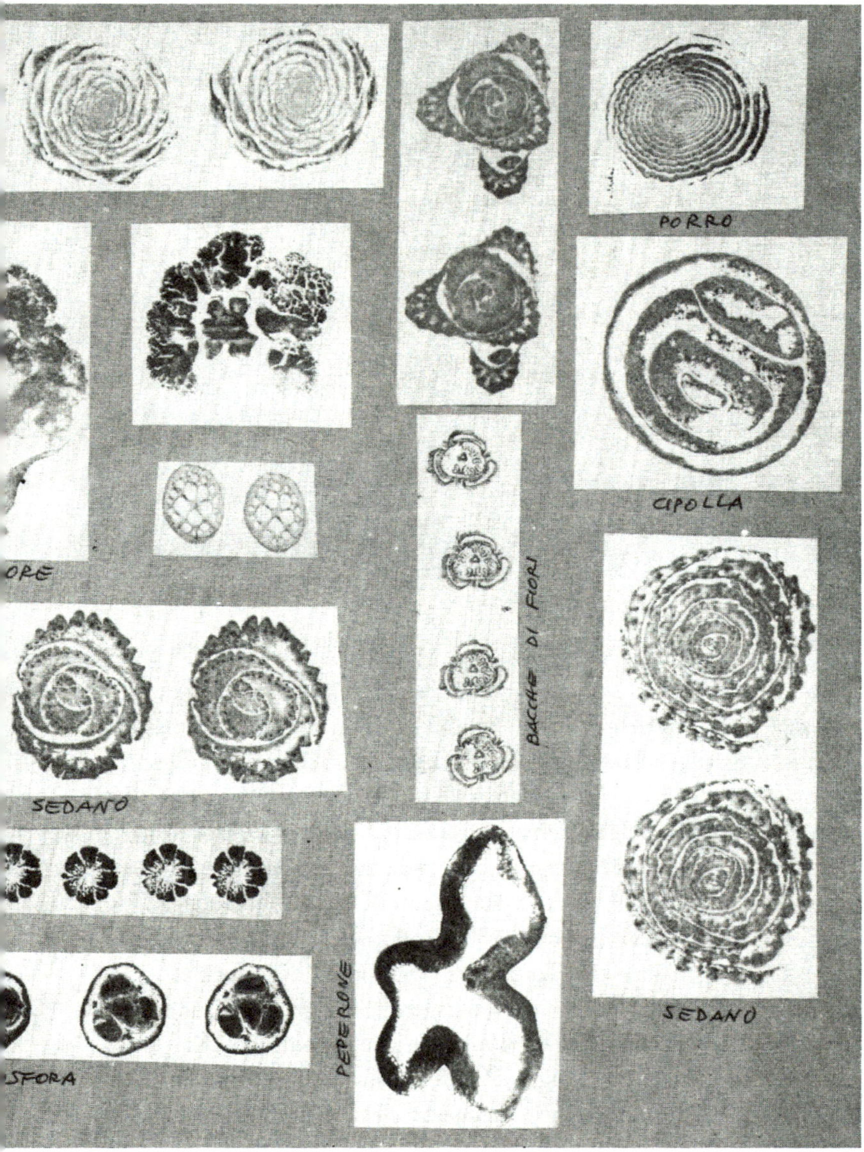

Mit geschnittenem Gemüse zu stempeln, ist für ein Kind eine Möglichkeit, sich bildhaft auszudrücken, ohne sich vor möglichen Fehlern fürchten zu müssen. Alle Arten von Pflanzen, die weder zu weich noch zu wasserhaltig sind, eignen sich als Stempel: Salat, Sellerie, Fenchel, Kohl, Zwiebel, Paprika, Beeren, Blumenstiele und viele andere. Eine Pflanze kann sowohl horizontal als auch vertikal durchschnitten werden, im Prinzip auch auf jede andere Art, so lange der Schnitt zu einer glatten Oberfläche führt.

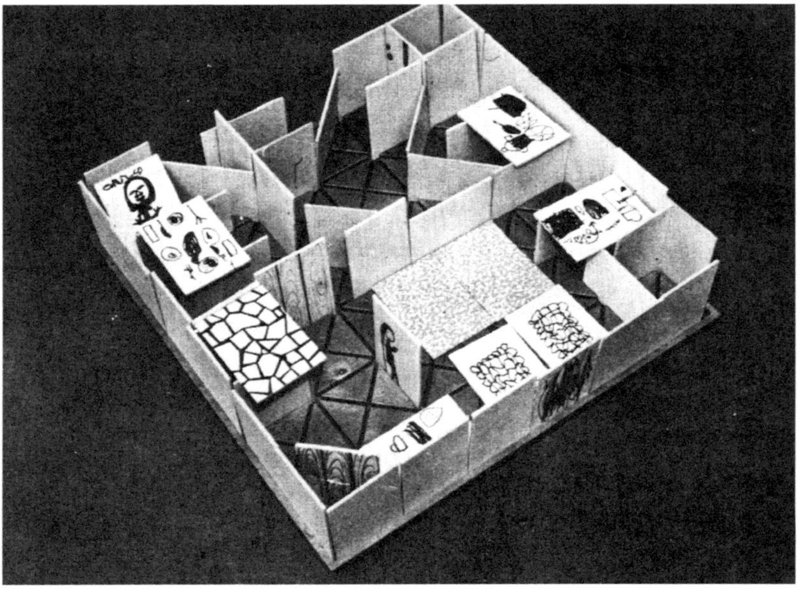

Dieses labyrinthische Spiel regt die Fantasie an. Vor einem Kind liegt eine quadratische Platte mit einer Seitenlänge von dreißig Zentimetern. Auf dieser Platte sind in einem rechteckigen Raster Rillen vorgezeichnet, die die Platte in Quadrate teilt, die wiederum diagonal gerillt sind. Außer der Platte gehören zum Spiel noch graue Karten, die weder länger als die Quadrate noch länger als deren Diagonalen sind und sich deshalb sowohl auf den Seiten eines Quadrats als auch auf dessen Diagonalen einsetzen lassen. Auf manchen Karten befinden sich Abbildungen ohne eine bestimmte Orientierung: Blätter, Steine, Gitter, Ziegel; die anderen Karten sind leer, es steht den Kindern frei, etwas darauf zu malen. Das Kind kann sich beliebig viele Karten nehmen und sie in die Rillen stecken, sodass sie aufrecht stehen bleiben, wie kleine Wände. Auf die leeren Karten kann es das zeichnen, was ihm in den Sinn kommt, und die bedruckten Karten kann es ebenso ohne Einschränkung verwenden, auch als Dach oder Fußboden.
Das Kind kann so ein Labyrinth bauen oder ein Modell einer Wohnung samt Tür, Grundmauer und allem, was dazugehört. Man kann dieses Spiel auch mit anderen Spielen kombinieren, sofern sich die Dimensionen entsprechen.

Dreidimensionale Spiele

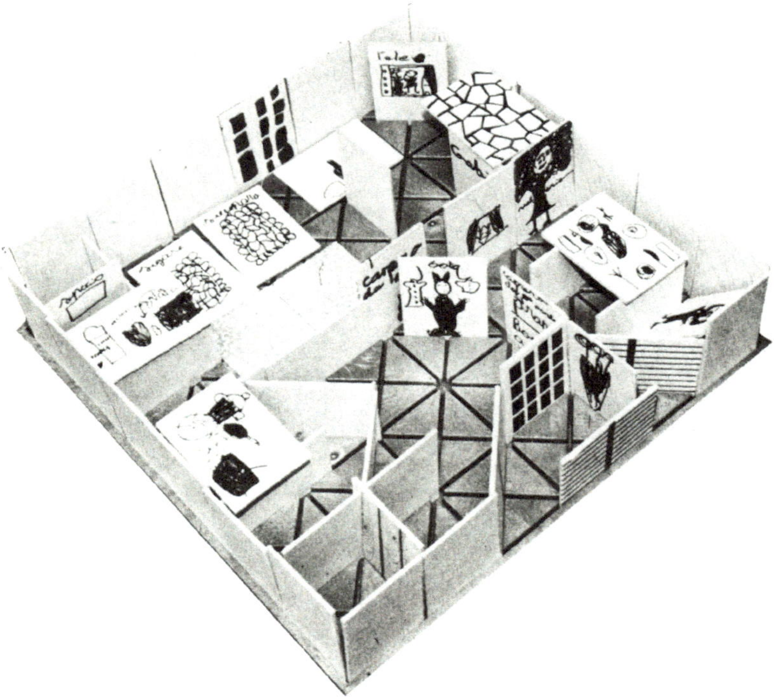

Die beiden Beispiele zeigen die Arbeiten einer Siebenjährigen, die eine Wohnung gebaut hat, mit allem, was ihr nötig schien, von den Betten bis zu den Toiletten. Besonders die selbst gezeichneten Karten haben ihr geholfen, ihr Projekt zu vervollständigen.

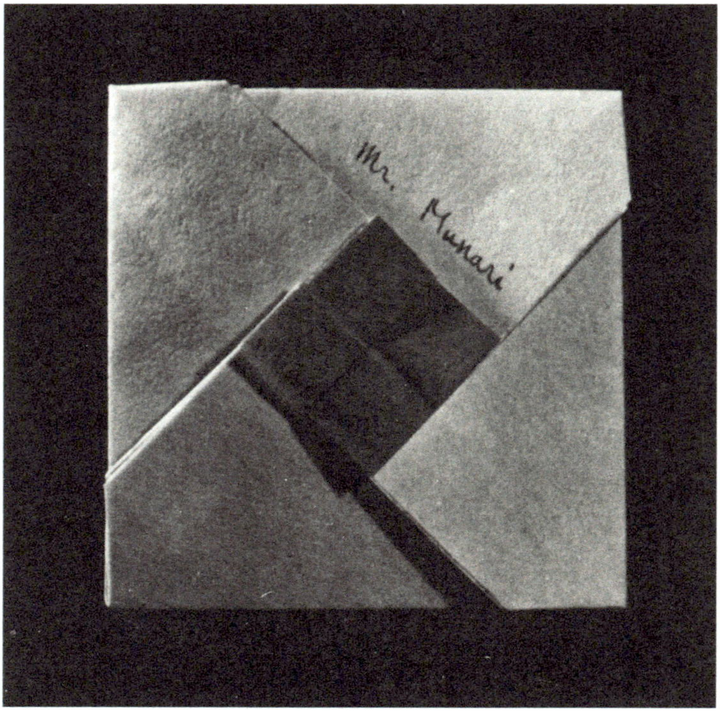

Ein farbiges Origami aus
zwei Papierstücken,
gefaltet von Sori Yanagi

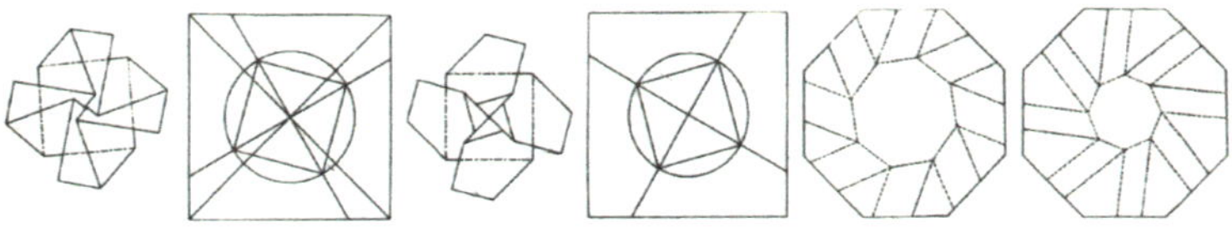

Mehrere Origami-Falt-
schemata von Sori Yanagi

Origami

Unter Origami versteht man einen traditionellen Zeitvertreib japanischer Familien, der darin besteht, aus farbigem Papier geometrische Figuren, Charaktere oder Tiere zu falten, ohne das Papier zu schneiden. Ein Großmeister des Origami, der Japaner Uciyama, verbrachte mehr als sein halbes Leben damit, Origamis zu erfinden oder zu falten, indem er mit angewandter Geometrie und Topologie experimentierte. Inzwischen setzt der Designer Sori Yanagi sein Werk fort, denn in den Regeln des Origami stecken mögliche Anwendungen für das Design.

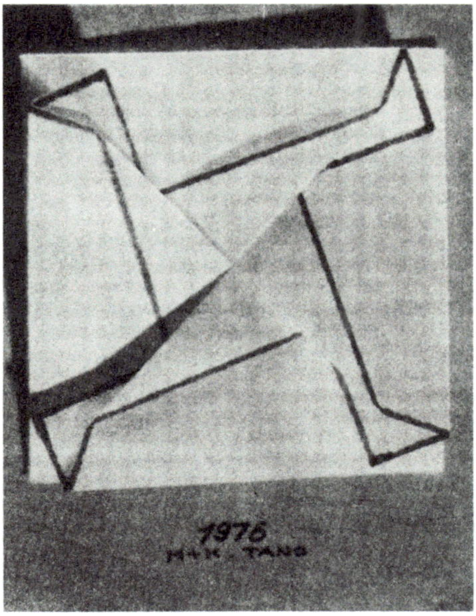

⑨うらもおなじにおり⑩となり
くみかえます。
⑪1を　したへおり　うらの2も
したへおりさげ
⑫ふといせんを　きり　まえあし
を　おり
⑬あとあしを　おります。

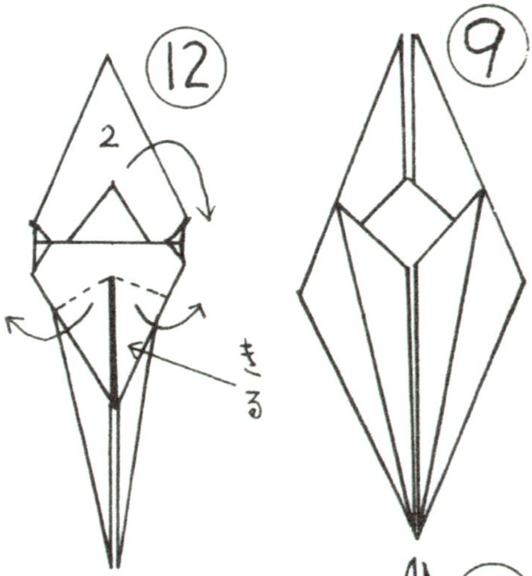

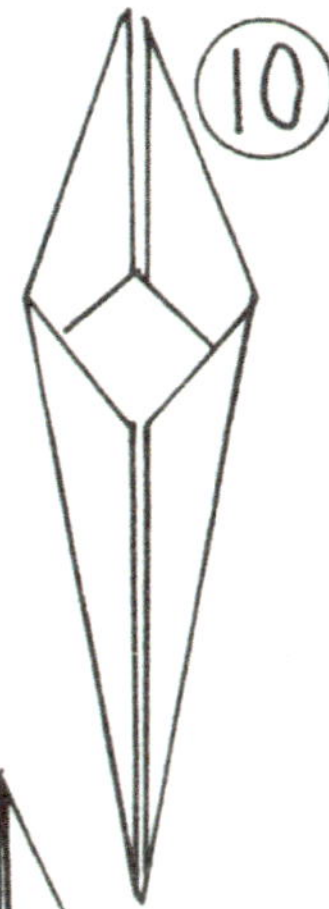

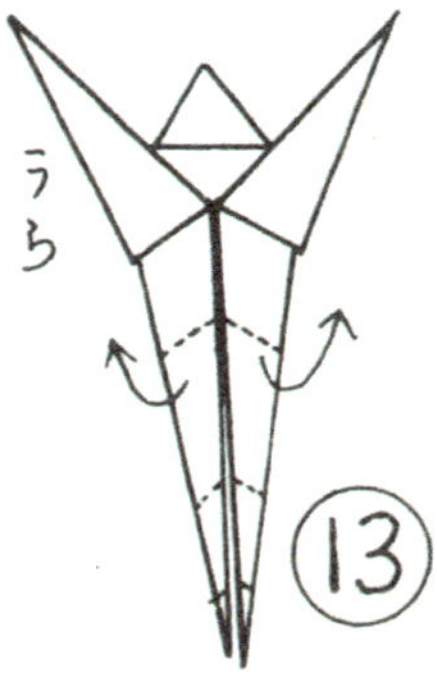

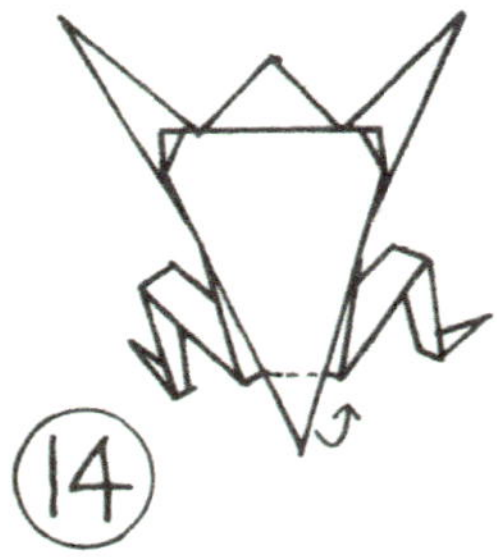

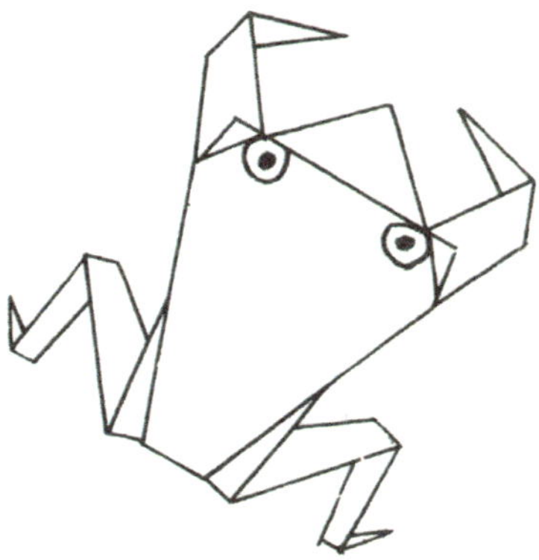

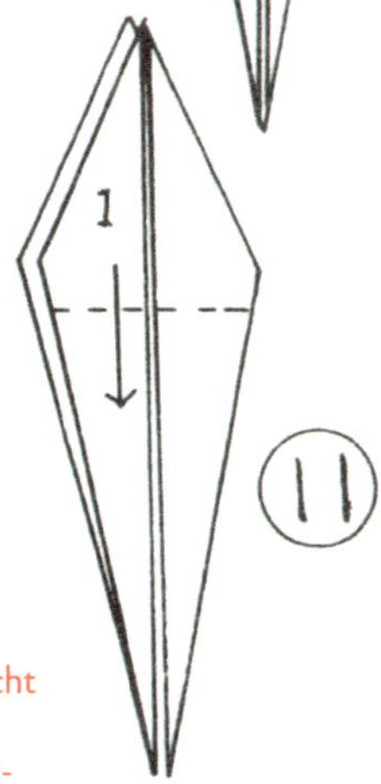

In den japanischen Grundschulen wird den Kindern beigebracht, Origamis zu falten und sich selbst neue auszudenken. Dieser Unterricht vermittelt den Kindern nicht nur eine große Sensibilität für Präzision, es fällt ihnen danach auch leichter, intellektuell von einer Dimension in die nächste zu gehen, weil sie Übung darin gewinnen, aus einem zweidimensionalen Blatt ein dreidimensionales Objekt zu falten.

かえる

てんせんはやじるしのようにおります。
⑤てんせんのようなおりめを　よくつけて
⑥のようにおり　うらもおなじに
おります。⑦までは九十八頁のつる
とおなじです
⑦(あ)と(い)が　あわさるように　おり
うらもおなじにおって　くみかえます
⑧てんせんをやじるしのようにおります

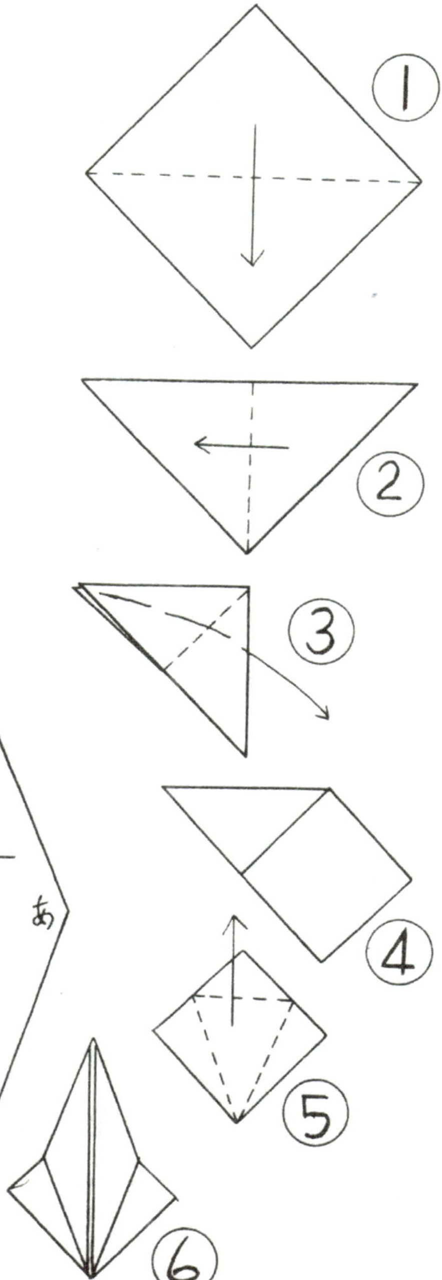

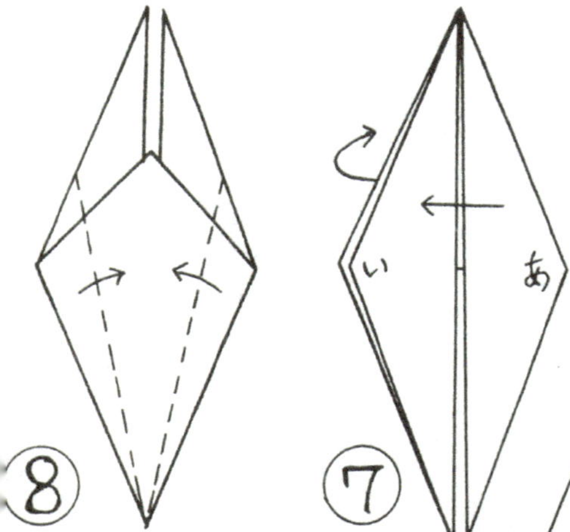

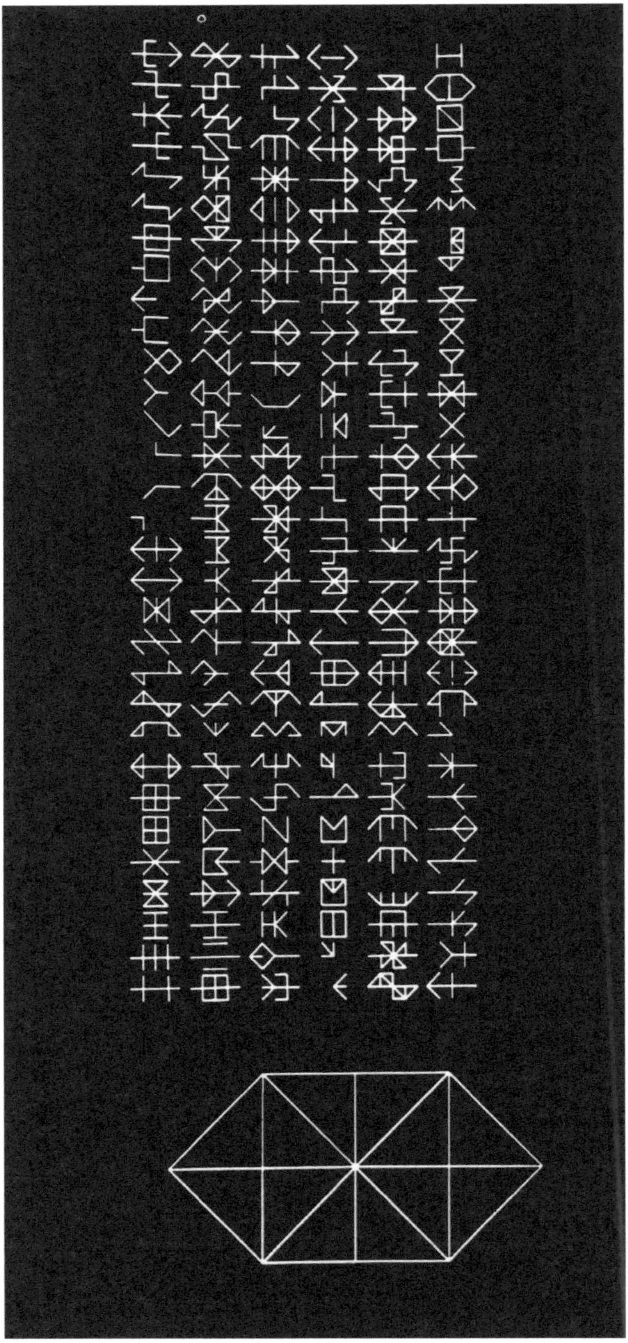

Die Analyse der Formen

Aufgabe dieser Übung war es, die Formen zu erkennen, die in einer gegebenen Form enthalten sind. Die große Zeichnung am unteren Bildrand, die aus vertikalen, horizontalen und diagonalen Linien besteht, sollte analysiert werden. Wählt man einige Linien aus und entfernt andere, entdeckt man, wie viele unterschiedliche Zeichnungen in einer einzigen Zeichnung stecken. Diese kreative Übung wurde von Professor Zoran Didek für Studierende der Universität für bildende Künste in Ljubljana entwickelt.

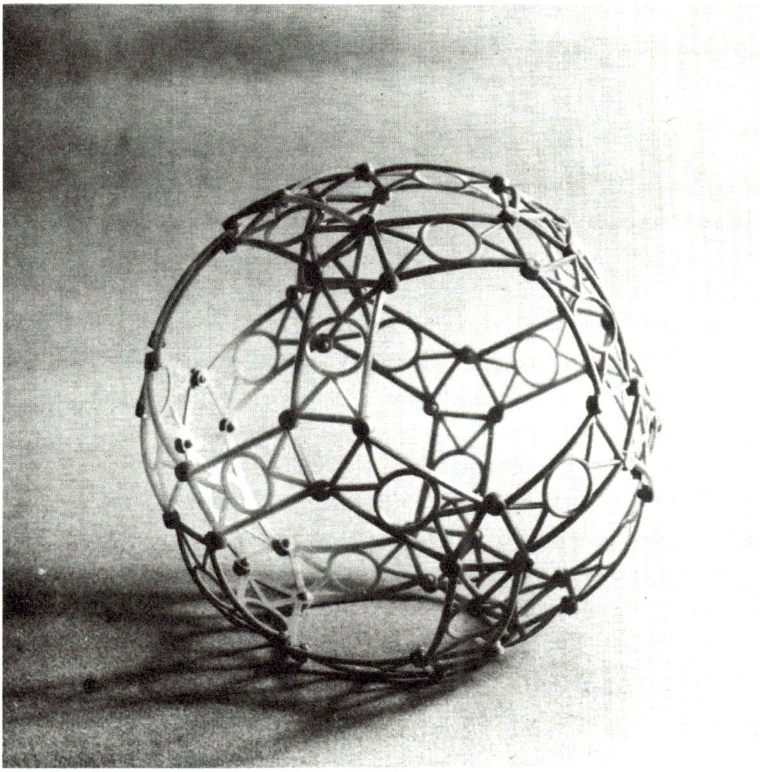

Diese auf Strukturen basierenden Spiele lassen Kinder geometrische Formen verstehen, die selbst für Erwachsene schwierig zu erfassen sind. Dieser Ball etwa ist aus kleinen Elementen aufgebaut, die alle der gleichen, simplen Regel folgend miteinander verbunden sind.

D'Arcy Thompson zeigt in seinem Buch *On Growth and Form*, wie sich die Formen der Natur erschließen, wenn man das Wachstum von Pflanzen studiert. Das umfangreiche Buch, das 1917 auf Englisch erschien, führt in die Methode von Thompsons Forschungen ein und illustriert sie mit zahlreichen Beispielen. Seine Methode dreht sich einerseits um die Natur selbst, diskutiert aber auch etwas, das man Bewusstsein der Natur nennen könnte. Seine Methode ist daher dem asiatischen Denken ähnlicher als dem westlichen, da letzteres meist nicht über eine formale Analyse hinauskommt. Das soll aber nicht den Eindruck erwecken, der Analyse fehle es an wissenschaftlicher Strenge, das Buch ist voll von objektiv ermittelten Daten. Aus diesem Grund ist es für mich eines der schönsten Beispiele dafür, wie das Bewusstsein für die Realität vergrößert werden kann. Die »Nachahmung der Natur«, wie sie an Kunstakademien immer noch unerbittlich praktiziert wird, könnte mit dem Ansatz von D'Arcy Thompson verbessert werden und zu einem besseren Verständnis der Natur beitragen.

Auch Leonardo da Vinci erforschte die Natur mit einer wissenschaftlichen Methode. Er beschränkte sich nicht einfach darauf, das zu zeichnen, was er sah, sondern wollte verstehen, warum ein Objekt genau diese Form hatte. Als er etwa die Bestandteile des menschlichen Körpers zeichnete, stellte er sie als einen Mechanismus dar, in dem zwar jeder Teil als einzelner erfasst wird, der Clou aber darin besteht, dass die Teile zusammenwirken, indem sie sich strecken und beugen lassen. In manchen Darstellungen werden die Muskeln wie feine, elastische Bänder gezeichnet, um bereits die Funktion anzudeuten, die sie im größeren Zusammenhang besitzen. Aus diesen Untersuchungen bezog Leonardo zahlreiche Anregungen für seine Projete. Viele seiner Projekte lassen sich so verstehen, dass Leonardo sein Wissen über die Funktionsweise des menschlichen Körpers auf andere mechanische Zusammenhänge übertrug.

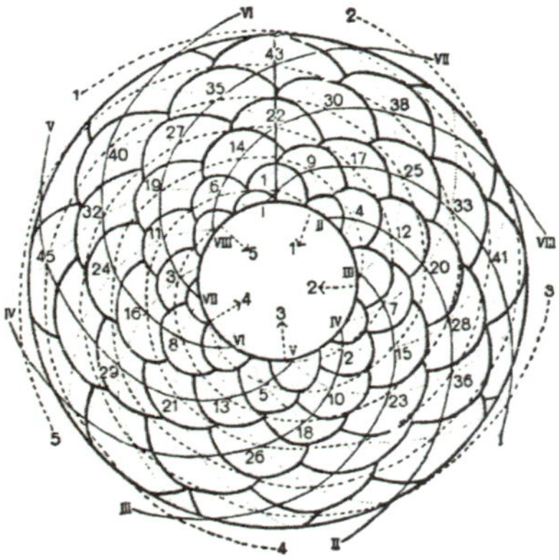

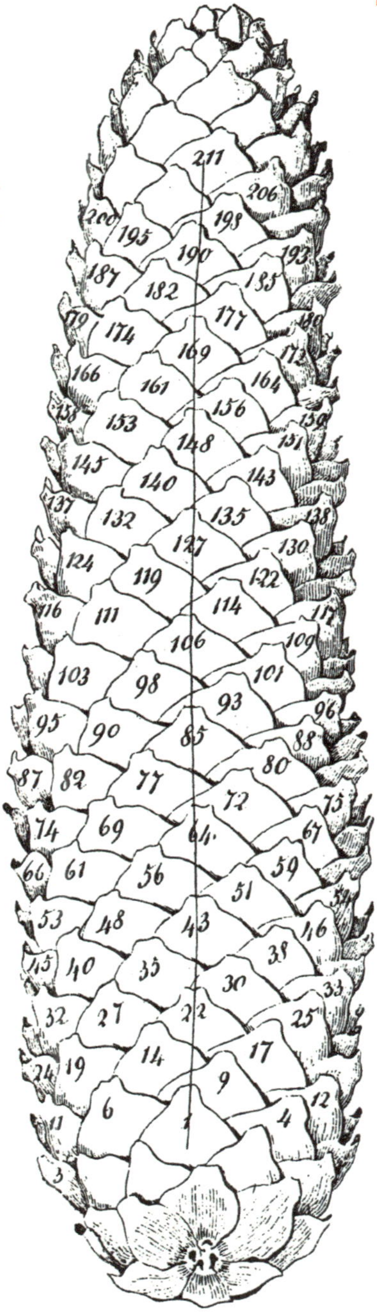

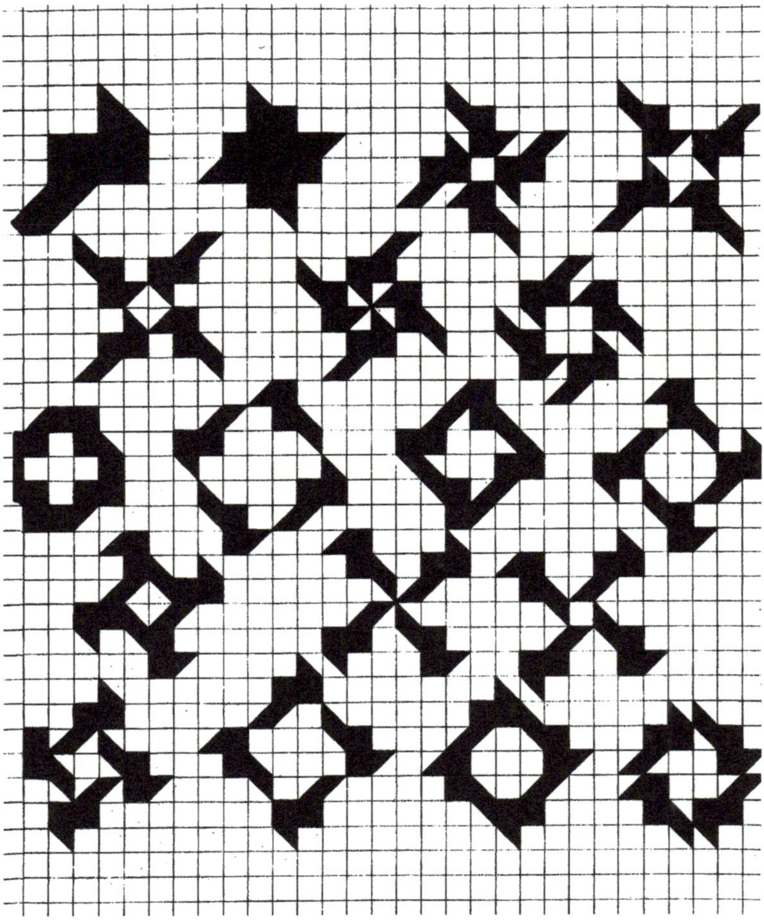

Ein Beispiel von zweidimensionalen Modulen, die auf unterschiedliche Weise in kreisförmiger Symmetrie angeordnet wurden.

Kombinierbare Module in strukturierten Bereichen

Eine weitere Übung, um die Kreativität anzuregen: Man benötigt dazu Blätter aus Papier mit der Form eines Rechtecks oder eines Tetraeders. Auf diese Blätter zeichnet man Module, geschlossene Flächen, deren Umgrenzung der vorgegebenen Struktur der Rechtecke oder der Tetraeder folgt. Die Formen können aus geraden Linien oder kreisförmigen Kurven bestehen, die man mit einem Zirkel zieht. Wichtig ist, dass jede Ecke und jede Kante mit der Spitze einen Knotenpunkt der vorgegebenen Rechtecke berührt. Bei den mit dem Zirkel gezogenen Kurven sollte man darauf achten, dass sich ihr Zentrum mit der Grundform des Blattes deckt. Je nach Geschmack des Zeichners oder der Zeichnerin werden auf diese Weise unterschiedliche Formen entstehen. Jeder schneidet dann vier Module aus, wenn er auf einem quadratischen Gitter gearbeitet hat, beziehungsweise drei, wenn sie mit einem dreieckigen gearbeitet hat. Diese Module arrangiert man jetzt zu einer kreisförmigen Gruppe, aber ohne dass sich ihre Konturen überlappen. Verändert man den Berührungspunkt, so verwandelt sich auch die Gesamtform der jeweiligen Modulgruppen. Formexperimente können auch in die dritte Dimension übertragen werden, indem man Teile eines Moduls entlang einer Linie faltet, die durch die Struktur des Blattes vorgegeben wird. So erhält man modulare Kompositionen, die sich vielfältig variieren lassen. Diese Übungen erlauben zu verstehen, welche Probleme es gibt, wenn man einen Raum anders aufteilt und was man beachten muss, wenn man Module anfertigt, egal ob im Design oder in der Architektur. In den internationalen Pavillons großer Messen finden sich häufig Ausstellungsgebäude, die nach diesem System gebaut wurden, eben weil es ein effizienterer Weg ist, etwas zu bauen und gleichzeitig mehrere Varianten von Kombinationen ausprobiert werden können. Die Konstrukteurin folgt dabei einer logischen Methode, sie erfindet die Form nicht, sondern geht nach einem kompositorischen Prinzip vor. Die ältesten Beispiele dieses Verfahrens finden sich in chinesischen, arabischen und persischen Dekorationen.

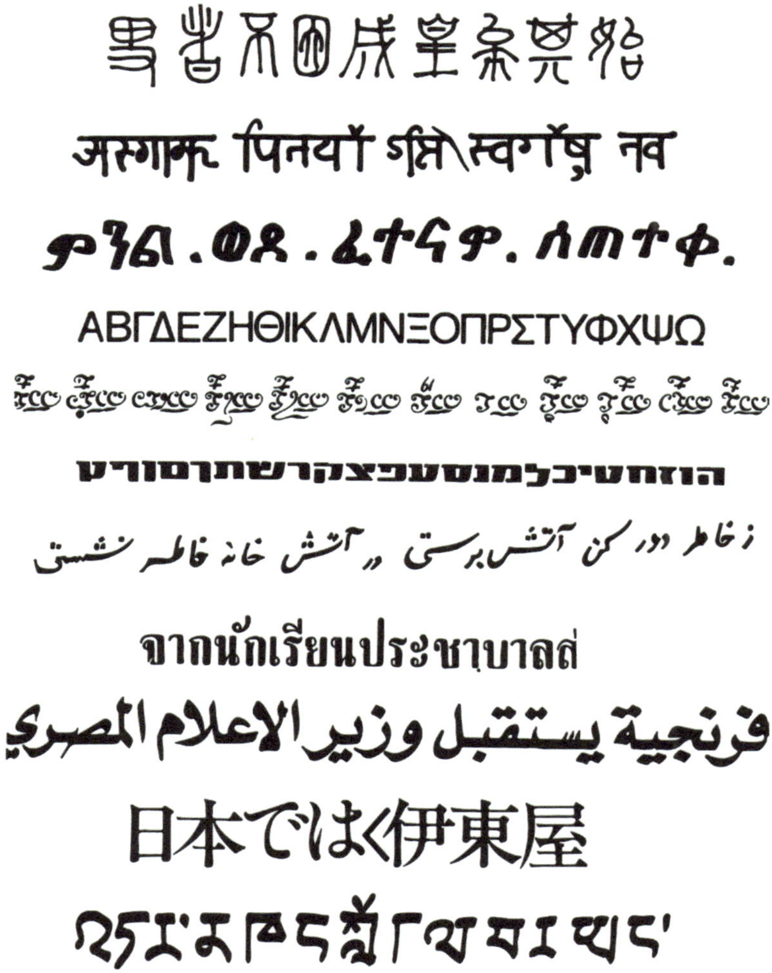

Verschiedene Schriften unterschiedlicher Kulturen. Von oben nach unten: Altchinesisch, Sanskrit, Amharisch, Griechisch, Bengalisch, Hebräisch, Altpersisch, Thailändisch, Arabisch, Japanisch, Tibetisch.

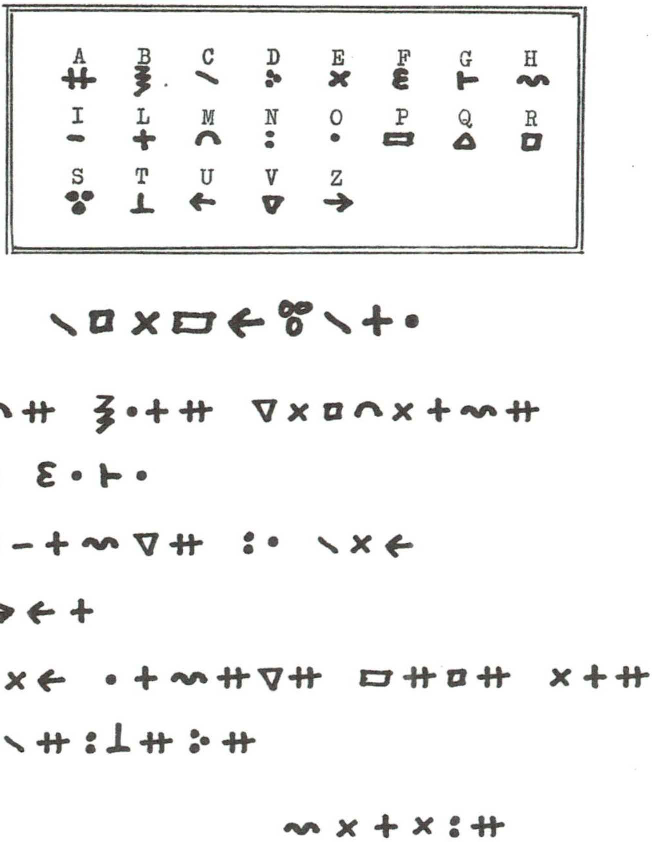

Um die Sprache und auch die Schrift des Menschen zu studieren, hat Mario Lodi (Scuola di Vho) ein Problem in ein Spiel verwandelt. Er lässt die Kinder selbst Zeichen erfinden und erlaubt ihnen so, ihr eigenes Alphabet zu entwerfen. Mit diesem Alphabet beginnen die Kinder dann Texte zu schreiben. Hier ein Gedicht von Elena. Aus der Schülerzeitung »Insieme« der fünften Klasse in Vho.

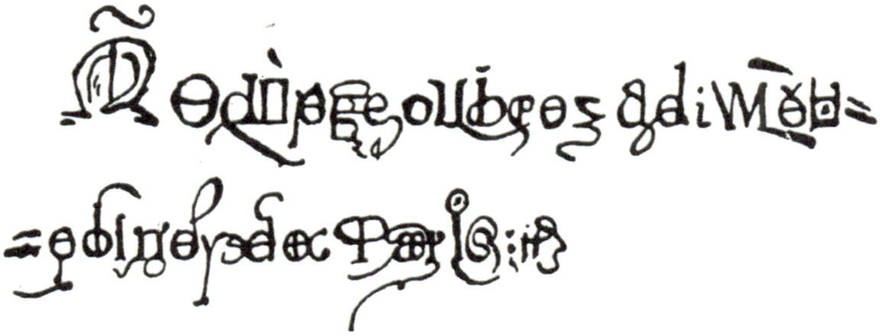

Le caillou mort d'amour,
Mondschrift von Charles Cros. 1886.
Aus dem Magazin Bizarre, 1964, Paris

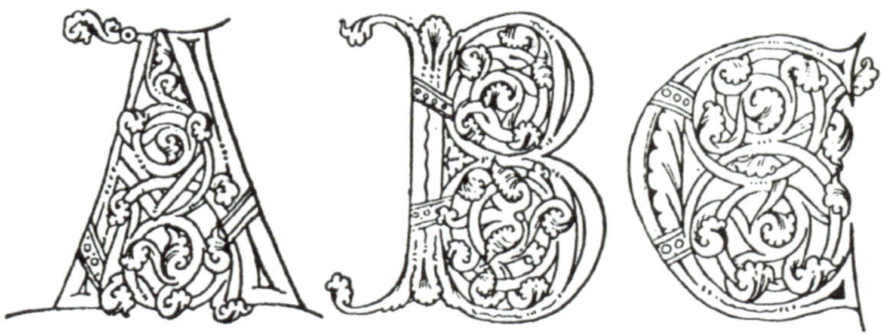

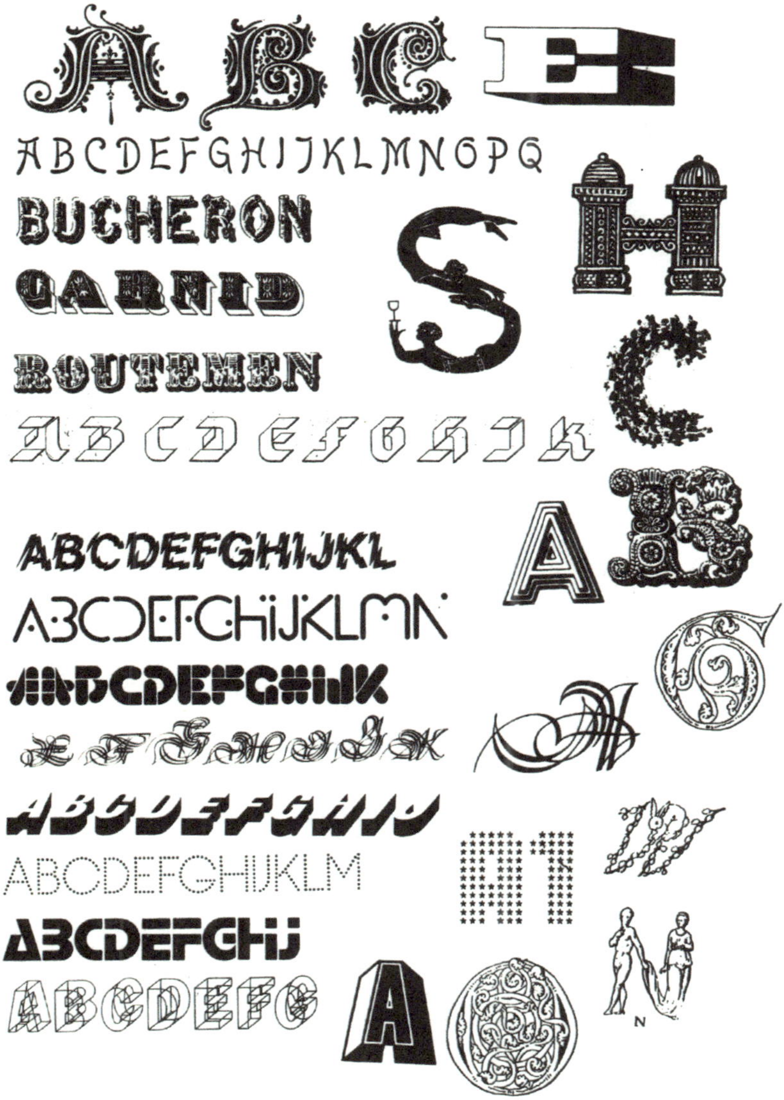

Einige Schrifttypen, fantastische, bekannte und neue

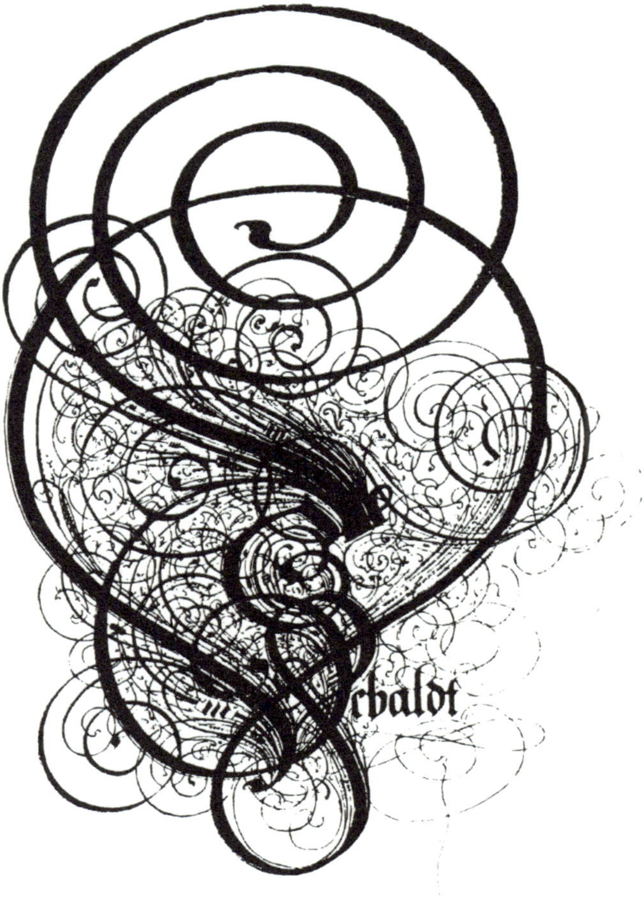

Muster einer gotischen
Majuskel aus dem
17. Jahrhundert

Die Drucktype Bifur aus dem Jahr 1929, entworfen von Cassandre für die Fonderie Deberny et Peignot

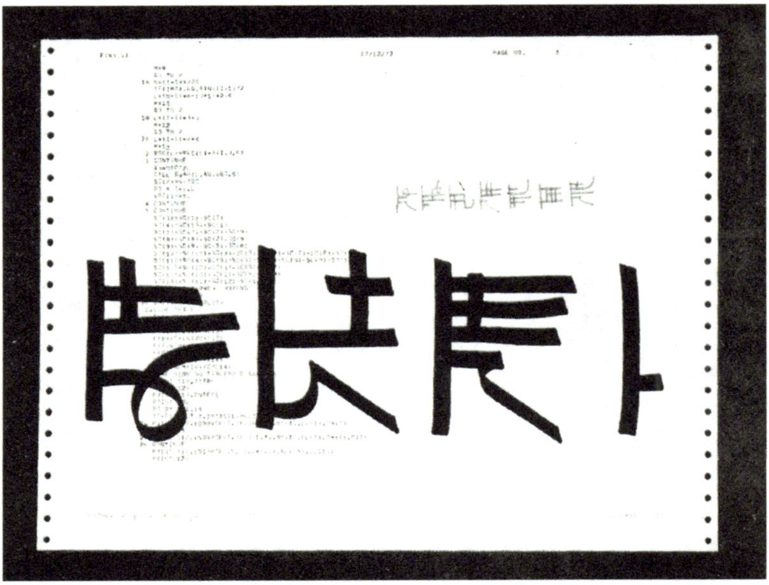

Unleserliche Schriften von unbekannten Völkern, von Bruno Munari, auf Druckpapier, 1973, Foto Furia

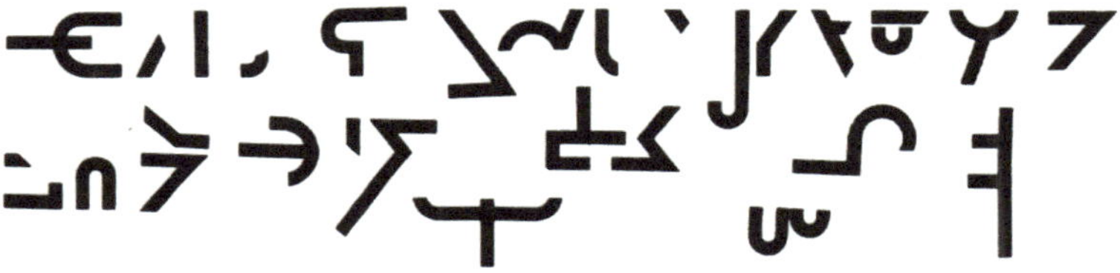

È ciò che ha detto Isi la grande: un tale, figlio di un tale, viva.
Kreative Verwendung eines erfundenen Alphabets von Giovanna Sandri, 1975

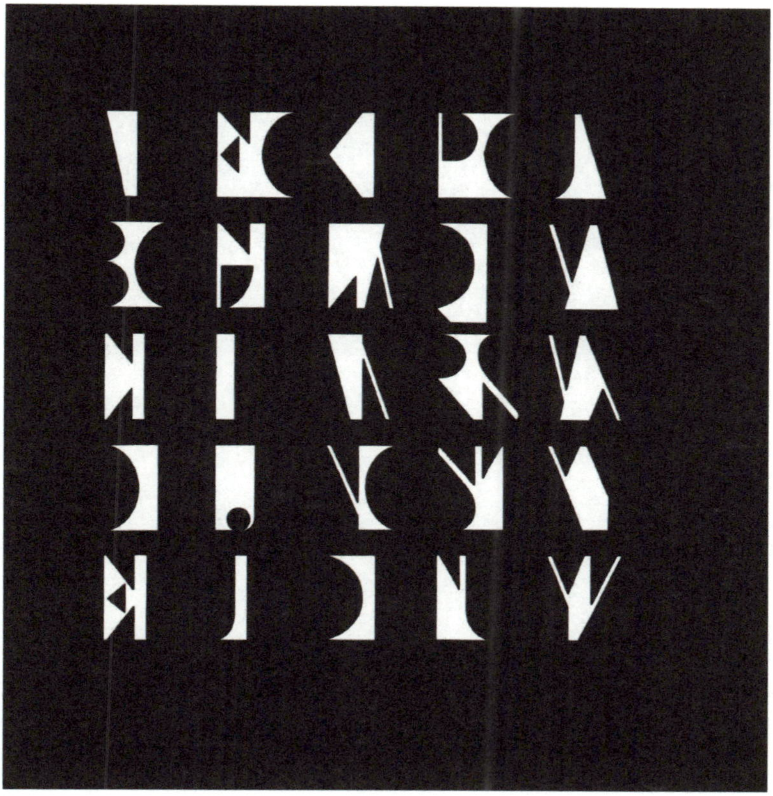

Visualisierung des Raumes zwischen den Buchstaben des Alphabets. Pino Tovaglia, 1974. Führt man sich den Zwischenraum so vor Augen, wirkt jeder einzelne Zwischenraum wie ein für sich stehender Buchstabe. Und, wenn das der Fall wäre, hätte dann nicht jeder Zwischenraum einen eigenen Klang? Zwei Buchstaben bestimmen den Zwischenraum.

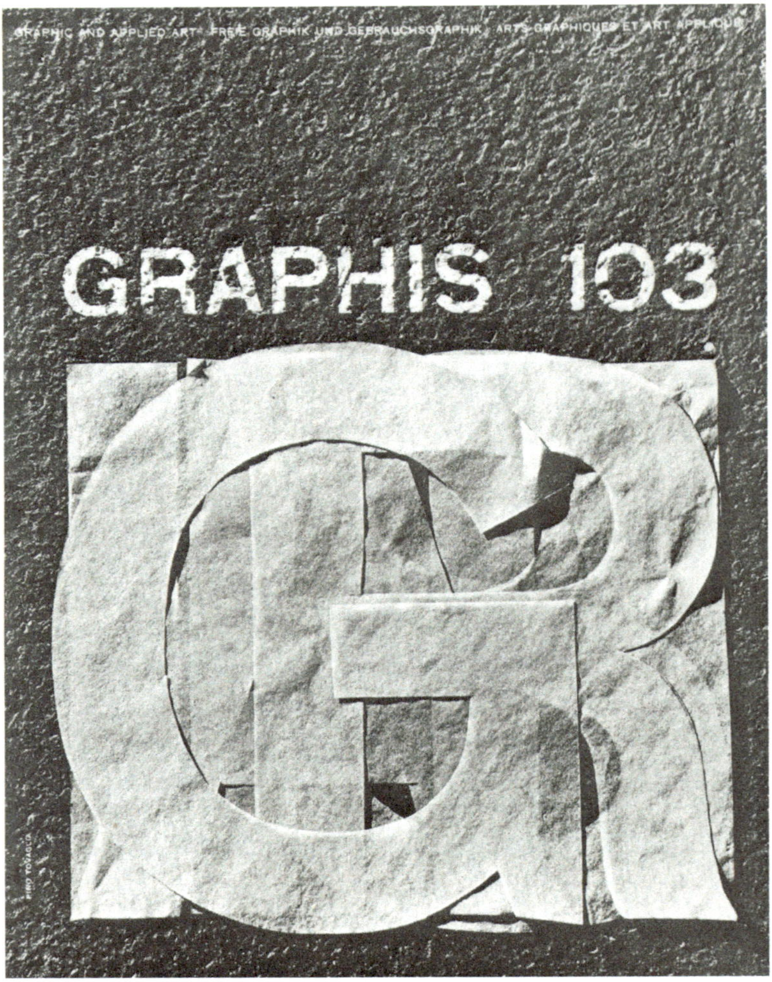

Umschlag der Zeitschrift *Graphis,* Pino Tovaglia, 1960. Der Autor legt eine Interpretation des Wortes »Graphis« vor, die in die Tiefe geht, da er die Buchstaben, aus denen das Wort besteht, übereinanderlegt. Gefertigt wurden die Buchstaben aus einem halbtransparenten Papier. Die Buchstaben werden in der Reihenfolge der Lektüre aufeinandergelegt.

ROC-A

0123456789

1428

0123456789

7 B

0123456789

NOF

0123456789

Von IBM entworfene Ziffern, die von elektronischen Rechnern gelesen werden können

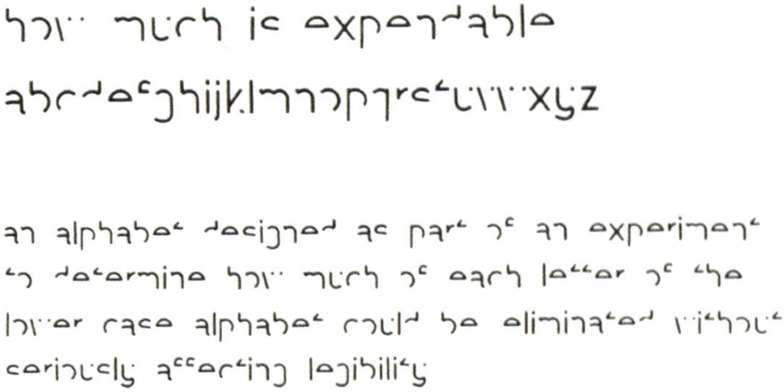

Ein Experiment von Brain Coe, in dem herausgefunden werden sollte, wie viel man von jedem Buchstaben eines klein geschriebenen Alphabets weglassen kann, ohne dass die Lesbarkeit darunter leidet.

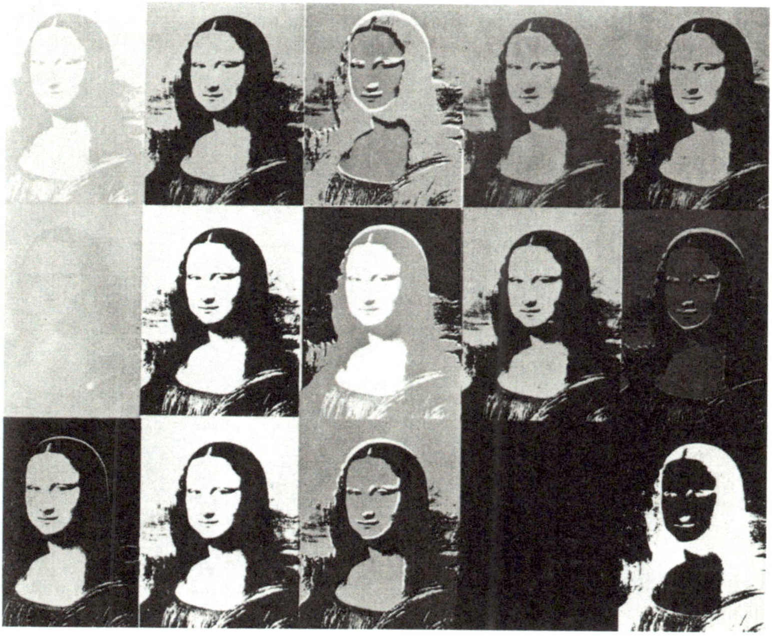

Grafische Variationen der Mona Lisa von Pino Tovaglia, 1962. Eine Sequenz von vierfarbigen Drucken des berühmten Gemäldes. Nebeneinander gestellt werden die Effekte der unterschiedlichen Farbkombinationen deutlich.

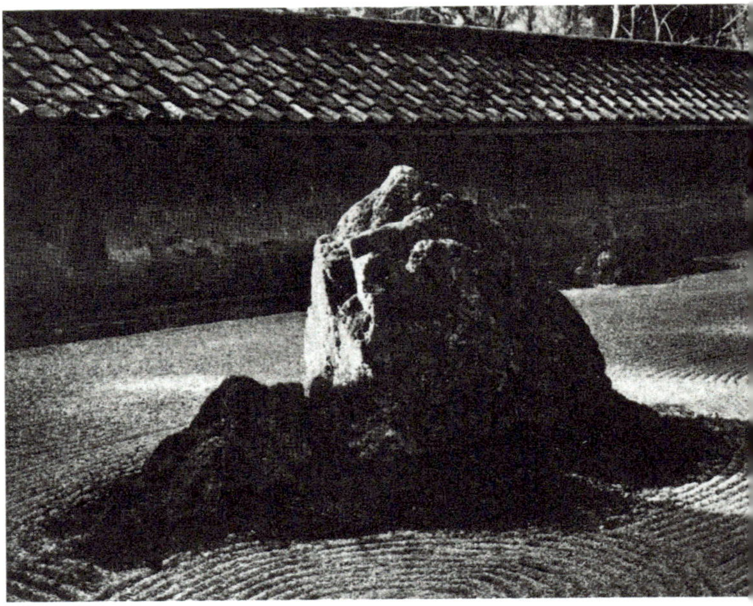

Der Garten von Ryoanji in Kyoto (Japan). Dieser wahrscheinlich berühmteste aller Zen-Gärten wurde gegen Ende des 15. Jahrhunderts von einem angesehenen Gärtner angelegt und gilt als die letzte von ihm gestaltete Anlage. Gewöhnlich sind Gärten zum Spazieren gedacht und erhalten ihre Form durch Beete, Pflanzen und Blumen. Dieser Garten dient dagegen nur der Kontemplation. Sein Boden ist von kleinkörnigem Schotter bedeckt, fünfzehn Steine sind in zwei Fünfer-, einer Dreier- und einer Zweiergruppe angeordnet. Es gibt keinen Punkt in diesem Garten, von dem aus man alle Steine sehen könnte, ein Stein wird immer von einem anderen verdeckt. Das Konzept besteht also darin, zu wissen, dass es fünfzehn Steine gibt, aber nie alle auf einmal sehen zu können. Diese Anlage erinnert einen damit an alles, von dem man weiß, dass es existiert, ohne es aber jemals im Blick gehabt zu haben. In gewisser Weise ist dieser Garten das Gegenteil der berühmten italienischen Gärten, in denen Pflanzen auf geometrische Formen zugeschnitten werden, zu Würfeln, zu Kugeln, zu Kegeln oder zu Tierformen. Die italienische Idee ist die kindlichere, denn bei ihr wird das, was man kennt, auf das, was man nicht kennt, übertragen und in eine Form gezwängt – ohne damit einen Gedanken anzustoßen.

Fünfzehn Steine

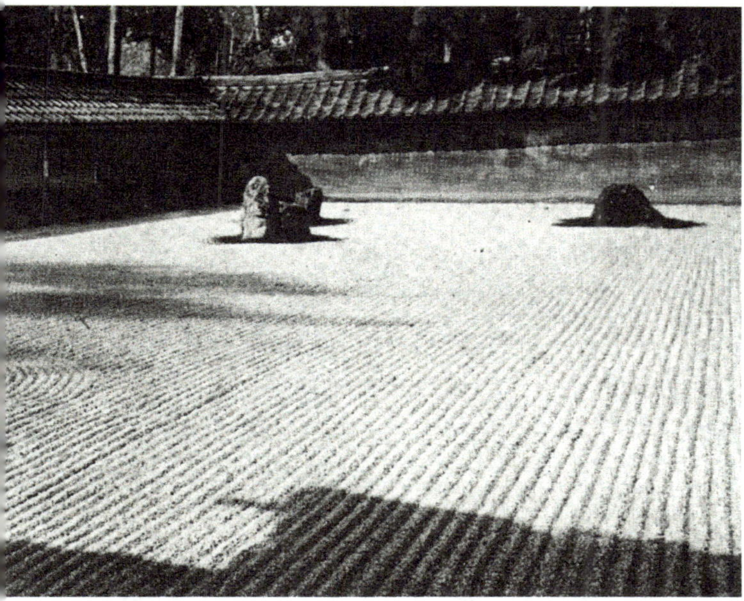

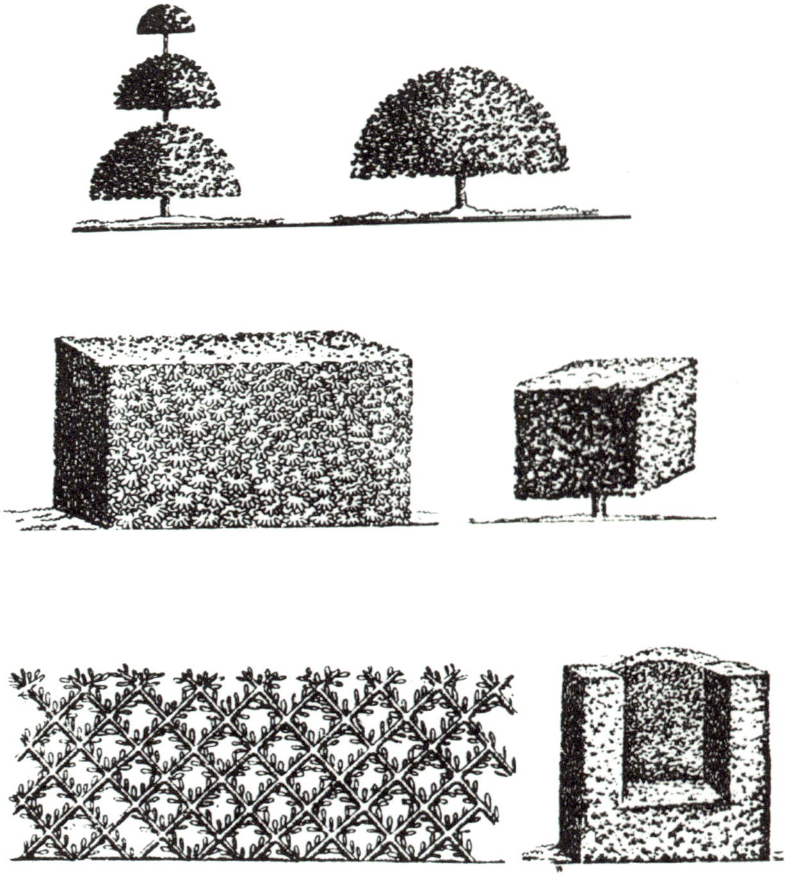

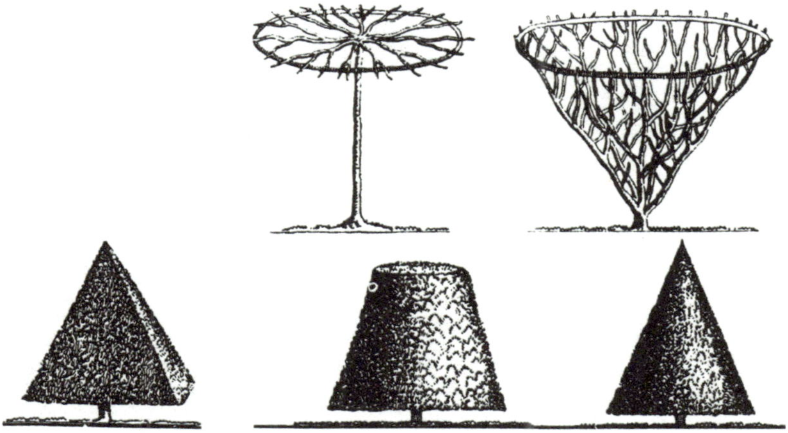

Pflanzen stur nach einem bestimmten Vorbild zu modellieren, bedeutet, die natürliche Form einer Pflanze nicht verstanden zu haben. Es ist also kein Akt der Fantasie, sondern ein Akt des Stumpfsinns und der Ignoranz.

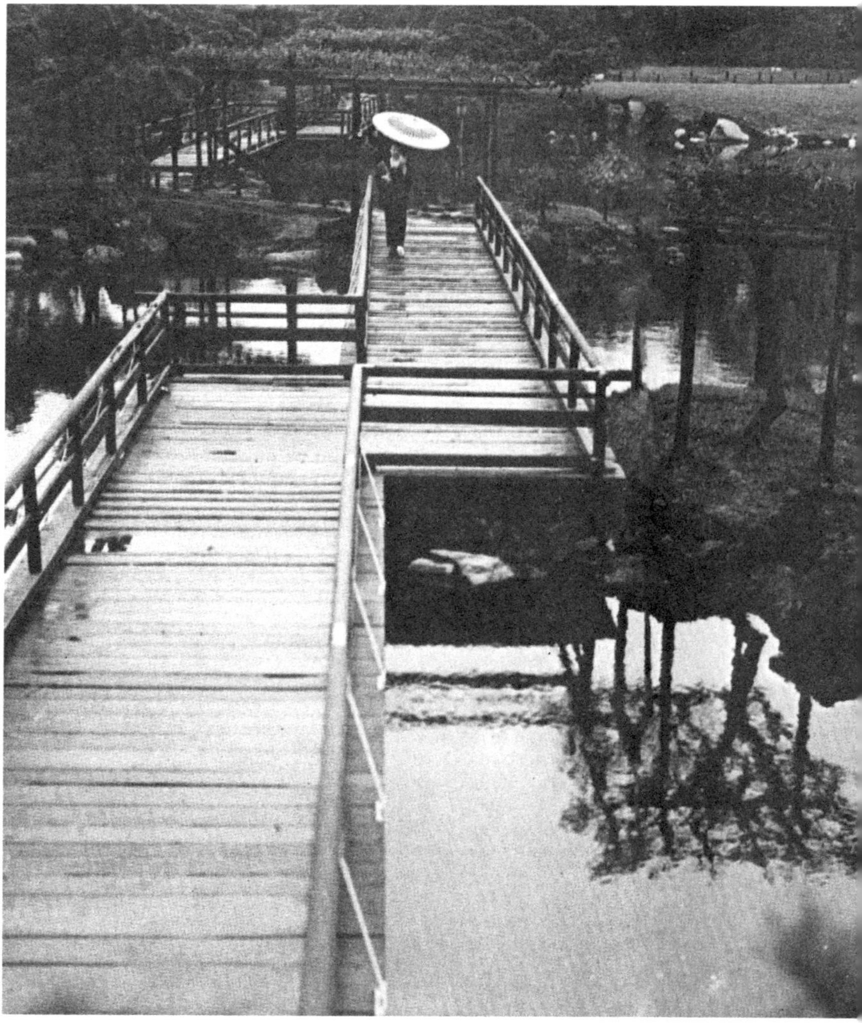

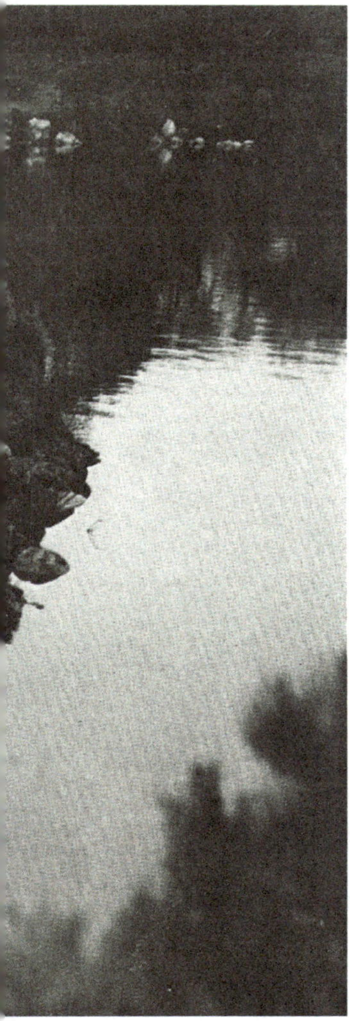

In japanischen Landschaften gelten gerade gebaute Brücken als Banalität, besonders wenn die Brücke Teil eines Promenadenweges ist. Eine gebrochene Brücke, wie die am Foto abgelichtete, ist dagegen ein Anstoß zur Fantasie, denn der Gedanken wird dabei in eine neue Richtung gelenkt. Ein japanisches Sprichwort sagt: Die Perfektion ist schön, aber sie ist stumpfsinnig, man muss sie kennen und verwenden, aber auch mit ihr brechen.

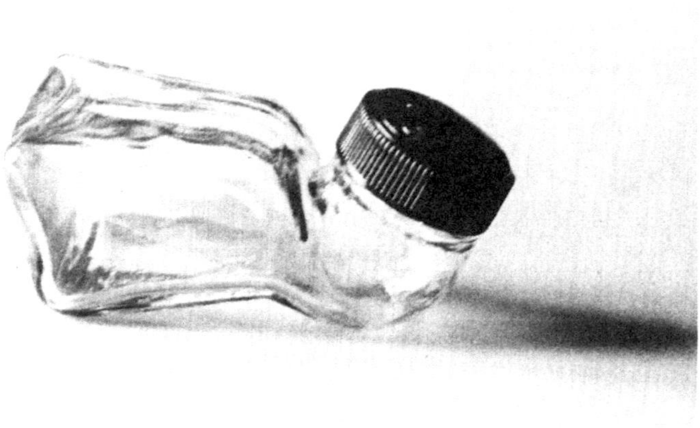

Eine von der ersten Bauhaus-Bewegung entworfene Tintenflasche.Die Form der Flasche ergibt sich aus der Analyse der Funktion und gilt deshalb als konsequente Form. Zur Zeit des Bauhaus schrieb man immer noch mit Tinte und Feder. Taucht man die Feder in eine vertikale Flasche, wird häufig auch der Teil der Feder mit Tinte benetzt, den man zwischen den Fingern hält. Der Vorteil der neu designten Flasche ist, dass die Feder nicht tiefer als nötig in die Tinte getaucht werden kann. So erhält man immer eine ähnlich große Menge an Tinte und beschmutzt weder die Feder noch die Finger.

Zwischen anderen Behältern aus Glas wird dieses etwas merkwürdig aussehende Fläschchen auffallen, denn selbst wenn es nur in der Vitrine steht, macht es durch seine Form auf seine Funktion aufmerksam. In diesem Fall ist die Form also keine Laune, der es um ein seltsam aussehendes Ding geht, sondern die Form ist die logische Antwort auf die Funktion und als solche macht sie sich bemerkbar. In den 1920er Jahren konnte man noch andere Arten von fantastischen Fläschchen erwerben, die die Form einer Hand, eines Revolvers, einer Frau, eines Garibaldi oder eines Fisches hatten. Noch heute tauchen sie manchmal bei Altwarenhändlern auf.

Ein erfundenes Museum

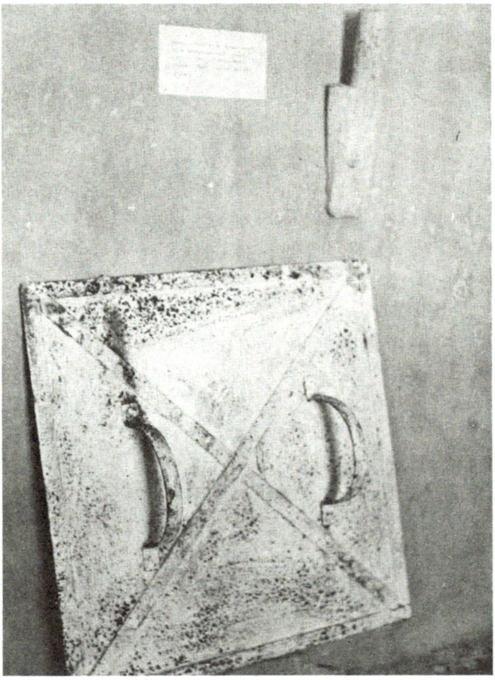

Einige Flecken auf der feuchten Wand erinnerten uns an eine Inselgruppe. Nachdem wir Schildchen mit Inselnamen darunter geklebt hatten, erschien die Wand des kleinen Bauernhauses auf der Insel Panarea wie eine vor langer Zeit angefertigte Karte eines Archipels. Die Namen der Inseln gab es zum Teil wirklich, zum Teil waren sie frei erfunden. Sie hießen Vulcano, Lipari, Dattilo, Basiluzzo und Panarea. Aber da die Wand mehr Flecken hatte, als es Inseln rund um Panarea gab, fügten wir noch Panaruzzo, Liparea, Salinea, Stromboluzzo und andere hinzu. Alberto und ich hatten dabei viel Spass. In diesem beinahe leeren Haus fanden sich viele weitere Objekte, mit denen wir unser Spiel der visuellen Ähnlichkeiten fortsetzen konnten. Wir entdeckten, dass die viereckige Ofentür aus Metall auch ein Schild sein

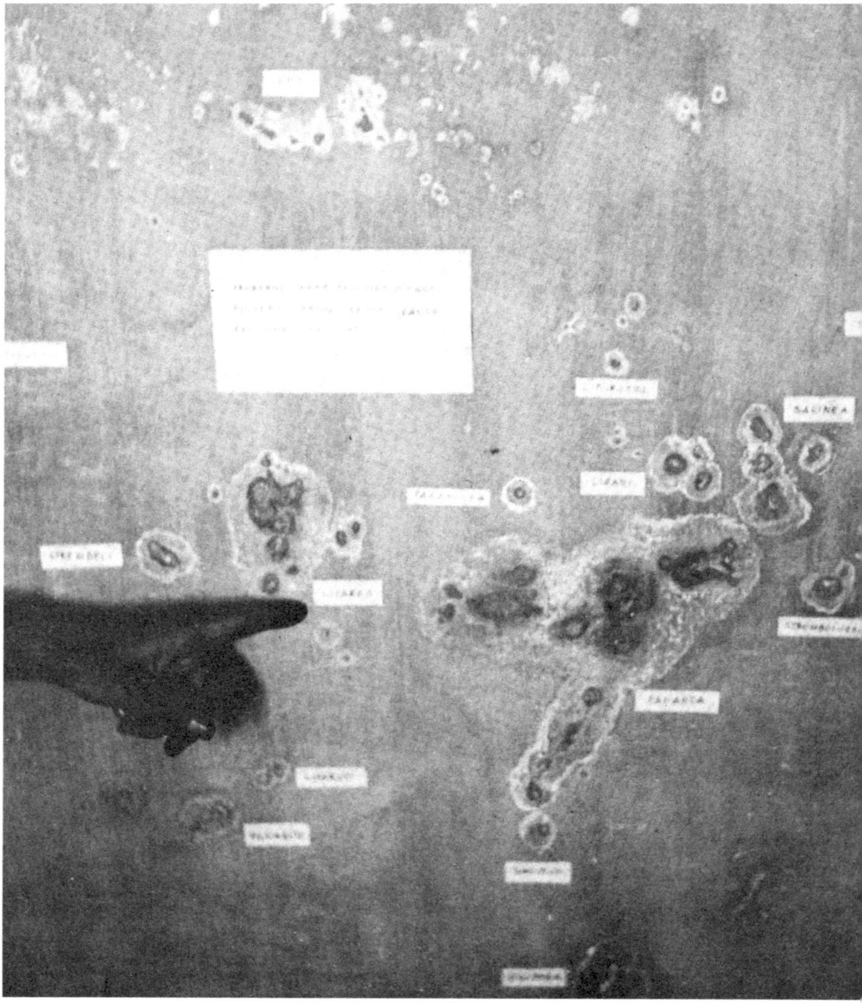

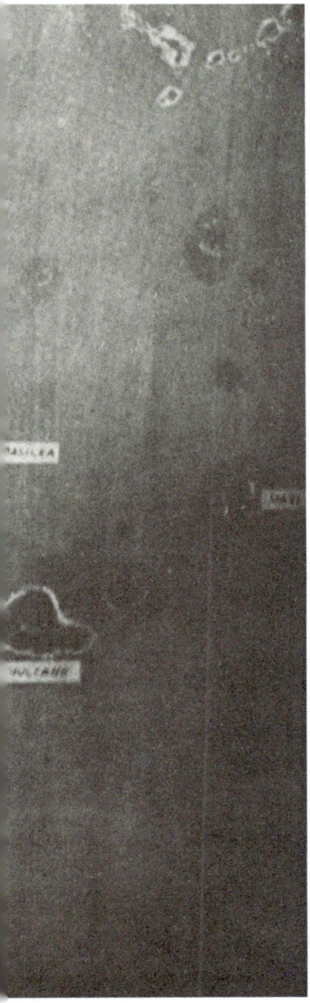

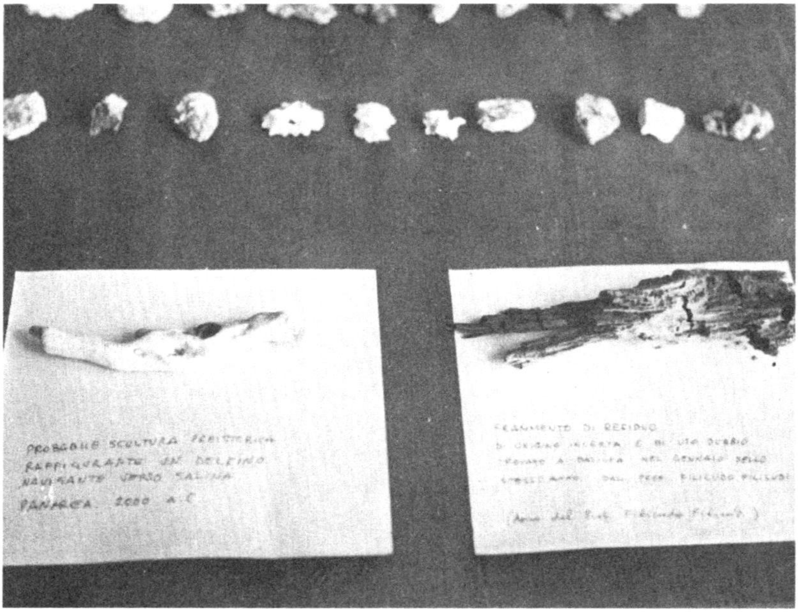

könnte und dass das Reibebrett etwas von einer Waffe hatte. Beide Objekte beschrifteten wir, schon waren sie Ausstellungsstücke. Wir machten also aus diesem Ort ein Museum und luden zur Eröffnung einige Bekannte ein, die gerade ihre Sommerferien auf Panarea verbrachten. Einem holzartigen Stein dichteten wir an, er sei von den Bewohnern der Insel als Boje verwendet worden, als der Bimsstein noch unbekannt war. Auch eine Statue gab es dort, sie stellte die strenge Frau des Fischers dar und nur Ignoranten hielten sie für eine trockene Wurzel eines Kapernstrauchs. Nicht unweit von der Statue fanden wir einen äolischen Keuschheitsgürtel aus Eisen, in dem zwei verdächtig verrostete Löcher waren. Und ein Stück Treibholz erinnerte uns an einen abstrahierten Delfin. Aufschlussreich waren auch einige Holzsplitter, groß wie Bleistifte, denn sie stammten vom Holzbein eines Piraten und es gab von ihnen so viele, dass wir aus ihnen einen ganzen Seeräuber rekonstruieren konnten. Seine Konturen malten wir auf einen Bogen Papier, die Splitter setzten wir an die richtige Stelle des Beines. (An diesen Holzsplittern entzündete sich unsere theoretische Rekonstruktion abwegiger Objekte.) Am Strand vor Stromboluzzo stießen wir noch auf das Fragment eines Über-

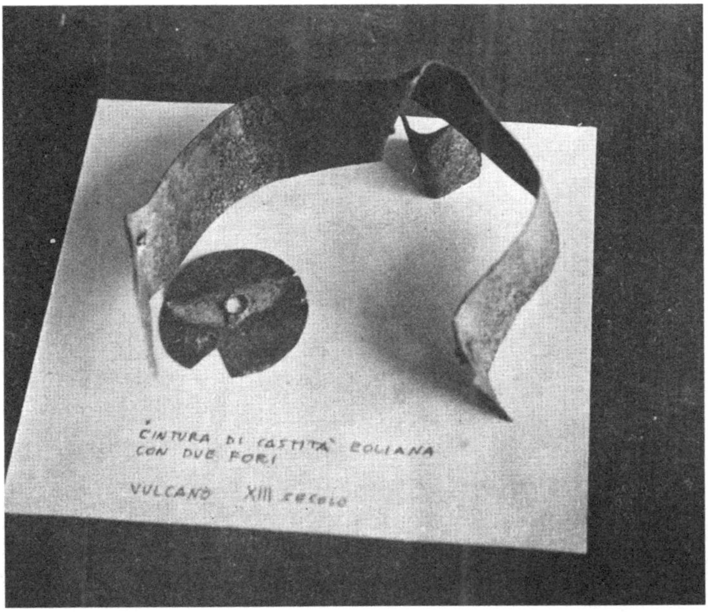

bleibsels. Es war unbekannten Ursprungs und seine Verwendungsweise gibt Historikern und Ethnologinnen bis heute Rätsel auf. Wir überreichten es Herrn Professor Filicudo Filicudi, dem offiziellen Rechtsbeistand des erfundenen Museums, als bedingungsloses Geschenk. Die Vernissage, zu der wir viele Freunde einluden, musste am Nachmittag stattfinden, da es damals auf Panarea noch kein elektrisches Licht gab.

Professor Filicudo Filicudi übermittelte uns eine Nachricht, die er auf das ohrenförmige Segment eines Feigenkaktus geschrieben hatte. Er bedaure außerordentlich, dass er der Eröffnung nicht beiwohnen könne, deshalb habe er seine persönliche Schere geschickt, um dem roten Band die Ehre zu erweisen.

Unsere Freundinnen bewunderten das Museum, Piero di Blasi machte Fotos, wir tranken regionalen Wein und aßen die Mandeln vom Baum, der vor dem Eingang des Museum stand. Als es dunkel wurde, machten alle ihre Taschenlampen an und man unterhielt sich blendend miteinander bis in die frühen Morgenstunden. Mit dem Einbruch der Dunkelheit öffneten sich die Blüten des Kapernstrauchs und parfümierten die Luft.

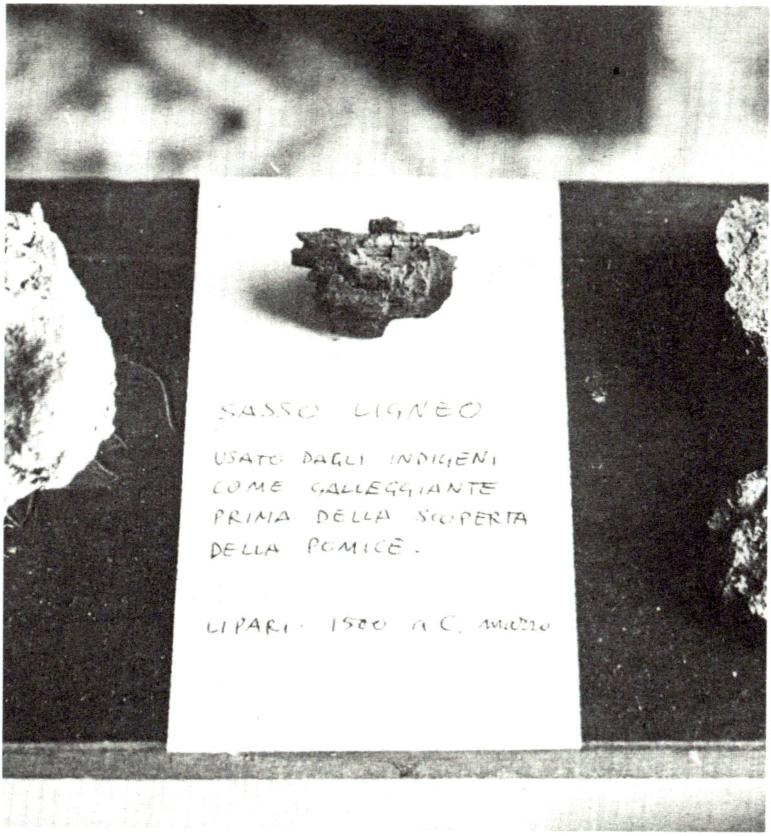

Hölzerner Stein. Wurde von den Eingeborenen als Schwimmstein verwendet, bevor der Bimsstein entdeckt wurde.

Am nächsten Tag mussten wir das Museum zerstören, sonst wären schnell die ersten Touristen gekommen und hätten sich pflichtbewusst durch unser Haus geschoben, wie durch ein echtes Museum.

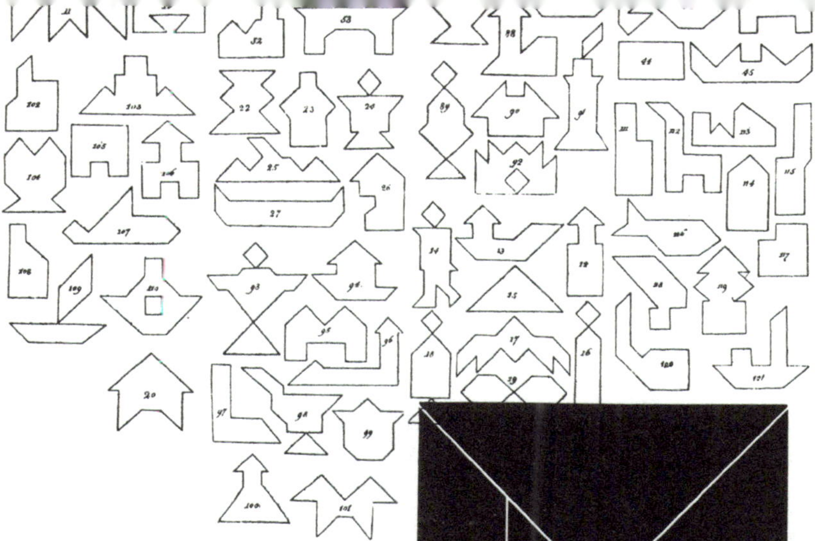

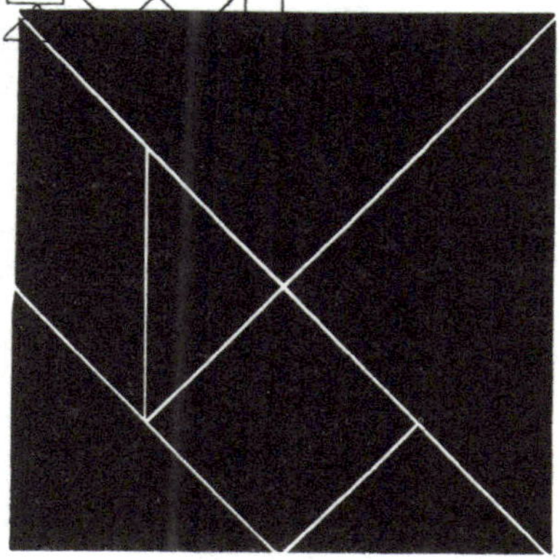

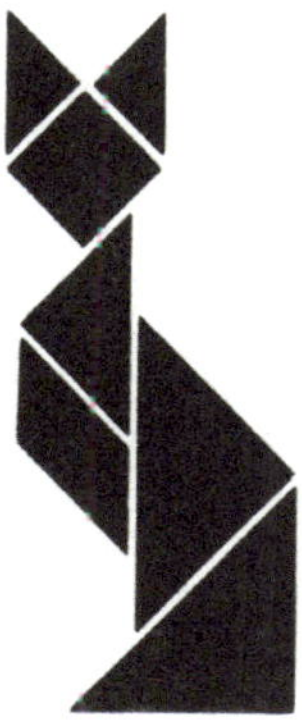

Ein Objekt kann auch ein anderes Objekt sein: Das ist das Bewusstsein für Veränderungen. Und die Veränderung ist die einzige Konstante der Realität. (Viel zu viele haben schon gesagt, dass sich alles verändert.) Um den Kindern beizubringen, dass sich alles verändert, ist in China ein uraltes Spiel verbreitet, es heißt Tangram. Es besteht aus einer quadratischen Holztafel, die in sieben Teile aufgeteilt wird. Diese Teile lassen sich auf unendlich viele Arten kombinieren und so unendlich viele Kombinationen entstehen.
Die Formen sind immer die gleichen (ein in sieben Teile geteiltes Quadrat), aber die Zahl der möglichen Kombinationen ist unendlich.

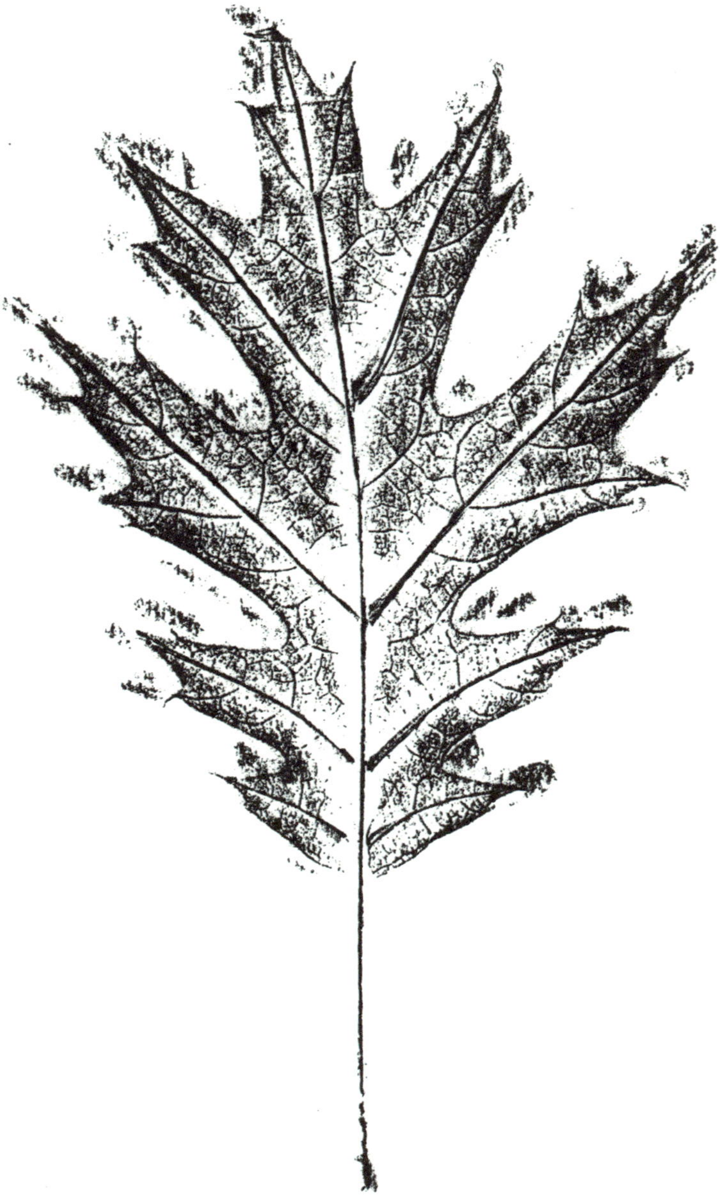

Der Abdruck eines
Eichenblattes

Woraus etwas entsteht

Das Blatt eines Baumes ist ein ausgezeichnetes Objekt, um latente Relationen sichtbar zu machen. Zunächst fertigt man einen Abdruck eines Eichenblattes an, wie man ihn hier sehen kann. Auf diesen Abdruck legt man ein halbtransparentes Papier und zeichnet, als erste Übung, die Umrisse des Blattes nach. Auf dem nächsten Papier zeichnet man nur das zentrale Skelett nach. Auf dem nächsten nur die extremsten Punkte. Auf einem anderen nur die inneren Punkte der Struktur. Auf eines zeichnet man die Linien zwischen den extremen Punkten und so weiter und so fort …

Hat man einige dieser analytischen Blätter beisammen, kann man sie übereinanderlegen und so unterschiedliche Grade von Komplexität erzeugen. Gleichzeitig entstehen mit jeder Überlagerung neue Bilder. Allen Bildern ist gemeinsam, dass sie auf dem gleichen Blatt basieren. So sieht man, was alles in einem Eichenblatt steckt. Genug für jeden, um seine persönliche Form zu finden.

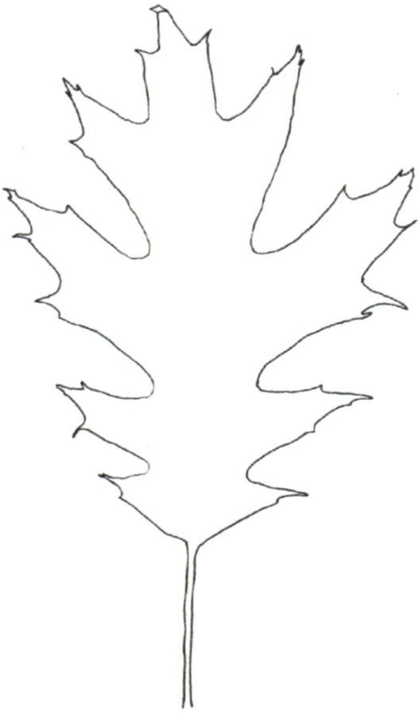

Kontur des Eichenblattes

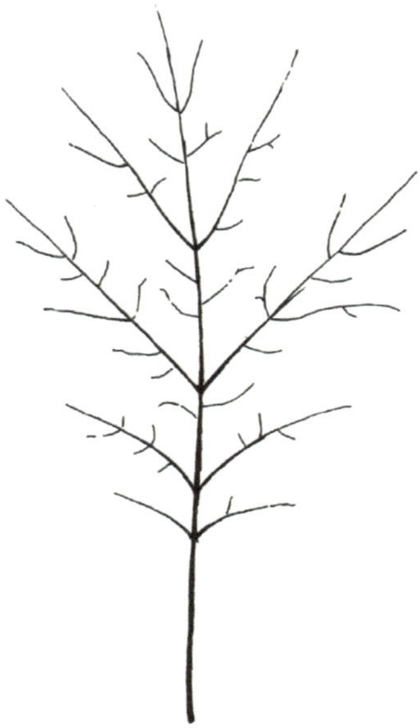

Skelett des Eichenblattes

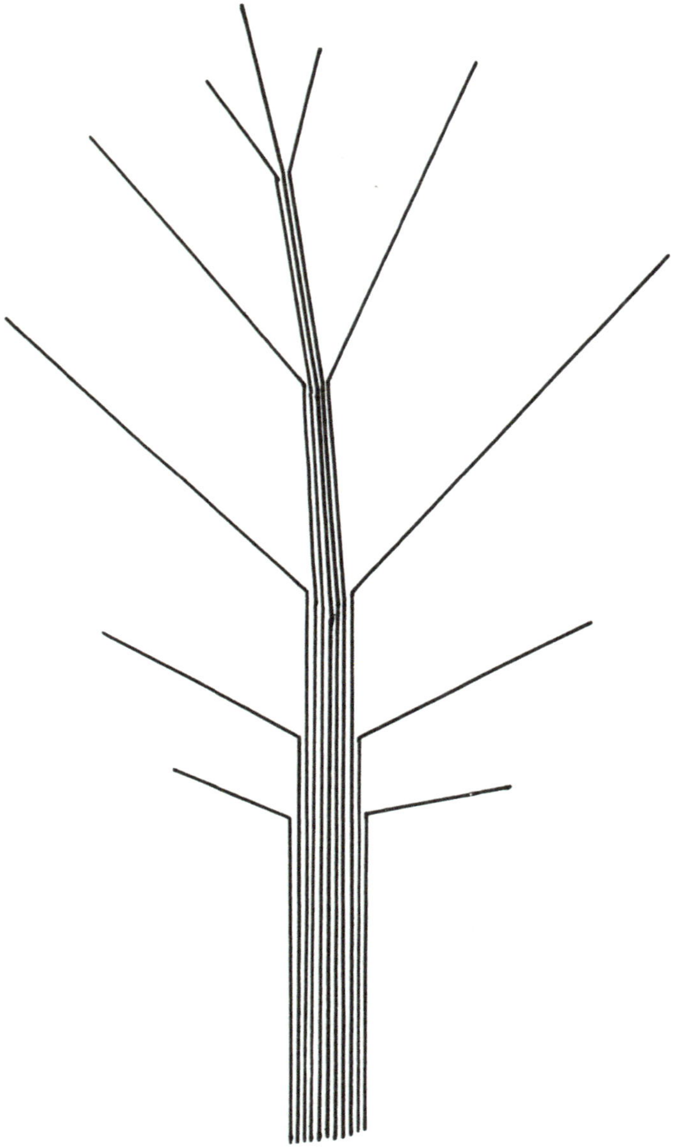

Zentrale Rippen. Sie verbinden die Extreme mit dem Stängel

Zentrale Punkte der
Gabelungen des Skelettes

Die äußersten Blattspitzen

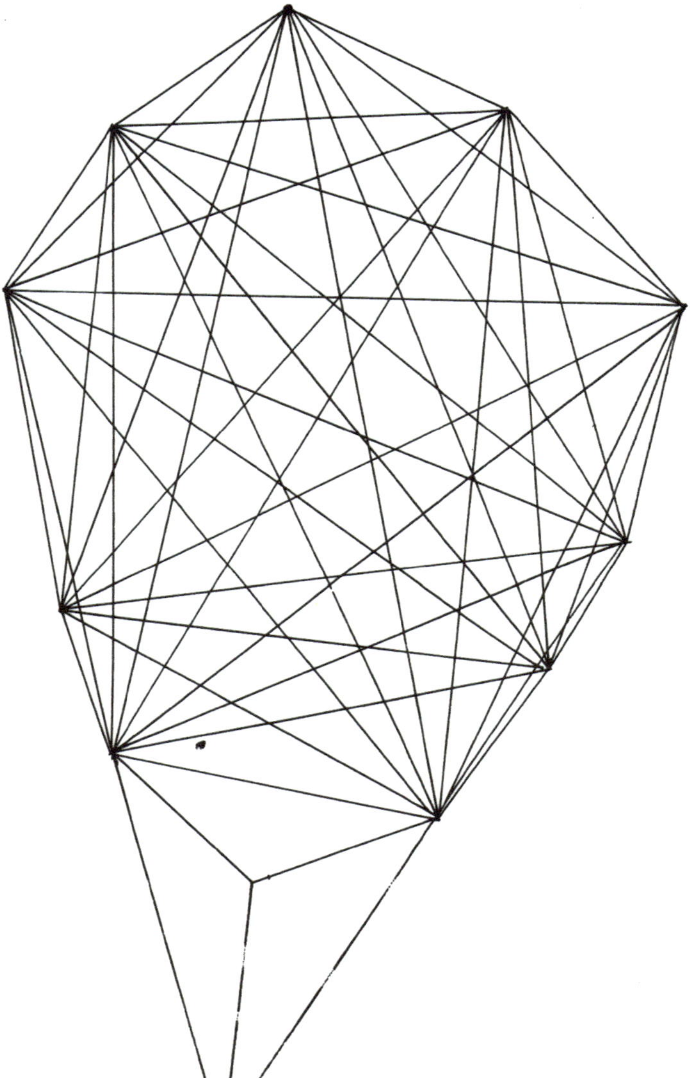

Verbindungen zwischen
den Extremen des Blattes

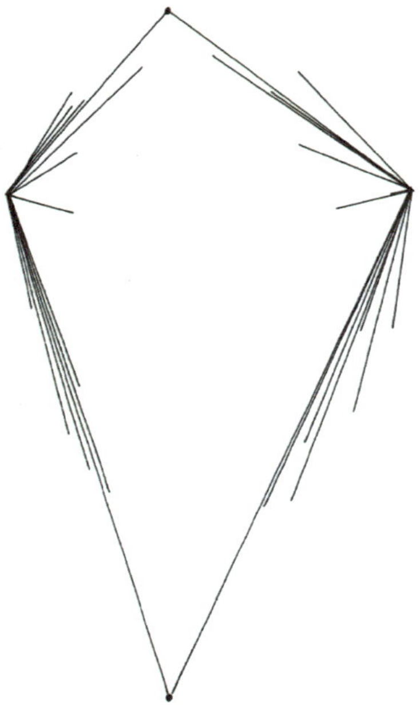

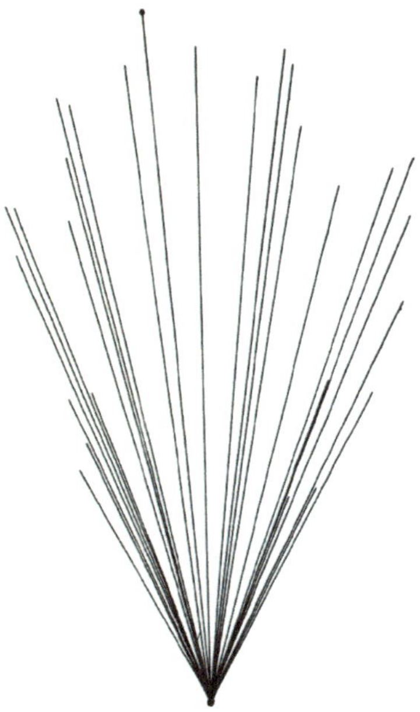

Verbindungen zwischen den rechten und den linken Extremen des Blattes

Verbindungen zwischen den Extremen und dem Blattansatz

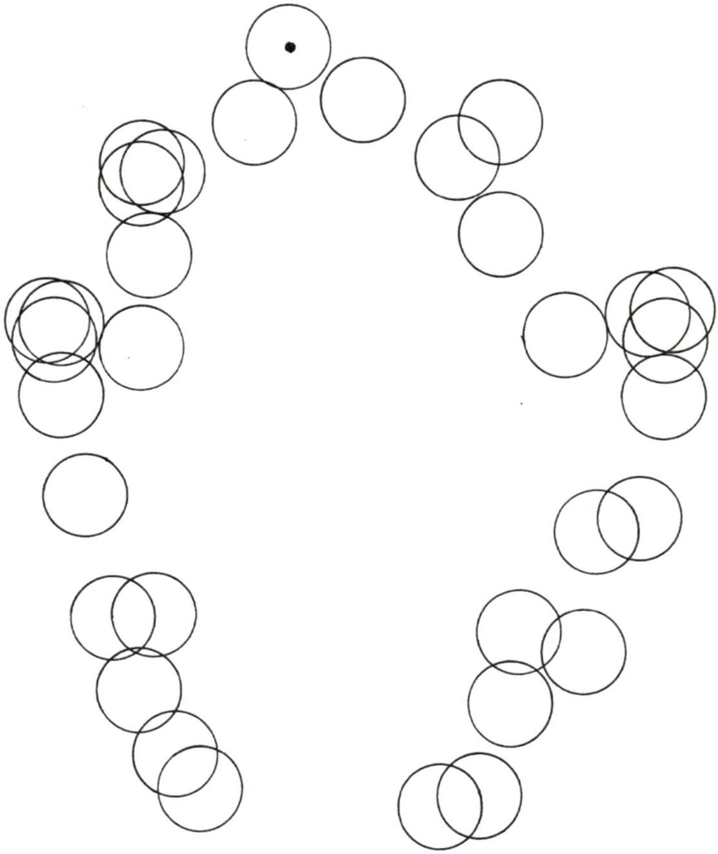

Kreise mit gleichem Radius
auf den Extremen des
Blattes

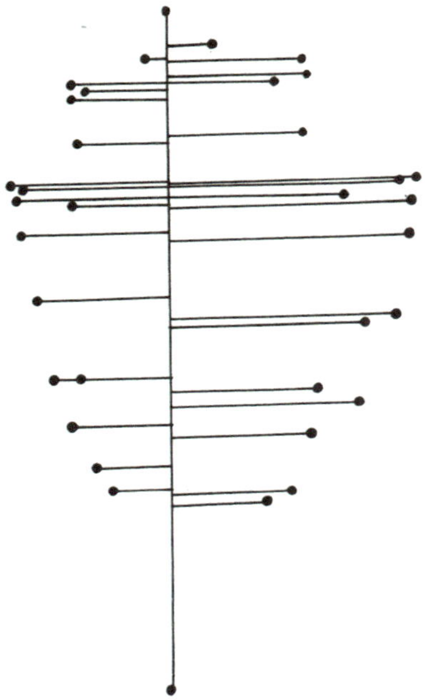

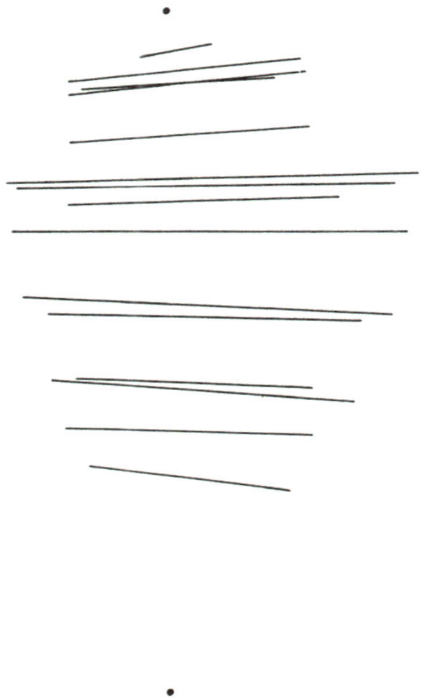

Verbindung der Extreme des Blattes mit einer vertikalen Achse

Verbindung der Extreme des Blattes, die rechts und links auf gleicher Höhe liegen

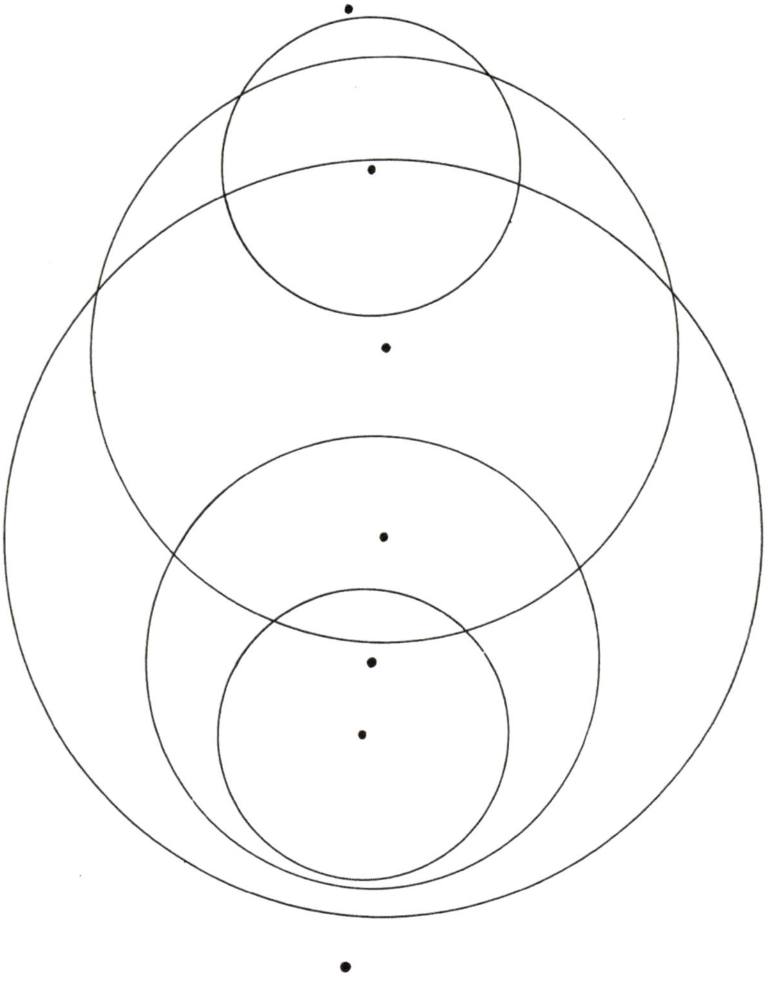

Mehrere Kreise, deren Mittelpunkte die zentralen Punkte des Blattgerippes sind. Auch der jeweilige Radius wurde von der Struktur des Gerippes übernommen.

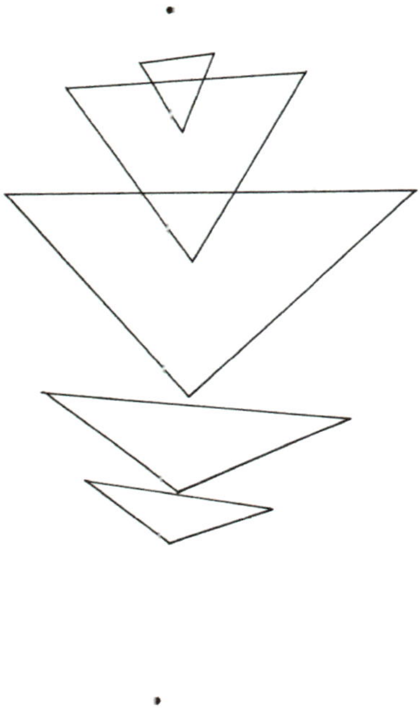

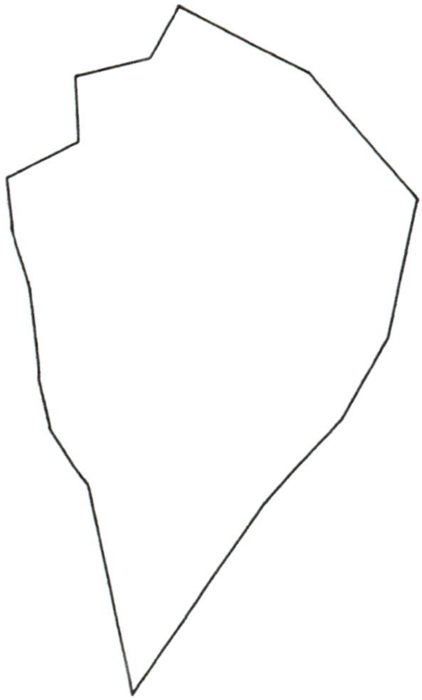

Dreiecke zwischen den Extremen des Blattes und der vertikalen Achse

Der maximale Platzbedarf des Blattes

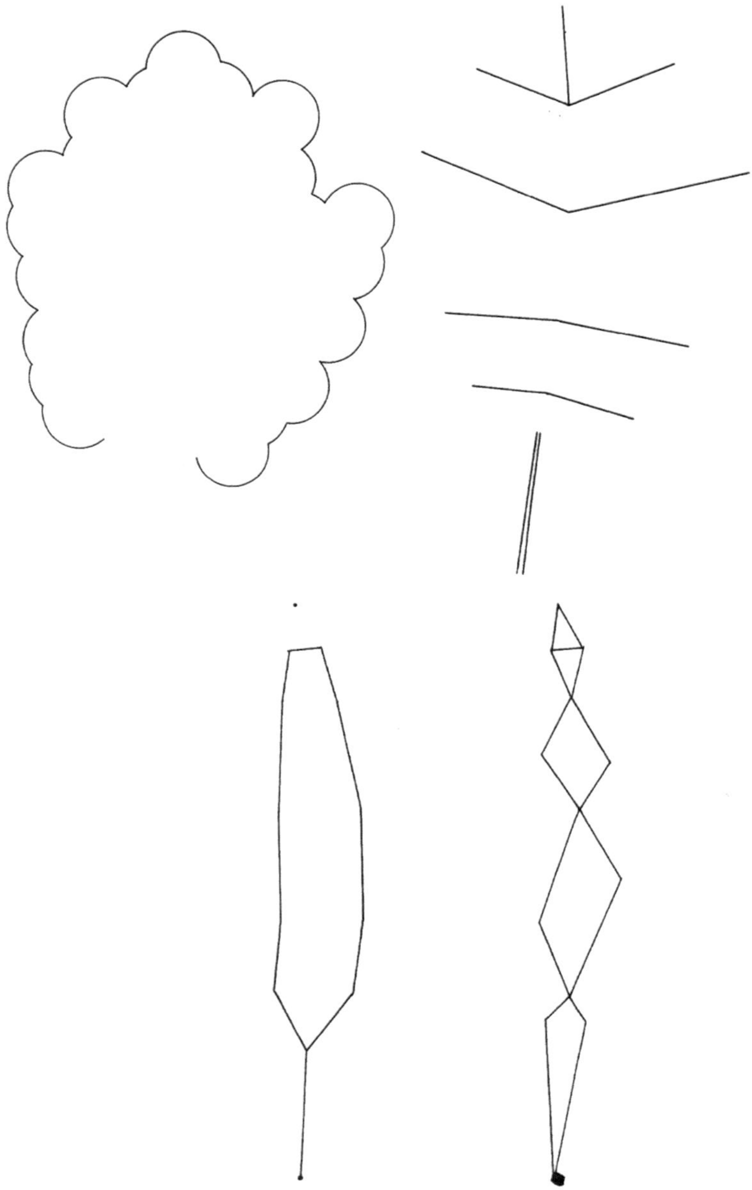

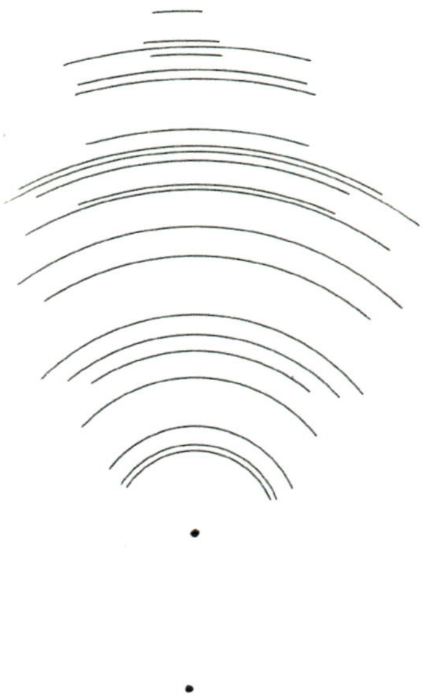

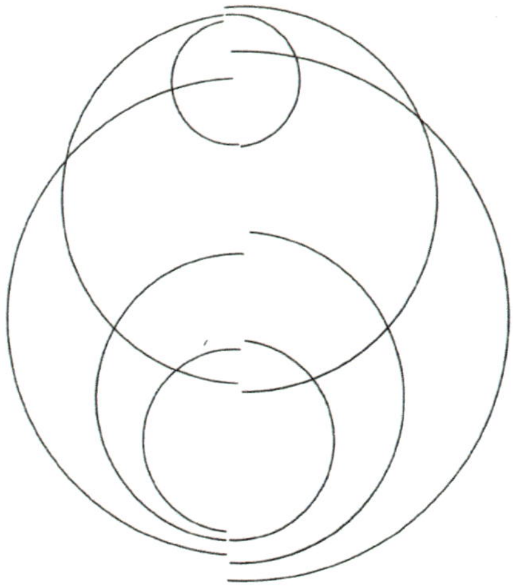

Auf dem gleichen Blatt basierende freie Variationen. Jede Linie, jede Kurve bezieht sich in einer Weise auf die Maße des Blattes. Mit dem Zirkel kann an den Extremen angesetzt werden, den jeweiligen Radius kann man an anderen Konstanten des Blattes gewinnen; sämtliche geraden Linien können die innerhalb der Blattkontur liegenden Punkte verbinden; alternierend kann man äußere Punkte mit Kurven oder Geraden aneinanderfügen; viele weitere Punkte wären zu entdecken …

Alle hier vorgestellten Zeichnungen können beliebig übereinander gelegt werden, auch mehrere von ihnen. Das funktioniert deshalb, weil jede Zeichnung auf dem gleichen Blatt basiert. Die Variationen sind ebenso persönlich wie unendlich.

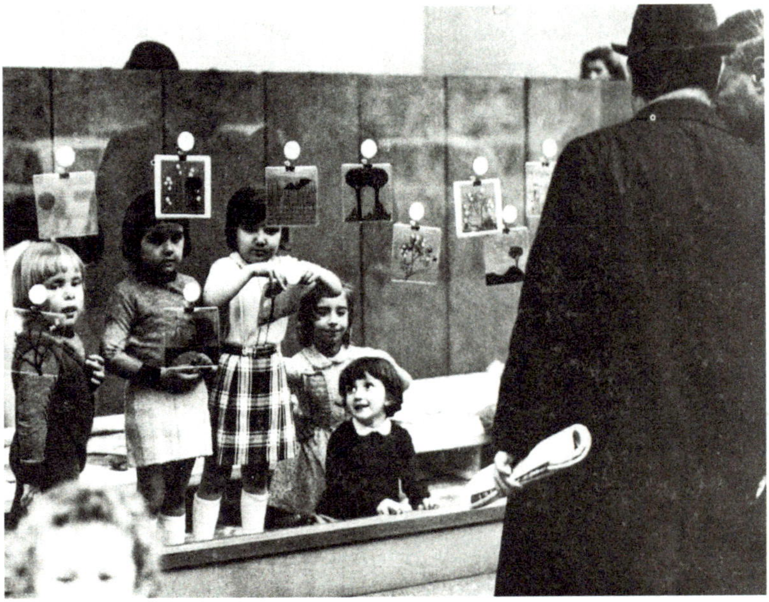

Eine Gruppe von Kindern hat sichtlich Spaß daran, Bilder zusammenzustellen, die aus dem Spiel mit den transparenten Blättern entstanden sind. Es ist ein Spiel schnell wie ein Gedanke. Die Kinder kombinieren die Bilder und nehmen sie wieder auseinander, das macht ihnen am meisten Spaß.

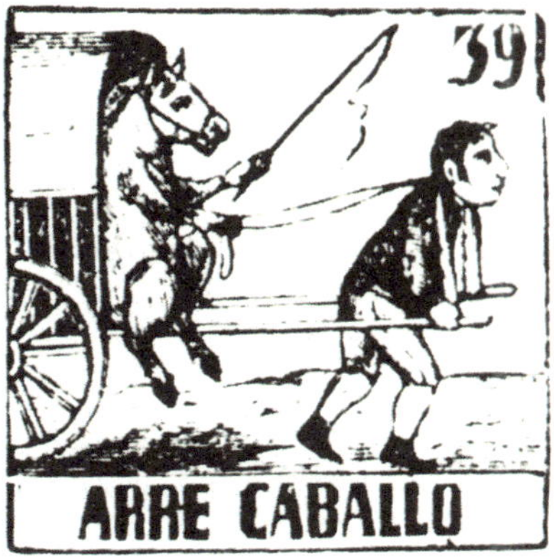
39
ARRE CABALLO

Apparat

Verfasst von
Jeffrey Schnapp

Übersetzt von
Gernot Waldner

6 Mario De Biasi war ein bekannter italienischer Fotojournalist. Mehr als drei Jahrzehnte arbeitete er für das Magazin *Epoca* und dokumentierte bedeutende Ereignisse wie den ungarischen Volksaufstand von 1956. Von der Stadt Mailand wurde ihm 2006 die höchste Auszeichnung verliehen, der *Ambrogino d'oro*. Einige seiner Fotografien finden sich in *Fantasia*, wo er charakterisiert wird als »bekannt für seine Experimente, in denen mit einfachen Mitteln neue Formen von Bildern hergestellt werden«.

23 Höchstwahrscheinlich spielt Munari hier auf die um 1850 von *Thomas Horn Engineering London* gebaute Dampfmaschine an, die im nationalen Museum für Wissenschaft und Technologie Leonardo da Vinci (Mailand) zu sehen ist. Besagte Maschine wird zentral gestützt von einer dorischen Säule. Ein Bild ist hier zu sehen: https://commons.wikimedia.org/wiki/File:Macchina_vapore_Horn_Museo_scienza_e_tecnologia_Milano.jpg.

24 Wie häufig in diesem Buch stammen die Beispiele Munaris direkt aus seinen eigenen Arbeiten, seiner kreativen Praxis. 1936 gestaltete er für eine Sektion der sechsten Triennale von Mailand Werbepanele samt Farbproben für das *Colorificio Italiano Max Meyer*, die Konstruktionssystemen und Baumaterialien zum Thema hatte. Die Installation war von Giuseppe Pagano und Guido Frette. Bis in die 1950er Jahre entwarf Munari Verpackungen für die Emailproduktion der *Industria Vernici Italiane*, Farbkataloge für IRC und Werbeplakate für die Druckfarbenfirma *Colorgraf*. Skizzen alles Genannten können in Bologna in der *Fondazione Sonia e Massimo Cirulli* eingesehen werden.

33 Alberto Munari war der Sohn Brunos, ein anerkannter Psychologe und Forscher, Student, Mitarbeiter und Nachfolger von Jean Piaget am Internationalen Zentrum für genetische Epistemologie in Genf. Gemeinsam mit seiner

Frau Donata Fabbri gründete er LEO (*Laboratori di Epistemologia Operativa*), Laboratorien der operativen Epistemologie, die in Schulen, öffentlichen Institutionen und Privatfirmen zum Einsatz kamen. Alberto Munaris Arbeiten beeinflussten das Design der Laboratorien für Kinder, die sein Vater verwirklichte.

36 Munaris Interesse an Patenten führte zu zahlreichen Einreichungen, die seine eigenen Erfindungen schützen sollten. 1954 reichte er ein Patent für seine faltbaren Papiersonnengläser ein, das ihm auch erteilt wurde. Mitte der 1950er Jahre gemeinsam mit Pirelli eines für die formbare Katze *Meo* und das Äffchen *Zizì*. 1962 für den *Cubo* Aschenbecher und in den frühen 1980er Jahren ein Patent für einen Schnappverschlussgriff für Töpfe, das sein Auftraggeber Lagostian Spa besaß.

38 Eine ausgebildete Fotojournalistin, Jacquelin Vodoz (1921–2005), gründete gemeinsam mit Bruno Danese die Firma *Danese Milano,* mit der Munari über Jahrzehnte eng zusammenarbeitete.

36, 41, 49 Das bis auf antike Feste wie die Saturnalinen zurückreichende Motiv der »verkehrten Welt« wurde im 19. Jahrhundert popularisiert. In katalanischen aucas oder kastilischen aleluyas, gedruckten Rastern von Vignetten, sind diese Motive zu sehen, manchmal wurden sie auch zerschnitten und als Spielkarten verwendet. Anscheinend spielt Munari hier auf diese populären Vorläufer der modernen Comics an.

48 Von 1933 bis 1948 entwickelte Munari fast einhundert skulpturale Montagen, die er »nutzlose Maschinen« nannte. Sie sind selten als eine Kritik an mechanischer Zweckmäßigkeit zu sehen, sondern stellen Experimente mit Materialien und Bewegung dar. Typischerweise werden leichte Materialen so gehängt, dass sich zwischen ihnen ein dynamisches Gleichgewicht ergibt.

48 Munari spricht hier von einem »fatto visivo«. Die buchstäbliche Übersetzung wäre »Fakt«, gemeint ist hier aber die Materialität des Buches, aus der sich selbst die narrative Struktur ergibt.

48 Das *Museum of Modern Art* (New York) beauftragte Munari als er Gastprofessor in Harvard war mit der Entwicklung der *Libro illegibile N.Y. 1*, (Milan: Lucini 1967). Eine Reihe kleiner Bücher entstand, in denen nichts geschrieben steht, deren verschiedenfarbige und unterschiedlich geschnittene Seiten aber zur Auseinandersetzung mit Farben und Formen sowie dem Medium Buch selbst einladen.

48 Das besagte Buch hat den Titel *An Unreadable Quadrat-Print* und wurde 1953 von Steendrukkerij de Jong & Co in Hillversum mit einer Auflage von 2000 Exemplaren, 36 Seiten Länge und im Format 25 x 25 cm gedruckt. Es enthält im Inneren eine gebundene Broschüre, die von einem größeren, orthogonal gefaltenen Blatt bedeckt wird, darauf befindet sich eine in mehreren Sprachen handgeschriebene Autobiografie.

48 Noburo Muramoto war ein Schüler von Georges Ohsawa, dem Gründervater der Makrobiotik. Er verschrieb sich der Verbreitung asiatischer Medizin und publizierte zahlreiche Bücher, darunter eine Vorlesung *Healing Ourselves. A Book to Serve as a Companion in Time of Illness and Health*, (New York: Avon Books 1972).

50 Fulvio Bianconi war in der Nachkriegszeit ein berühmter Grafiker Italiens. Seine bahnbrechenden Arbeiten mit Muranoglas sind bis heute bekannt.

51 Der Band erschien ursprünglich 1972 bei Harper & Row, Munari bezieht sich hier auf die italienische Übersetzung, die bei Garzanti erschien.

56 Roberto Lanterio war ein Grafiker und Künstler, mit dem Munari während der Entstehung von Fantasia zusammenarbeitete. Als Autor von *Disegnare una casa* (Bologna: Zanichelli, 1979) war Lanterio auch Mario Lodios Rezension vertraut *A&B – Adulti e bambini che vogliono diventare amici* (Erwachsene und Kinder, die Freunde werden möchten).

66 Diese Arbeiten gehören zu den bekanntesten Munaris und erschienen ursprünglich als eine Reihe von Fotografien in *Domus* 332 (Juli 1957) als »Die sprechenden Gabeln Munaris« (»Le forchette parlanti di Munari«). 1958 wurden sie als Tuschezeichnungen in einem Buch (*Le forchette di Munari*) herausgegeben. Die Gabeln stellen ein breites Spektrum an Gesten dar, das von herzlichen Grüßen bis zu ablehnenden Expressionen reicht.

67 Wie in Munaris Text deutlich zu erkennen ist, spielt die ganze Passage mit dem Umstand, dass das italienische Wort für Pinsel *pennello*, ein maskulines Substantiv ist. Das Suffix -essa verwandelt das Wort in ein weibliches Substantiv, verändert das semantische Feld und weckt Assoziationen an andere »weibliche« Attribute, die ansonsten unsichtbar geblieben wären. Ein weiterer semantischer Faktor, der hier nicht verschwiegen werden soll, ist, dass das Wort für Penis (pene) an die männliche Form des Pinsels erinnert (pennello).

71 Munaris chromatische und erzählerische Variationen auf das Märchen vom Rotkäppchen beginnen mit dem *Grünkäppchen* (*Cappuccetto verde* (Turin: Einaudi 1972) und sind offensichtliche Beispiele für eine Fähigkeit der Fantasie, die in diesem Buch illustriert wird. Er überarbeitete das Märchen in gelb, blau und weiß, wobei die künstlerischen Techniken für die Illustrationen variierten. Alle Varianten erschienen gesammelt in dem Band *Cappuccetto rosso verde giallo blu e bianco* (Turin: Einaudi 1997).

73 Munari bezieht sich hier auf Jacques Carelman: *Catalogue d'objets introuvables et cependant indispensables aux personnes telles que acrobates, ajusteurs, amateurs d'art, alpinistes*, (Balland: Paris 1969). Auf Deutsch erschien der Band als *Katalog erstaunlicher Dingelinge* (Benteli: Berin, 1970).

74 Natürlich bezieht sich Munari hier auf Hans Christian Andersens berühmtes Märchen »Des Kaisers neue Kleider«.

77 Diese Anspielung bezieht sich auf den Science-Fiction-Horror-Film mit Claude Rains, Gloria Stuart und William Harrigan, der auf dem Roman von H. G. Wells *The Invisible Man* (1897) basiert. Der Roman wurde 2020 erneut verfilmt.

80 Wie Munari bereits einräumt, ist seine Erinnerung an die Passage von Allais etwas verzerrt. Captain Cap spricht nicht von sich selbst, sondern von einem Kalifornier, der auf einer Zugposaune aus Weidenruten spielt. Statt wie gewöhnlich vom Blatt zu spielen, musiziert der Kalifornier vor Vögeln, die sich präzise auf fünf Stromleitungen verteilen, die den Notenlinien entsprechen. Jeder Vogel steht für eine Note. Die Farbe des Vogels steht für die Länge einer Note. Bevor der Kalifornier auftritt, lässt er seine Vögel frei, damit sie ihm zu Noten werden. Vergleiche »Dressage,« in *Deux et deux font cinq* (Oeuvres Posthumes), (Paris: Ollendorff 1895).

81 Wahrscheinlich hat Munari Gemälde im Sinn wie *Mobili nella valle* (1927) oder *Il ritorno die Ulisse* von Giorgio de Chirico. Letzteres zeigt den antiken Helden, wie er rudernd ein in einem Wohnzimmer gelegenes Meer überquert.

81 Der Abschnitt bezieht sich auf Buster Keatons *Sherlock Jr.* (1924), der Film vor *The Navigator* (1924), mit dem Keaton endgültig den Durchbruch schaffte.

81 *Hellzapoppin'* (1941) war eine Filmadaption eines Broadwaymusicals gleichen Namens, die von H. C. Potter für Universal Pictures realisiert wurde. Der Film ist für seine surreale Komik und den spielerischen Umgang mit den Konventionen der vierten Wand bekannt.

85 Munari spielt auf die populären Szenen von Charlie Chaplins *The Gold Rush* (1925) an, in denen Chaplin einen Stiefel kocht und verzehrt, gemeinsam mit seinem Schürferkollegen Big Jim McKay.

86 Der Hut, um den es geht, ist der traditionelle Hut eines *bersagliere*, eines italienischen Infanteristen. Der schwarze Hut, den die Feder eines Auerhahns ziert, besitzt eine extravagant breite Krempe und wurde von ausgezeichneten Schützen der italienischen Armee getragen.

88 Lawrence »Larry« Semon war in Italien als *il re della risata* (»Der König des Gelächters«) oder »Ridolini« bekannt. Er gilt bis heute als einer der bekannteste US-amerikanischen Komiker des Stummfilms. Besonders seine Kollaborationen mit Stan Laurel und Oliver Hardy blieben in Erinnerung, noch bevor beide gemeinsam als Dick und Doof in Erscheinung traten. Semons frühe Arbeiten als Comiczeichner beeinflussten seine zur Stummfilmzeit einflussreichen Filme. Bemerkenswerterweise gab es in Italien nach 1945 eine Wiederentdeckung von Sermons Filmen, als die Rechte an seinen Filmen an das italienische Fernsehen verkauft, die Filme mit neuer Musik und Monologen des Komikers Tino Scotti unterlegt wurden. Was Munari hier im Sinn hat, sind Effekte wie jener einer schwingenden Kamera, die den Horizont der Bildebene ständig verschiebt.

89 Zur Geschichte des Studios von *Monte Olimpino* und Munaris experimentellen Filmprojekten vergleiche Marcello Piccardo, *La collina del cinema*, (Como: Nodo Libri 1992).

Die Produktion von »Tempo nel tempo« wird auf den Seiten 36–45 ausführlich besprochen.

90 Die Beispiele beziehen sich auf zwei berühmte Experimente stroboskopischer Fotografie, die Mitte des 20. Jahrhunderts von Harold Eugene Edgerton am Massachusetts Institute for Technology durchgeführt wurden.

94 Obwohl diese Referenz nicht eindeutig ist, kann davon ausgegangen werden, dass Munari seine eigenen Arbeiten für *Pirelli* im Sinne hatte. Auch seine und Enzo Maris Entwürfe wie *Danese* und die Arten von Spielzeug, die von Designern wie Charles und Ray Eames für Creative Playthings (New Jersey) entwickelt wurden, werden hier angedeutet.

95 Munari bezieht sich hier auf den *jet d'eau*, den der Direktor der Genfer Wasserversorgung, Emile Merle-D'Aubigné, 1886 entwickelte, um den Druck des von der Rhone gespeisten Wasserkraftwerkes in Coulouvrenière zu regulieren. Die Fontäne wurde 1891 anlässlich des 600-Jahr-Jubiläums des Schweizer Rütlischwurs an ihren heutigen Ort versetzt. 1951 wurde eine eine teilweise unter Wasser befindliche Pumpstation hinzugefügt, die das Wasser des Genfer Sees bis heute in die Höhe schießen lässt.

100 Unter der Regie von Gordon Douglas erschien der Film *Them!* (1954) mit James Whitmore. Auch *Tarantula!* (1955) von Jack Arnold mit John Agar war eine Science-Fiction-Verfilmung, in der naturwissenschaftliche Forschung außer Kontrolle gerät. Ein Supernährstoff, der den Hunger auf der Welt abschaffen sollte, wird von einer Labortarantel gefressen, deren gigantisches Wachstum daraufhin kein Ende nimmt. In beiden Filmen spielen atomare Monster die Hauptrolle.

100 Gemeint ist der Film *The Incredible Shrinking Man* (1957) von Jack Arnold, dem Regisseur von *Tarantula*. Der

Film basiert auf dem Science-Fiction-Roman *The Shrinking Man* (1956) von Richard Matheson.

100 Munari spielt hier auf *Fantastic Voyage* (1966) an, einen Science-Fiction-Film von Richard Fleischer mit Stephen Boyd, Arthur Kennedy, Edmond O'Brien, Donald Pleasence und Raquel Welch.

109 Der ursprüngliche Film von Kurt Neumann wurde 1958 veröffentlicht, zwei Fortsetzungen folgten (*Return of the Fly* (1959) und *Curse of the Fly* (1965)), rund zwanzig Jahre später folgte die berühmte Neuverfilmung von David Cronenberg (1986).

110 Gemeint ist hier Lon Chaney Junior, der neben Beverly Garland und Bruce Bennett im Film *The Alligator People* (1959) die Hauptrolle spielt.

120 Relevant für diesen Absatz sind wahrscheinlich auch Munaris spätere Arbeiten, in denen er spielerisch materialfixierte Schwärmerei der Malerei vor Augen führt. Die Serie *Olii su tela* (1980), besteht aus schlaffen Leinwänden (aus Hanf, Leinen und Baumwolle) beschmiert mit verschiedenen Ölen (Rizinus-, Lein-, Mandel-, Mohn- und Olivenöl). Die Ausstellung in einer Galerie erinnerte an Reinigungstücher.

125 Das Thema von Munaris Buch *Disegnare un albero* (Bologna, Zanichelli 1978) sind verschiedene Weisen einen Baum zu zeichnen.

131 »Direkte« Projektionen von transparenten, semi-transparenten und opaken Materialien in Diarahmen waren ein integraler Bestandteil von Munaris Arbeiten seit den frühen 1950er Jahren. Ähnliche Arbeiten wurden 1953 in Mailand im *Studio B 24* und 1954–1955 im *Museum of Modern Art* in New York ausgestellt.

132 Wie Munari später erklärt geht es um Glas-Dias, wie sie Mitte des 20. Jahrhunderts noch immer gebräuchlich waren, obwohl die Verwendung von 35 mm-Kodachrome-Dias stark zunahm. Ähnlich wie die Objektträger eines Mikroskops bestanden die Glas-Dias aus zwei verbundenen Glasvierecken, die von einem Metallrahmen zusammengehalten wurden. Eine Seite des Rahmens hatte einen offenen Verschluss, durch den flache Materialien zwischen die beiden Glasplatten eingefügt werden konnten (auch 35 mm-Bilder). Sobald der Verschluss eingeschnappt war, konnte man die Dias in einen Standardprojektor einlegen und an die Wand projizieren. Diese Dias werden im Italienischen vetrini genannt, was sowohl an das Wort für Glas (vetro) erinnert als auch an die Schaufenster in Einkaufsstraßen (vetrine).

145 Dieser Abschnitt ist weniger eine Selbstkritik als eine Klarstellung. Munaris Karriere vor dem Zweiten Weltkrieg ist eng mit der Bewegung des Futurismus verbunden. Er teilte einige heroische Visionen dieser avantgardistischen Bewegung, etwa eine Zivilisation der Maschinen, bevölkert von Automobilen und Fluggeräten. An zentralen Ausstellungen der Futuristen nahm Munari auch Teil, etwa an der *Mostra di 34 futuristi*, Galleria Pesaro, Mailand (1927); *Futuristi italiani*, XVII Biennale di Venezia (1930), *Prampolini et les aeropeintres futuristes italiens*, Galerie de la Reinassance, Paris (1932), *Mostra dell'aeropittura e della pittura dei futuristi italiani*, XVIII Biennale di Venezia (1932) und der *Mostra dell'aeronautica*, Mailand (1934). Seinem Temperament nach war Munari eher ein Ironiker oder Karikaturist als ein pathetischer Vertreter der Künste. In den 1930er Jahren teilten sich seine Arbeiten in zweidimensionale, sowohl künstlerischer als auch kommerzieller Natur, und in kinetische Experimente, wie seine skultpuralen »nutzlosen Maschinen«. Nach dem Zweiten Weltkrieg distanzierte sich Munari von seinen futuristischen Arbeiten und Anfängen, er reduzierte seine futuristische Vergangenheit zu einer losen Anspielung

an die »nutzlosen Maschinen« (datierte sie selbst auf das Jahr 1930) und sprang dann meist unmittelbar zu seinen Kinderbüchern, die ab 1945 erschienen, was bis heute die gängige Biografie Munaris geblieben ist.

155 Munaris Datierungen sind häufig Schätzungen. Der künstlerische Scherz, auf den sich das Bild bezieht, stammt wohl aus dem Jahr 1945, nicht 1940, wie in *Fantasia* behauptet. Die Form der Flasche erinnert nicht an einen Minzlikör sondern an einen Minzsirup, wie er bis heute in kurvigen Flaschen von der Firma Fabbri 1905 verkauft wird.

156 Auch hier bezieht sich Munari auf *Disegnare un albero* (Bologna: Zanichelli 1978).

165 Wie viele andere Abschnitte von *Fantasia* regte auch dieser eine eigene Publikation an. 1982 erschien das Buch *Rose nell'insalata* (Turin: Einaudi 1982), was die hier erläuterte Drucktechnik mit »Rosen im Salat« übersetzt.

170 Munari lernte Sori Yanagi auf einer seiner Reisen nach Japan kennen. Yanagi (1915–2011) ist für Objekte wie den Schmetterlingsstuhl bekannt und war ein berühmter Industriedesigner, dessen Arbeiten traditionelles japanisches Handwerk mit internationalem Modernismus kombinierten.

171 Dieser Abschnitt weist mehrere Ungenauigkeiten auf. Als wahrer Meister des modernen Origami gilt Akira Yoshizawa (1911–2005), nicht Kosho Uchiyama, auf den sich Munari hier bezieht. Uchiyama war ein buddhistischer Mönch, der für sein Design und im Gegensatz zu Yoshizawa auch Schnitte verwendete. Uchiyama verfasste eine Reihe von Büchern über Origami, mit *Origami Zukan* auch eines für Kinder. Uchiyama wurde 1912 geboren und verstarb 1998, nicht, wie hier behauptet, 1969.

179 Munaris kontinuierliches Interesse für modulare, rekursive und generative mathematische Strukturen findet sich auch in seiner abstrakten Malerei wieder, etwa der Serie von Bildern und Drucken aus den 1970er Jahren mit dem Titel »Peano-Kurve«, die Giuseppe Peanos bahnbrechende Arbeiten über raumfüllende Kurven visuell erforschen.

181 Mario Lodi (1922–2014) war einer der großen Reformer des italienischen Grundschulsystems. Auf Lernen zentrierte Bildung, die Eigenaktivität von Kindern, die Funktion des Geschichtenerzählens und Übungen der Kreativität sind zentrale Bestandteile der von ihm geprägten Pädagogik. Lange Zeit verband man ihn mit der Grundschule seines Heimatortes Vho, er gewann den *Lego Foundation* Preis im Jahr 1989 und gründete das *Casa delle Arti e del Gioco* (Haus der Künste und des Spiels) in Drizzona (Cremona).

182 Die Quelle dieses ansonsten triftigen Hinweises verrät etwas über Munaris Lesegewohnheiten. Das von Jean-Jacques Pauvert veröffentlichte *Bizarre* steht den surrealistischen und pataphysikalischen Strömungen der französischen Literatur nahe. Ausgabe 32–33 war der *Littérature illettrée ou la littérature à la lettre*, also der analphabetischen Literatur oder der buchstäblich genommenen Literatur gewidmet. Kalligramme, konkrete Poesie und imaginäre Alphabete befanden sich in dieser Ausgabe. Der Abschnitt über Cros findet sich hingegen in Noël Arnaud's Essay »Les jargons«.

186 Giovanna Sandri (1923–2002) war Mitglied der Bewegung der konkreten Kunst, an der sich auch Munari beteiligte. Ihre Experimente mit visueller Poesie, Grafiken und Collagen aus den 1960er und 1970er Jahren sind bis heute bekannt.

187 Giuseppe Tovaglia (1923–1977) war einer der führenden Grafiker in Mailand, ihn verbanden zahlreiche Affini-

täten mit der zeitgenössischen Schweizer Grafik, etwa Max Bill. 1972 entwarf er gemeinsam mit Munari, Bob Noorda und Roberto Sambonet das Logo der Region Lombardei, das bis heute verwendet wird.

190 Munari entdeckte diese Arbeit wahrscheinlich in Zeitschriften für Typografie und Design wie *Typographica* oder *Visible Language*, die sich mit aktueller Forschung über die Grenzen der Lesbarkeit beschäftigten. Neben Brian Coe werden häufig auch Herbert Spencer und Linda Reynolds genannt.

198 Tatsächlich wurde die Tintenflasche von Pelikan 1938 von Wilhelm Wagenfeld (1900–1990), einem Architekten und Industriedesigner, entworfen. Wagenfeld studierte am Bauhaus in Weimar und wurde 1928 der Leiter der Metallwerkstatt des Bauhaus Dessau. Als 1938 die Tintenflasche in Produktion ging, war Wagenfeld künstlerischer Leiter der Vereinigten Lausitzer Glaswerke (VLG).

202 Auch hier eine Anspielung auf den Psychologen Alberto Munari.

203 Munaris *Ricostruzione teoriche di un oggetto immaginario* (Theoretische Rekonstruktion eines imaginären Objekts) war eine Serie von Arbeiten, großteils aus den 1970er Jahren, die verschiedene Medien verbanden und an Collagen erinnerten. Ausgangspunkt dafür war die spielerische Handhabung von Materialresten.

203 Filicudi ist, natürlich, wirklich eine der Liparischen Inseln. Stromboluzzo liegt dagegen im Meer Munaris.

205 Hier wird auf den griechischen Philosophen Heraklit von Ephesos angespielt. Für ihn war Veränderung, ῥεῖ, rei (Fluss) oder χωρέω, choreo (Bewegung), das Kennzeichen des Lebens selbst.

207 Titel und Aussage nehmen hier das nächste Buch Munaris vorweg: *Da cosa nasce cosa. Appunti per una metodologia progettuale* (Wie eines aus dem anderen entsteht. Anmerkungen zu einer Methodologie des Entwerfens).

207 Die Formulierung nimmt den Titel von Munaris folgendem Buch und von einem abschließende Kapitel dieses Buches vorweg: *Da cosa nasce cosa. Appunti per una metodologia progettuale,* erstmals 1981 erschienen bei Laterza. Ebenso wie dieses Buch zeigt *Da cosa nasce cosa* wie »ein Objekt zum nächsten führt« und wie methodisch der Prozess ist, der neue Objekte und Vorstellungen hervorbringt.

Nachwort des Übersetzers

Artista totale – Wer war Bruno Munari?[1]

Ein 2017 erschienener Katalog zum Werk Bruno Munaris trägt den Titel *Bruno Munari Artista totale*[2]. Titel neigen zwar zur Überbetonung, im Fall des 1907 in Mailand geborenen Bruno Munari spricht aber vieles für das Adjektiv »totale«. Munaris Karriere beginnt in den 1920er Jahren bei den Futuristen, wo er als Vertreter der *Novecentisti* gilt, jener Gruppe, der Geschwindigkeit und Abstraktion wichtiger war als das Pathos der Maschinen. Im Laufe der 1930er Jahre wurden Arbeiten Munaris neben anderen Futuristen auf den großen Messen von Venedig, Rom und Mailand ausgestellt. Parallel dazu arbeitete er als Grafiker für Campari, Olivetti und das Verlagshaus Mondadori. Als Einzelner erregte er erstmals 1942 Aufmerksamkeit mit dem Buch *Le Macchine di Munari*, einer Sammlung von surrealistischen Zeichnungen mechanischer Kausalketten bestehend aus Menschen, Tieren und Maschinen. In einer »macchina« bringt das von einer Lupe gebündelte Licht einer *Sonnen*blume einen Frosch dazu, in ein Sieb zu springen. Das fallende Sieb löst einen Seilzug aus, der eine Flasche Grappa in das Aquarium einer Forelle kippt, an deren Flosse ein Staubwedel hängt, der wiederum zwei Schmetterlinge aufscheucht und die mechanische Abfolge der Zeichnung im diffusen Flügelflattern enden lässt.[3] Die spielerische Absurdität dieser Zeichnungen steht in starkem Kontrast zu einigen zur selben Zeit entstandenen abstrakten Gemälden, deren strenge Komposition und präzise Farbgebung nicht denselben Urheber vermuten lassen.

Bruno Munari war stets zu umfassend interessiert, um sich von

1 Diese Übersetzung von *Fantasia* wäre ohne die Anregung von Jeffrey Schnapp und den Mut von Matthias Schmidt nie zu Stande gekommen. Für inhaltliche, stilistische und andere Hinweise danke ich Friederike Horstmann, Tino Meyer, Mathias Grote, Klaus Stattmann, Pierpaolo Antonello, Matthias Schmidt, Wolfgang Straub, Klemens Gruber, Mimmo Cangiano sowie den Teilnehmer:innen der Konferenzen Science in Culture (St. Andrews, 2017), Von der *Künstlerkritik zur Kritik an der Kreativität* (Essen, 2017) und 1968: Where have all the Flowers gone? (Florenz, 2017). Für die finanzielle Unterstützung sei Christian Reder, Stephan Müller, Lilli Hollein, Sylvia Eisenburger und der Firma Vitra Design herzlich gedankt.

2 Claudio Cerritelli: *Bruno Munari Artista totale*. Torino: 2017.

3 In deutscher Übersetzung erschienen bei Diaphanes. *Bruno Munari: le Macchine di Munari*. Mantova: 1942.

einem wiedererkennbaren Stil einschränken zu lassen. Wassily Kandinsky, Piet Mondrian, Constantin Brâncuşi, Hans Arp, Francis Picabia, Kurt Schwitters, Man Ray, László Moholy-Nagy und, in der abstrakten Malerei, Josef Albers zählten zu den ihm vertrauten und teilweise persönlich bekannten Künstlern und Intellektuellen, die neben den Futuristen sein Frühwerk beeinflussten. 1948 begründete Munari gemeinsam mit anderen Künstler:innen das *Movimento Arte Concreta,* einen zentralen Punkt des künstlerischen Austausches zwischen der Schweiz und Italien. Auch nach 1945 malte Munari abstrakte Bilder, inzwischen jedoch unter Anwendung geometrischer Ideen wie der Peano-Kurve, einer Folge von Kurven, die eine Fläche füllen können.[4] Auf den Biennalen der Nachkriegszeit sah man Munaris Arbeiten nicht mehr in den Pavillons, sondern auf den Piazzas davor, wo er kinetische Springbrunnen installierte. Auch sein erstes Designobjekt, eine Uhr namens *Ora X*, die inzwischen als Gründungsobjekt der kinetischen Kunst gilt, entwarf Munari in dieser Zeit. Ab 1957 gestaltete er für die Firma *Danea* einige Objekte, die heute als Klassiker des Designs gelten, vom kubistischen Aschenbecher bis zur Hängelampe *Falkland*. Ab 1971 arbeitete er zudem für *Binasco* an vollständig maschinell produzierten Massenprodukten.[5]

Anknüpfend an die alle disziplinären Grenzen überschreitenden Manifeste der Futuristen wurde Munaris Selbstverständnis programmatisch: »Uscite dallo studio!«[6] Verlasst eure Ateliers, produziert nicht nur elitäre Kunst, sondern verschönert die Welt, appellierte Munari an seine Künstlerkollegen. Er selbst fand im Design eine Möglichkeit, seine kreativen Begabungen an ein größerer Publikum zu bringen. Nicht nur für das Produktdesign verließ Munari sein Atelier, auch Schulen besuchte er regelmäßig, um dort Workshops für Kinder anzubieten, in denen, basierend auf den Prinzipien von Neugier und Kollaboration, künstlerische Projekte erarbeitet wurden.[7] So entwickelte Munari seine eigene Pädagogik, die kodifiziert wurde und bis

4 Cerritelli: *Artista totale,* 84–108.

5 Für einen umfassenden biografischen Überblick vgl. ebd., 17–41.

6 Die Kontinuität zwischen Munaris Früh- und Spätphase arbeitet heraus: Pierpaolo Antonello: Beyond Futurism: Bruno Munari's Useless Machines. In: *Futurism and the Technological Imagination.* Amsterdam: 2016.

7 Besonders das Kapitel »Ein Spiel der Kreativität« vermittelt einen guten Eindruck von Munaris pädagogischen Interventionen.

heute praktiziert wird. Mehrere von ihm geschriebene Kinderbücher erschienen, die ihm oft ein Anlass waren, eine neue Technik auszuprobieren.[8] Unter anderem waren es nämlich neue Technologien, mit denen sich Munari selbst aus der Reserve lockte. Eine Ausstellung dieser Art (*Xerografie originali*) setzt sich ironisch mit den einzigartigen Effekten auseinander, die durch Xerox-Kopierer erzeugt werden können.

Mit Künstler:innen und Forscher:innen gründete er in Monte Olimpino ein eigenes Studio, in dem zehn Jahre lang in experimentellen Filmen cineastische Mittel erprobt wurden.[9] Neben den damals neueren Technologien und Medien standen ältere Medien weiterhin auf seiner Agenda. Dem Medium Buch widmete er sich zunächst in Form der *libri illeggibili*, kleiner Bücher, die unleserlich heißen, da sie ohne Text auskommen. In einem dieser Bücher haben die Seiten unterschiedliche Farben und Formen, so dass bei jedem Umblättern eine neue visuelle Situationen entsteht und der Blick für das Medium geöffnet wird, eine Perspektive, die davor den Benutzer:innen von Buchrohlingen vorbehalten war.[10] Bereits vor dem Zweiten Weltkrieg hatte sich Munari mit Buchgestaltung beschäftigt, zunächst mit Titelseiten und Illustrationen, nun widmete er sich dem Buch als Ganzem. In den 1960er Jahren folgten der materiellen Gestaltung auch eigene Texte: eine Sammlung von Polemiken gegen den Kunstbetrieb (*Arte come Mestiere*), ein Buch zu den Prinzipien des Designs (*Design e comunicazione visiva*) eine Abhandlung zur Projektentwicklung (*Da Cosa nasce cosa*) und dieses Buch hier, *Fantasia*, das die menschlichen Fähigkeiten der Fantasie, der Kreativität und der Erfindungsgabe behandelt.

Munaris Œuvre ist damit nur angedeutet, auf seine Collagen für die Industrie, die an Tangram angelehnten Reiseskulpturen, ein Museum erfundener Gegenstände und zahlreiche andere Projekte kann hier nicht im Detail eingegangen werden. Bemerkenswert ist, dass trotz der Tendenz zur abstrakten Form nie die Reflexion über die konkrete Methode zu kurz kam. Seine Arbeiten fanden Anerkennung

8 Bruno Munari: *Cappuccetto Giallo*. Trento: 1972.
9 Eine Produktion dieses Studios ist auf YouTube zu sehen: https://www.youtube.com/watch?v=EkwpuZRCxmk
10 Bruno Munari: *Libro illggibile MN 1*. Mantova: 2012.

in zahlreichen Bereichen: Biennalen, Triennalen und Quadriennalen würdigten seine Kunst, dreimal gewann er den Designpreis *Compasso d'Oro,* einmal davon für sein Lebenswerk. Seine Bücher wurden in mehrere Sprachen übersetzt, er hielt eine Gastprofessur für visuelle Kommunikation an der Harvard University, bekam den *Hans Christian Andersen Preis* für die Gestaltung seiner Kinderbücher und den *Lego-Preis* für die Stimulation kindlicher Kreativität verliehen, zahlreiche Retrospektiven seines Werkes fanden statt in Italien, Japan, der Schweiz und den USA, wo ihm das *Museum of Modern Art* mehrere Ausstellungen widmete. Ein Jahr bevor Bruno Munari 90-jährig in Mailand starb, entwarf er seine letzte Arbeit, eine Armbanduhr von Swatch, in der sich sämtliche Ziffern frei im Gehäuse bewegen können, sie heißt *Tempo Libero,* was sich mit Freizeit übersetzen lässt oder schlicht mit freier Zeit.

Wenn das Adjektiv *totale* also treffend ist, so darf an der Bezeichnung *Artista* gezweifelt werden. Schließlich könnte sich Munari mit guten Gründen auch Erfinder, Bildhauer, Gestalter, Maler, Designer, Grafiker, Fotograf, Architekt, Schriftsteller, Pädagoge, Filmemacher, Lehrer oder Kunstvermittler genannt haben. Für Munari selbst stellte sich die Frage nach der eigenen Identität nicht in dieser Form, er pflegte eine lockere Perspektive auf sich selbst, sprach augenzwinkernd von seiner futuristischen Vergangenheit und schuf so einen Mythos, dessen detailliertere Aufarbeitung noch immer ein Forschungsdesiderat darstellt. Die erste Schublade, die Munari aber durch seine Arbeiten verließ, war die der Kunst. Was er am zeitgenössischen Kunstbetrieb auszusetzen hatte, brachte er im 1971 erschienenen Buch *Artista e designer* zum Ausdruck.[11] Munaris Kritik ist eine im weitesten Sinn soziologische, er erklärt die Mechanismen des zeitgenössischen Kunstbetriebs, die finanziellen Anreize für eine investierende Elite, die auf dem individuellen, aber wiedererkennbaren Stil eines Künstlers und der Wertschöpfung der Kunstwerke durch Kritiker, Galerien und Museen basieren. Auch in den 1970er Jahren war diese Kritik nicht neu, nur der Stil war es, nämlich effektiver und komischer als soziologische Abhandlungen zur Kunst.

11 Bruno Munari: *Artista e designer.* Bari: 1971, 58–61.

Um die Usancen monothematischer Produktion und die Formelhaftigkeit der Kunstkritik auszustellen, ahmt Munari mit einer Sequenz von kleinen Bildern den Karriereverlauf eines Künstlers nach, der sich auf die Darstellung einer Birne und einer Flasche verlegt hat, ähnlich wie Pablo Picasso auf Gitarren. In der Frühphase des Künstlers variieren Chiaroscuro, Größe und Abstand, doch steht die Birne stets links von der Flasche, so Munari. Nach fast zwei Jahrzehnten erstaunen Kritiker, als sie die Birne rechts von der Flasche finden. Auch der Künstler wirkt verunsichert, ob aus persönlichen oder beruflichen Gründen bleibt offen, hoffentlich nicht beides. In den folgenden Jahren platziert er die Birne wieder links von der Flasche und verzichtet auf ähnlich revolutionäre Gesten. Doch der Markt bleibt zurückhaltend, auch interpretativ lässt sich nicht aufklären, was hier geschehen ist. Wie wird diese künstlerische Karriere enden? Auf den letzten Bildern steht die Birne einmal direkt vor der Flasche, in Kunstzeitschriften erscheinen Interviews mit Psychologen, und am letzten Bild des Künstlers befinden sich – zwei Birnen. Munaris These ist also, dass Kreativität nicht das herausragendste Merkmal der institutionellen Kunstproduktion ist.

Vor dieser mit Vergnügen überzeichneten Kritik baut Munari seine Gegenprogrammatik auf: Während der Künstler seine Methoden, Mittel und Ziele niemandem Preis gebe, um sich selbst zu verrätseln und einen hohen Preis zu erzielen, sei der Designer dazu verpflichtet, sich über Methoden, Mittel und Ziele zu verständigen, da alle Projekte für einen Auftraggeber und arbeitsteilig in einer Gruppe durchgeführt werden. Und während im Kunstbetrieb der persönliche Stil einer (visuellen) Künstlerin das wichtigste Merkmal sei, muss sich das Design ebenso um die Funktion und den Preis eines Objektes kümmern, ohne dass die Schönheit notwendigerweise darunter leiden müsse. Dieses erfrischend angriffige Buch des über 60-jährigen Munari, das für das Design beherzt Partei ergreift, spiegelt auch dessen berufliche Neuorientierung wider, schließlich begann er im selben Jahr für *Binasco* massentaugliche Produkte zu entwerfen. Möglich war ihm diese Kritik am Kunstbetrieb nicht nur, da er etablierter Künstler war, sondern auch, weil er in anderen Bereichen erfolgreich reüssierte.
Sieben Jahre später kehrt Munari in seinen Schriften abermals zum Zusammenhang zwischen Kunst und Design zurück und behandelt in *Fantasia* die Gemeinsamkeiten beider Disziplinen, als hätte ihn

mit annähernd 70 die Altersmilde erreicht, die ihm mit 60 noch fehlte. Was Kunst und Design laut Munari verbindet, sind die Fähigkeiten der Fantasie, der Erfindung und der Kreativität.

Die operativen Konstanten der Kreativität: *Fantasia*

In *Fantasia* versucht Munari, seinen eigenen Arbeiten und anderen Objekten der Kunst- und Designgeschichte eine Art von Methode abzugewinnen. Auch wenn die eigenen Arbeiten einen großen Teil der Objekte ausmachen, wäre es übertrieben zu sagen, dass es sich bei *Fantasia* um sein eigenes Epigonentum handelt, das Gegenteil ist intendiert. Munari definiert Tradition nämlich nicht als Vergöttlichung bestehender Werke, sondern als kontinuierliche Verwandlung von Bestehendem. Wird eine Tradition nicht auf die Probe gestellt und kontinuierlich durch etwas ersetzt, das sich in einer bestimmten Hinsicht als besser erweist, so ist das ein Zeichen dafür, dass eine Tradition zu Ende geht. Eine Tradition muss sich also selbst ständig erneuern und für diese Form von Erneuerung sind Fähigkeiten wie die Kreativität zentral.[12] Der von Jeffrey Schnapp erstellte Apparat plausibilisiert diese Sichtweise, die Referenzen von Munari reichen von Klassikern des Stummfilms über japanische Gartengestaltung und botanische Muster, von mathematischen Kurven über mittelalterliche und volkstümliche Kunst bis hin zu Klassikern der Moderne und Trashfilmen der 1950er Jahre. Inhalt und Methode schließen sich im Fall der Kreativität nicht aus, sie ergänzen sich wechselseitig. Bevor Munari nun die einzelnen Operationen der Fantasie, der Kreativität und der Erfindungsgabe analysiert, stellt er Arbeitsdefinitionen für alle drei Begriffe auf. Allen drei Begriffen ist gemeinsam, dass sie etwas Neues schaffen, indem sie etwas verbinden, was zuvor noch nicht verbunden war. Munari steht damit in einer Traditionslinie, wonach Kreativität darin besteht, zwei zuvor getrennte Dinge zusammenzubringen.[13] Während die verbindende Tätigkeit allen drei Fähigkeiten gemeinsam ist, unterscheiden sich die Zwecke, mit denen sie etwas

12 Nachzulesen auf S. 31: »Verbindungen zwischen bekannten Dingen«.
13 Einen guten Überblick über die Forschung zur Kreativität liefern: Gerald Raunig und Ulf Wuggenig (Hg.): *Kritik der Kreativität*. Wien: 2016.

verbinden. Die Fantasie bringt etwas hervor, was zuvor nicht existierte, auch wenn es sich nicht realisieren lässt. Die Fantasie ist die freieste der drei Fähigkeiten, sie braucht im Prinzip keine Konsequenzen zu scheuen und findet sich am häufigsten in den Künsten wieder. Die Kreativität bringt etwas Neues hervor, das sie in umfassender Weise konzipiert, von funktionalen bis hin zu ästhetischen Aspekten. Es gibt nichts, was für die Kreativität nicht von Belang sein könnte, ihr Metier ist häufig das Design. Das Neue, das von der Erfindungsgabe hervorgebracht wird, dient einem pragmatischen Zweck. Etwas wird erfunden, um eine Funktion zu erfüllen oder eine konkrete Aufgabe zu lösen, wie das Erfundene aussieht, ist zunächst sekundär. Entsprechend sind die Wissenschaften und die Technologie der Bereich der Erfindung.[14]

Nachdem Munari zu Beginn des Buches die drei Fähigkeiten differenziert hat, spielt diese Differenzierung im weiteren Verlauf des Buches keine Rolle mehr. Statt der Fähigkeiten selbst stehen nämlich deren Operationen oder Techniken im Zentrum von Munaris Analyse, die sich alle drei Fähigkeiten teilen. Munari diskutiert insgesamt sechs Operationen, indem er an zahlreichen Beispielen zeigt, wie zwei Elemente neu verbunden werden können. Folgende Operationen kann die Kreativität vollführen: die Verkehrung (aus Nacht wird Tag, wie bei René Magritte), die unveränderte Wiederholung (eine indische Gottheit mit zehn Händen), die visuelle oder funktionale Affinität (das Tischbein), die Substitution von etwas, worunter Farbe (das blaue Baguette von Man Ray), Gewicht (die falschen Gewichte eines Clowns), Material (ein Fahrrad aus Holz), Ort (eine Rudermaschine), Funktion (Ziergegenstände), Größe (King Kong) und Bewegungsart (die Zeitlupe im Film) fallen, die Vereinigung mehrerer Dinge zu einem (das Monster) und schließlich die Relation der Relationen, worunter eine Kombination der zuvor genannten Verbindungen verstanden wird.

Munari präsentiert diese Operationen oder Verfahren der Kreativität nicht in Form einer Theorie, sondern als eine Reihe von visuellen Übungen. Wie beim Lernen einer Sprache geht es nicht darum, das Prinzip oder die Grammatik einer Operation zu vermitteln, sondern die begriffliche Anschauung gleichsam so flexibel zu halten, dass sie viel-

14 Vergleiche im Abschnitt auf S. 29: »Fantasie Erfindung Kreativität Imagination«.

fältig angewendet werden kann. Die Operationen der Fantasie sollten nicht so präzise wie möglich, sondern so praktikabel wie möglich sein. Deshalb bleibt Munari das ganze Buch über dem Prinzip treu, Relationen wiederholt erblicken zu lernen und sie sich so einzuprägen. Denk nicht, sondern schau, könnte man mit Wittgenstein zusammenfassen.[15] Anders gesagt geht Munaris Ansatz davon aus, dass nur ein Mehr an Tradition zu einem Mehr an Innovation führt. Nur wenn die Kreativität auf einen umfangreichen Bestand an Objekten zurückgreifen kann, um unterschiedliche Dinge verbinden zu können, wird die Zahl der möglichen Innovationen so groß sein, dass sich eine Tradition erneuern kann. Allein im Wissen um etwas liegt noch keine Innovation. Und in der Innovation selbst liegt nichts Neues, da man die Tradition gut genug kennen muss, um sich von ihr absetzen zu können und zu mehr zu kommen als zum subjektiven Gefühl, etwas Neues gemacht zu haben. Vor diesem Hintergrund ergibt sich eine andere Perspektive auf Munaris vielfältige Arbeiten: Gerade die verschiedenen Traditionen, in denen er tätig war, erlaubten es ihm, die Differenzen zwischen den unterschiedlichen Bereichen produktiv zu machen.

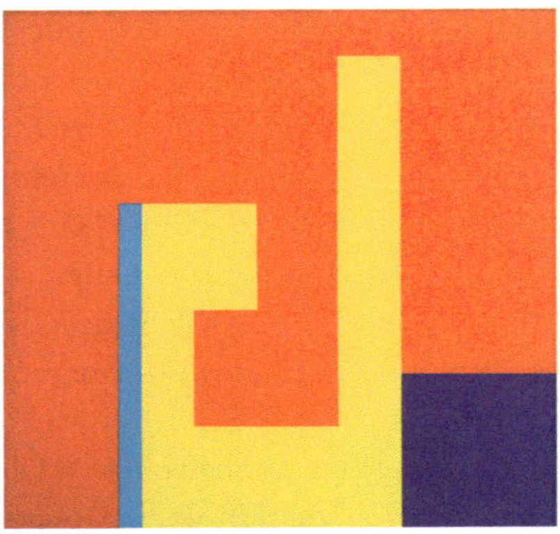

15 Ludwig Wittgenstein: *Philosophische Untersuchungen*. Frankfurt am Main: 2003, 57.

Diese Verbindung von Tradition und Innovation lässt sich in Munaris Arbeiten bis in die zwanziger Jahre zurückverfolgen,[16] im Kontext von *Fantasia* ist bemerkenswert, dass diese Programmatik auch in ihrer abstraktesten Fassung eine anschauliche Seite besitzt, etwa in einer Serie von Collagen, den *Negativi-Positivi*. Diesen meist aus drei Ebenen aufgebauten Collagen ist gemeinsam, dass sich nicht entscheiden lässt, welche Ebene den Hintergrund, welche den Vordergrund bildet. Es hängt stets davon ab, auf welches Detail der Blick als erstes fällt und zu welchem er als nächstes wandert. Die Schlussfolgerung, die aus diesen Arbeiten gezogen werden kann, ist, dass die Anschauung mehr als ein passiver Vorgang ist, in dem sich ein wahrgenommener Inhalt dem Bewusstsein einprägt. In der trainierten Anschauung selbst liegt das Potenzial für neue Verbindungen, in diesem Fall in der Unentschiedenheit zwischen Vorder- und Hintergrund.[17] Dieses intellektuelle Motiv aus der abstrakten Malerei, in einem A auch ein B erblicken zu können, ist zentral für Munaris Verständnis von Kreativität, da alle kreativen Techniken auf der Prämisse beruhen, etwas Bestimmtes als etwas anderes wahrnehmen zu können. Was Munaris Buch aber von den 1970er Jahren bis heute Erfolg bescherte – 2017 wurde es in Italien wieder neu aufgelegt – waren auch andere Faktoren.

Kreativität im Italien der 1970er Jahre

Seit dem Zweiten Weltkrieg entstanden weltweit pädagogische Programme mit dem Ziel, Kinder zu demokratischen Erwachsenen zu erziehen.[18] Während im deutschen Sprachraum die Studien zum autoritären Charakter bekannt sind, an denen Theodor W. Adorno beteiligt war[19], gibt es den Gegenbegriff der »democratic personality«

16 Umfassend hat das getan: Jeffrey Schnapp: The little Theater of the Page. In: *Bruno Munari. The Lightness of Art.* Oxford, Bern, Berlin, Bruxelles, Frankfurt am Main, New York, Wien, 2017.

17 Für eine Einordung Munaris in den Konstruktivismus vgl. Antonello: *Beyond Futurism.*

18 Fred Turner: *The Democratic Surround. Multimedia and American Liberalism from World War II to the Psychedelic Sixties.* Chicago: 2013, 151–160.

19 Theodor W. Adorno: *Studien zum autoritären Charakter.* Frankfurt am Main: 1995.

in den USA bereits seit den frühen 1940er Jahren. Soziologen und politische Entscheidungsträger sahen darin eine Möglichkeit, globale Ansprüche auf pädagogische Weise zu formulieren und so ein an Liberalismus, Partizipation und freier Marktwirtschaft orientiertes Verhaltensmodell zu fördern, das als Gegenprogramm zu den autoritären Modellen dienen sollte, die seit den 1930er Jahren in Europa dominierten. In Italien, das sich erst mit Kennedys Präsidentschaft für amerikanische Ideen öffnete, hinterließ der Faschismus an Schulen und Universitäten einen nachhaltigen Eindruck. Trotz wirtschaftlichem Aufschwungs kam es wegen instabiler Regierungen in den ersten Jahrzehnten nach dem Zweiten Weltkrieg zu keiner Bildungsreform. 1973, vier Jahre bevor *Fantasia* publiziert wurde, ergab eine Erhebung, dass 95% des staatlichen Bildungspersonals, der Schuldirektor:innen, Professor:innen und Lehrer:innen, vor 1943 eingestellt worden waren.[20] Diese großteils während der Zeit des Faschismus eingestellte Personal prägte nach wie vor das Bildungssystem, ein System, das nun unter anderem durch Munaris auf Kreativität und Partizipation setzende pädagogische Interventionen in Frage gestellt wurde. Sein Buch *Disegnare il sole* versuchte den Zeichenunterricht beispielsweise zu reformieren, indem unterschiedliche Darstellungen der Sonne vorgeführt werden.[21] Die Sonne hinter einer Wolke, weiß im Nebel, hellgrau im Smog, rot und oval vor dem Horizont, in Streifen geschnitten durch ein Rollo, abstrahiert von Joan Miró, figürlich von Tom Wolsey, als fusionierende Gaskugel, wie Physiker sie sehen und andere Sonnen, deren Gemeinsamkeit darin liegt, dass sie nicht strahlend gelb in der rechten oberen Ecke des Zeichenblattes stehen. Die Reform des Schulsystems war Munari ein wichtiges Anliegen, es sind fast die einzigen Absätze von *Fantasia*, in denen er dem Pathos nahekommt, etwa wenn er beschreibt, wie eine Welt aussähe, in der weniger Menschen strikt den Regeln folgen müssten und stattdessen kreativere Mittel zur Hand hätten. Viele dieser Ansätze wurden realisiert. Alberto Munari, Bruno Munaris Sohn und der Inhaber eines Lehrstuhls, den zuvor Jean Piaget innehatte, setzte zahlreiche dieser pädagogischen Reformen um. Der Anklang an eine soziale Utopie sprach auch zwei Gruppen der stark veränderten

20 Paul Ginsborg: *Storia d'Italia. Dal Dopoguerra a oggi.* Torino: 1989, 223.
21 Bruno Munari: *disegnare il sole.* Mantova: 1980.

italienischen Gesellschaft der 1970er Jahre an, die Gewinner des Wirtschaftswunders aus dem Norden und die vom *miracolo economico* angezogenen Migranten aus dem Süden Italiens. Die Jahre des Wirtschaftswunders hatten die italienischen Durchschnittslöhne in den zwei Jahrzehnten nach 1950 mehr als verdoppelt.[22] Überproportional profitierte eine neureiche Elite von diesem Anstieg, über die sich *La Dolce Vita* lustig macht und die pejorativ mit dem Namen »gli arrivati«, etwa »die Ankömmlinge«, belegt wurde. Mit dieser Elite kommuniziert Munari auf zweifache Weise. Als er die kreative Operation des Materialwechsels diskutiert, spricht er das neureiche Publikum teilweise unvermittelt an, wenn er etwa zugesteht, dass die Vergoldung von Wasserhähnen zwar auch ein Akt der Kreativität sei, dass aber Prahlerei nicht mit Innovation verwechselt werden dürfe.[23] Die Breite der verwendeten Traditionen wendet sich hier an tendenziell traditionsbedürftige Neureiche. Noch eine Botschaft an die *arrivati* kann in *Fantasia* entdeckt werden. Zur Blütezeit des italienischen Designs, als sich ein selbstbewusster italienischer Konsumismus zu formieren beginnt, verspricht dieses Buch den neureichen Eltern, dass ihre Kinder selbst zu Produzent:innen der von ihnen begehrten Objekte werden könnten. Erreichen können sie das aber nur, wenn sie sich mit Kunstgeschichte, Design und Technologie auseinandersetzen. Wissenserwerb wird in diesen Büchern also zum Preis für jene zu Geld gekommenen, denen es augenscheinlich noch an immateriellen Gütern mangelte.

Außer den Eliten betraf der Anstieg des Lohnniveaus auch Italiener:innen, die erst vor Kurzem in den industriellen Norden gezogen waren, um dort in der boomenden Industrie zu arbeiten. In den zwei Jahrzehnten nach 1950 verließen 9 Millionen Süditaliener:innen ihre Heimatorte und zogen in den Norden.[24] Eigene Züge, wie der *treno del sole*, wurden eingerichtet, um Arbeitskräfte und deren Familien in die Großindustrien von Turin und Mailand und die damaligen Familienunternehmen der Emilia-Romagna zu transportieren. Durch diesen enormen Zuwachs der Bevölkerung verdoppelten

22 Ginsborg: *Storia*, 188.
23 Vergleiche dazu den Abschnitt auf S. 73: »Ein Hammer aus Kork«.
24 Ginsborg: *Storia*, 172.

sich in den Ballungszentren des Nordens die Schülerzahlen.[25] Neues Lehrpersonal wurde kaum eingestellt. Angesichts der pädagogischen Überforderung durch die Schülerzahlen kann Munaris auf Neugier, Eigeninteresse und Partizipation basiertes Modell von Pädagogik auch wie das Versprechen geklungen haben, mit einer viel zu großen Zahl von Schüler:innen nicht mehr autoritär fertig werden zu müssen. In den Fotos, die Munaris pädagogische Interventionen dokumentieren, sieht man Lehrerinnen ruhig beobachtend am Rand des Geschehens stehen, während die Kinder selbstständig in Gruppen arbeiten. Kreativität war in diesem Zusammenhang wahrscheinlich auch effizienter als der Frontalunterricht.

Dass Munari die neuen Bewohner:innen des Nordens im Blick hatte und ihm ihre Lebensverhältnisse bewusst waren, belegen seine Kinderbücher. *Cappuccetto Giallo*, die Geschichte vom Gelbkäppchen, spielt in einer Großstadt, der Vater des Gelbkäppchens ist Parkwächter, die Mutter Verkäuferin im Supermarkt – zwei näher an der Realität als am mailändischen Traum gelegene Berufe. Gelbkäppchen macht sich durch den Verkehrsdschungel auf den Weg zur im Hochhaus lebenden Großmutter. Drei Operationen bestimmen diese Geschichte: der Farbwechsel, der aus Rotkäppchen ein Gelbkäppchen macht, der Ortswechsel, der den Waldweg in die Stadt verlegt und der Bewegungswechsel, den Munari beim Kopieren einsetzte, um den Effekt fahrender Autos zu erzeugen. Die kreativen Operationen von *Fantasia* durchziehen also Munaris eigene Arbeiten und geben Beispiele für ihren geglückten Einsatz ab. Wirtschaftlicher Aufschwung, gesellschaftliche Modernisierung, pädagogische Reformen und soziale Mobilität trugen wohl auch dazu bei, dass die Bücher Munaris gut ankamen.

25 Ebd., 176.

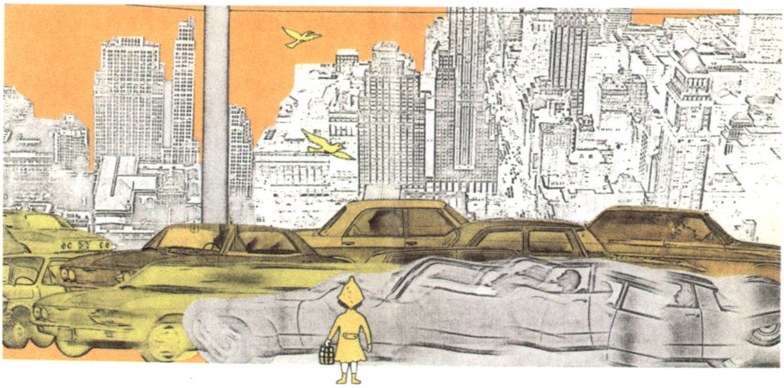

Zur Aktualität von *Fantasia*

Mehr als vier Jahrzehnte nach dem Erscheinen von *Fantasia* kann die Frage gestellt werden, an welchen Stellen man *Fantasia* dieses Alter anmerkt. Als Munari zu Beginn des Buches die Grenzen der Imagination diskutiert, kommt er auf die Vorstellung von einem Motorrad aus flüssigem Metall zu sprechen. Mit großer Sicherheit schließt Munari, dass wahrscheinlich jede:r Probleme damit hätte, sich einen Materialwechsel dieser Art vorzustellen. Seit den Spezialeffekten von *Terminator 2* dürfte die Vorstellung von flüssig werdendem Metall aber niemanden mehr irritieren. An einer anderen Stelle wird der Aggregatzustand von Glas diskutiert, wobei deutlich wird, dass Plexiglas in den späten siebziger Jahren noch als Ausnahmeerscheinung galt und ähnliche Kunststoffe seither gängiger geworden sind. Neben digitalen und materiellen Neuheiten sind auch einige der erwähnten Filme nur noch Filmkenner:innen bekannt. Einige dieser Filme wurden inzwischen neu aufgelegt, unter anderem *The Fly* (1958, 1986) und *The Invisible Man* (1933, als *Hollow Man* 2000). Dass es von diesen Filmen Remakes gibt, spricht für die Nachhaltigkeit der Ideen, die sowohl den Originalen als auch den Remakes zu Grunde liegen. Munaris Bemerkungen über Technologie wirken also alt, weil sie 1977 noch nicht realisierbar waren, veraltet wirken sie aber nicht. Mit Munari gesprochen sind einige der als fantastisch verstandenen Ideen inzwischen in den Bereich der Kreativität und der Erfindung gewandert und bilden einen realeren Teil unserer Lebens- und Vorstellungswelt. In dieser Hinsicht realisierten sich einige Ideen des Buches in umfassender Weise und bescheinigen der Methode, einige Ziele antizipiert zu haben, zu deren Realisierung die Mittel vor vier Jahrzehnten noch fehlten.

Im Bereich des Konsums und der Freizeitgestaltung ist das Verhältnis zur Vergangenheit anders bestimmt. Dort finden sich einige Beispiele, die inzwischen kulturell entwertet erscheinen. Origami und Bonsai-Bäume rufen die Zeit des japanischen Wirtschaftsaufschwungs in Erinnerung, als europäische Wirtschaftseliten sich fernöstlich zu orientieren begannen und die japanische Kultur eine Zeit lang eine Vorreiterrolle einnahm. Ähnlich altbekannt wirken einige Beispiele aus Munaris kreativer Technik, ein Objekt an einem anderen Ort zu platzieren oder für einen anderen Zweck zu verwenden, etwa die Zweckentfremdung eines Gegenstandes zur Zierde, eine kreative Technik, deren weit verbreitete Popularität heute manche indigniert zur Kenntnis nehmen werden. Obwohl im Bereich des Konsums und der Freizeitgestaltung also das Alter dieses Buches deutlich wird, sind Munaris Erklärungen dieser Objekte und Techniken auf andere Weise erhellend. Munaris Analysen erinnern nämlich an das intellektuelle Versprechen, das immer noch im Kitsch begraben liegt, und sie rufen die Ideen in Erinnerung, die kulturell entwerteten Dingen inhärent waren.

Die beiden Bereiche des technologischen Fortschritts und der kulturellen Entwertung lassen das Alter von *Fantasia* zwar deutlich zu Tage treten, diese beiden Eindrücke zeichnen das Buch aber nicht aus. Auch bei den besprochenen Klassikern aus der Geschichte der Kunst und des Designs scheint mir das Entscheidende nicht zu sein, dass ihnen die institutionelle Weihe das Gefühl des Alterns erspare, sondern dass sie ebenso ein Teil der analytischen Methode von *Fantasia* werden. In der Benennung der konkreten Verfahren der Kreativität und der anschaulichen Demonstration ihrer Effekte liegt die Zeitlosigkeit dieses Buches. Bruno Munari ging es nie darum, kulturelle Innovationen um ihrer selbst willen zu bejahen. Selbst die Kinder in seinen Workshops forderte er auf, das gemeinsame Geschaffene am Ende zu zerstören, um weder fixe Ideen noch Sentimentalitäten aufkommen zu lassen. Sich selbst im Fluss der Veränderung zu erhalten bedeutet gemeinsam eine Methode zu praktizieren, die immer wieder zur etwas Neuem befähigt. Sowohl die in *Fantasia* besprochenen Techniken als auch die pädagogischen Hinweise für Lehrer:innen haben nichts von ihrer Aktualität eingebüßt und warten nur darauf, wieder zum Einsatz zu kommen.

Bildnachweise

Alle Abbildungen: © 1977, Gius. Laterza & Figli, All rights reserved, mit Ausnahme von:

S.40 Renè Magritte – L'Empire des lumières, 1954 © Bildrecht, Wien 2023
S.70 Man Ray, Blue Bread, 1960 © MAN RAY TRUST / Bildrecht-Wien 2023
S.72 Milton Glaser, Dylan, 1966 | 2023 © Photo Scala, Florence, Christie's Images, London/Scala, Florence
S.75 Meret Oppenheim – Dèjeuner en forrure, 1936 © Bildrecht, Wien 2023
S.78 Renè Magritte – Souvenir de voyage, 1951 © Bildrecht, Wien 2023
S.79 Salvador Dalí, Die Beständigkeit der Erinnerung, 1931 © Bildrecht, Wien 2023
S.113 Renè Magritte – L'Invention Collective, 1934 © Bildrecht, Wien 2023
S.116 Renè Magritte – Le Chateau des Pyrénèes, 1959 © Bildrecht, Wien 2023
S.246 Bruno Munari: Negativo-Positivo, 1990 © Bruno Munari. All rights reserved to Maurizio Corraini s.r.l.
S.251 Aus: Bruno Munari: Cappucetto giallo (Corraini Edizioni 2007) © Bruno Munari. All rights reserved to Maurizio Corraini s.r.l.